JN123162

2024年度版

年金相談の実務

社会保険労務士
鈴江一恵 著

経済法令研究会

はしがき

　従来の年金相談においては、お客様からのご依頼のもと年金記録等の照会や手続のお手伝いをすることが相談業務の中心でした。しかしながら、「ねんきん定期便」や「ねんきんネット」などによって年金情報の入手が容易になり、また「ねんきんダイヤル」や年金事務所等でのサービスも拡充され、さらに、一部の手続については電子申請も可能となりました。このような年金を取り巻く行政サービスの変化によって、照会・手続重視からアドバイス重視の年金相談が求められつつあり、お客様にお役立ていただける情報をお伝えし、ご説明することが必要とされるようになっています。

　そこで、本書では、「基礎からきちんと学習したい」という相談員の声、「ここが知りたい」という相談者の声などを踏まえて、年金相談で必要とされる基本的知識から相談現場でのアドバイスまでを体系的に取り上げました。複雑な仕組みの年金であっても気軽に学習に取り組んでいただけるように適所に図表等を配置し、見落としがちな項目を「Check ！」として取り上げ、相談者への「ワンポイントアドバイス」なども付加しました。また、2024年度版においては直近の改正内容や変更点を盛り込み、巻末には「年金制度改正法」の概要を収録しました。

　本書は年金相談に携わる方や年金の知識を体系的に習得されたい方の実務書として、また「銀行業務検定試験　年金アドバイザー」を受験される方の参考書として、さらには、拙著『ねんきんライフプラン』（経済法令研究会）の解説書としてもご活用いただける内容となっております。これらを踏まえ、本書は2010年の発刊以来、毎年の改訂を重ね15年目を迎えることとなりました。末長く皆様方の必携の書としてご活用いただければこれ以上の喜びはありません。

　本書の執筆にあたり、年金相談等に携わる各方面の方からご要望を頂戴し、ご支援をいただきました。また、株式会社経済法令研究会出版事業部の長谷川理紗様ならびに関係スタッフの方々には多大なるご尽力を賜りました。この場をお借りしまして、心から御礼申し上げます。

　2024年6月

鈴江 一恵

Contents

第4編　障害給付

第5編　遺族給付

第8編　年金相談の事例

―本書で使用する直近の主な年金改正法の正式名称―

「年金機能強化法」…公的年金制度の財政基盤及び最低保障機能の強化等のための国民年金法等の一部を改正する法律（平成24年法律第62号）

「被用者年金一元化法」…被用者年金制度の一元化等を図るための厚生年金保険法等の一部を改正する法律（平成24年法律第63号）

「国民年金法等の一部改正法」…国民年金法等の一部を改正する法律等の一部を改正する法律（平成24年法律第99号）

「年金生活者支援給付金法」…年金生活者支援給付金の支給に関する法律（平成24年法律第102号）

「健全化法」…公的年金制度の健全性及び信頼性の確保のための厚生年金保険法等の一部を改正する法律（平成25年法律第63号）

「年金事業運営改善法」…政府管掌年金事業等の運営の改善のための国民年金法等の一部を改正する法律（平成26年法律第64号）

「確定拠出年金改正法」…確定拠出年金法等の一部を改正する法律（平成28年法律第66号）

「持続可能性向上法」…公的年金制度の持続可能性の向上を図るための国民年金法等の一部を改正する法律（平成28年法律第114号）

「健康保険法等の一部改正法」…医療保険制度の適正かつ効率的な運営を図るための健康保険法等の一部を改正する法律（令和元年法律第9号）

「年金制度改正法」…年金制度の機能強化のための国民年金法等の一部を改正する法律（令和2年法律第40号）

～本書をお読みいただくにあたって～

①本書は令和6年4月1日現在の関係法令等を前提にしています。今後の改正および変更等にご留意ください。

②本書では令和6年度の「本来水準」による年金額で示しています。

令和6年度の年金額については、名目手取り賃金変動率（3.1％）・物価変動率（3.2％）による改定およびマクロ経済スライド（▲0.4％）による調整により、前年度と比べて新規裁定者、既裁定者ともに2.7％の引き上げとなります。

なお、令和6年度における新規裁定者は昭和32年4月2日以後生まれの者、既裁定者は昭和32年4月1日以前生まれの者となりますが、令和5年度の年金額では、新規裁定者と既裁定者に用いる改定率の基準が異なり、令和6年度は同じ基準であったことで、前年度を引き継ぐ計算の結果、令和6年度の年金額においては、新規裁定者、既裁定者の区別ではなく、生年月日の区別（昭和31年4月2日以後生まれと昭和31年4月1日以前生まれ）により示しています。

③巻末に「年金制度改正法」（令和2年法律第40号）の概要を収録していますのでご参照ください。

第1編

わが国の公的年金制度

わが国の公的年金制度は、国民皆年金体制の下、世代間扶養の考え方を基本に社会保険方式を採用している。これらの基本的特徴を有しながらわが国の年金制度は運営されてきたが、国民の高齢期の生活の基本的な部分を支えるものとして、将来にわたって持続可能な制度を構築していくことが社会的に課題となっている。

1．国民皆年金

「国民皆年金」とは、国民のすべてが年金制度に加入できる体制であり、日本では、基本的に20歳以上60歳未満のすべての者が公的年金制度の対象になっている。

国民皆年金体制においては、安定的な保険集団が構成され、社会全体で老後の所得保障という問題に対応していくことが可能とされている。

昭和36年4月に国民皆年金体制が確立し、年金制度の充実期を迎えることとなった。その後、昭和61年4月に基礎年金制度が導入されたことによって国民のすべてが強制加入となり、その体制が強化された。

2．世代間扶養

「世代間扶養」とは、現役世代全体でその時代の高齢者の生活を支えていこうという世代を超えた支え合いの考え方である。

日本の年金制度では、世代間扶養を実現するための財政方式として、基本的には「賦課方式」を採用している。

年金制度の財政方式には、賦課方式と積立方式がある。賦課方式とは、現役世代から保険料を徴収して高齢者に年金を支払うという仕組みであり、積立方式とは、自分が支払った保険料を積み立てて、本人が年金として受け取る仕組みである。

わが国の年金制度は、賦課方式を採用しているといえども、賦課方式は少子高齢社会の進行による影響を受けやすいため、現に積立金を保有し、運用収入も含めて

年金給付を賄っている。現役世代が負担した保険料のすべてが年金給付に充てられているのではなく、一部は将来の給付原資として積み立てられていて、積立方式の側面をもち合わせていることから、「修正積立方式」とも呼ばれている。

3．社会保険方式

　社会保険方式とは、国や公的な団体を保険者とし、保険技術を用いて保険料を財源として給付を行う仕組みであり、被保険者は強制加入が原則である。加入者がそれぞれ保険料を負担し、それに応じて給付を受けることとなり、給付と負担の関係が明確であるとされている。

　日本の年金制度においては、社会保険方式を採用しながらも、制度の趣旨とこれまでの制度形成の経緯から保険料拠出を前提としない給付もある。

参　考

少子高齢化の進展	平均寿命：男子約81.1歳、女子約87.1歳（令和4年）	厚生労働省「令和4年簡易生命表」
	平均余命（65歳）：男子19.4年、女子24.3年（令和4年）	
	老年人口比率（高齢化率）[*1]：29.1%（令和5年10月1日現在）	総務省統計局「人口推計」
	合計特殊出生率：1.20人（出生数72.7万人）（令和5年概算値）	厚生労働省「令和5年人口動態統計月報年計（概数）」
社会保障給付費	令和3（2021）年度社会保障給付費：約138.7兆円 割合：年金40.2%、医療34.2%、福祉その他25.6%	国立社会保障・人口問題研究所（令和5年8月）
高齢者世帯と年金	高齢者世帯[*2]の所得（令和3年：平均318.3万円）の公的年金等の占める割合：62.8%（令和3年）	厚生労働省「2022（令和4年）年国民生活基礎調査」
保険料納付率	令和5年度国民年金保険料納付率（現年度）：77.6%	厚生労働省

＊1　老年人口比率（高齢化率）は全人口に占める65歳以上人口の割合をいう。
＊2　高齢者世帯は65歳以上の者のみで構成するか、またはこれに18歳未満の者が加わった世帯をいう。

第2章 公的年金制度の体系

　わが国における年金制度は、明治時代の軍人恩給制度に始まる。しかし、これらは、恩恵的な性格が強く、現在の社会保険制度とは異なる性格を有する。社会保険としての年金制度は、昭和15年の「船員保険」が最初である。その後、公的年金制度は各制度の分離・統合を経て、「国民年金」「厚生年金保険」「国家公務員共済組合」「地方公務員等共済組合」「私立学校教職員共済」の5つの制度に分かれていた。しかし、「被用者年金一元化法」の施行により、平成27年10月1日以降、共済年金は厚生年金保険に統一されることとなり、現在は「国民年金」「厚生年金保険」の2つの制度のみとなった。

第1節 公的年金制度の沿革

1．民間被用者の年金制度

(1) 船員保険

　船員保険は、わが国初の年金制度であり、昭和15年6月に施行された。加入対象者を「船員」とする業務外の年金部門、医療部門、失業給付部門および業務上災害の給付から構成される総合保険として実施された。その後、昭和61年4月に業務外の年金部門は、厚生年金保険に統合された。

　なお、平成22年1月からは、失業給付部門や業務上災害の給付は、一般の労働者と同じく、それぞれ雇用保険、労働者災害補償保険に統合されることとなった。

(2) 厚生年金保険

　昭和17年6月に「労働者年金保険」が施行された。この労働者年金保険では民間企業の現業部門の男子労働者のみを加入対象としていたが、昭和19年10月に非現業部門の男子労働者と女子労働者にも適用が拡大されて、名称も「厚生年金保険」に

改称された。しかし、戦時中に創設された年金制度であったことから、戦後、昭和29年に全面改正が行われ、「定額部分＋報酬比例部分」の給付設計が採用されるなど、その後の厚生年金保険の基本体系が形成された。

⑶　私立学校教職員共済

「私立学校教職員共済組合」は、財団法人私立中学校恩給財団から、財団法人私学恩給財団に拡大された恩給制度と、昭和29年 1 月にそれまでの厚生年金保険から分離統合して発足した。私立学校教職員共済組合は、学校法人に使用される70歳未満の常勤職員等を加入対象とし、長期給付（年金部門）と短期給付（医療部門）を行っていた。

平成10年 1 月からは、「日本私立学校振興・共済事業団」が管掌する制度に改められ、「私立学校教職員共済組合法」も改称、改正が行われ「私立学校教職員共済法」となった。これにより、「組合員」は「加入者」に、「組合員期間」は「加入者期間」に改められた。

その後、被用者年金一元化により、平成27年10月以降、私立学校教職員共済の長期給付（年金部門）は厚生年金保険に統合されることとなった。

⑷　農林漁業団体職員共済組合

「農林漁業団体職員共済組合」は、昭和34年 1 月に厚生年金保険から分離して発足した。加入対象者は、農林漁業協同組合、各県信連等、農林中央金庫等の職員等とされ、他の共済組合とは異なり、長期給付（年金部門）のみを行っていた。

しかし、農林漁業団体職員共済組合は、平成14年 4 月に厚生年金保険に統合されることとなった。

２．公務員等の年金制度

⑴　国家公務員共済組合

昭和34年10月に国家公務員共済組合（旧法）にそれまでの恩給法等を統合した新法の国家公務員共済組合が発足した。さらに、旧公共企業体職員等共済組合（国鉄・電電公社・専売公社）を昭和59年 4 月に統合し、名称も「国家公務員等共済組合」に変更されることとなった。

しかし、平成9年4月には、旧公共企業体職員等共済組合であった日本鉄道共済組合（JR）、日本電信電話共済組合（NTT）および日本たばこ産業共済組合（JT）の年金部門が厚生年金保険に統合されたことにより、名称も再び「国家公務員共済組合」に改称された。

国家公務員共済組合は「国家公務員共済組合連合会」が保険者となり、国の常勤職員等を適用対象とし、長期給付（年金部門）と短期給付（医療部門）を行っていた。

その後、被用者年金一元化により、平成27年10月以降、国家公務員共済組合の長期給付（年金部門）は厚生年金保険に統合されることとなった。

●図表 1 − 1　国家公務員共済組合制度

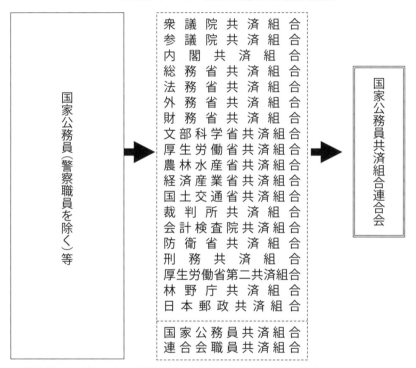

※被用者年金一元化により、長期給付（年金部門）は厚生年金保険に統合。

(2)　地方公務員等共済組合

「地方公務員等共済組合」は、昭和37年12月に恩給法、退職年金条例、市町村職員共済組合および警察職員・公立学校の教職員を含めた各年金制度を統合してスタートした。

　地方公務員等共済組合は、「地方公務員共済組合連合会」が保険者となり、都道府県・市区町村の地方公務員、都道府県・市区町村の関係団体の役職員、警察職員および公立学校の教育職員を加入対象とし、長期給付（年金部門）と短期給付（医療部門）を行っていた。

　その後、被用者年金一元化により、平成27年10月以降、地方公務員等共済組合の長期給付（年金部門）は厚生年金保険に統合されることとなった。

●図表１－２　地方公務員等共済組合制度

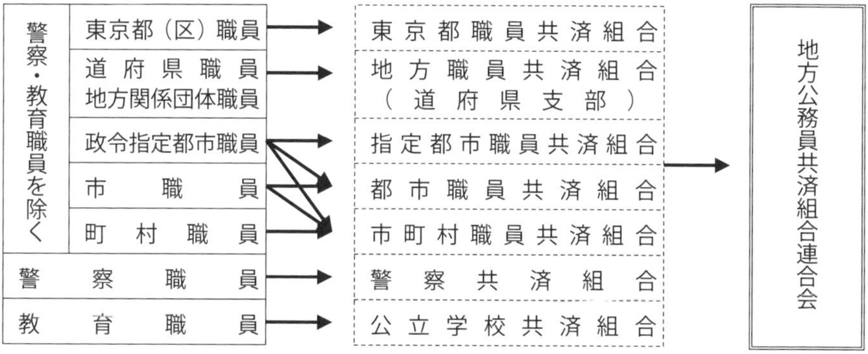

※被用者年金一元化により、長期給付（年金部門）は厚生年金保険に統合。

3．自営業者等の年金制度

　前述のとおり、わが国では、民間被用者や公務員等を対象とした被用者年金制度は実施されていたが、自営業者等には年金制度はなかった。そこで、昭和34年4月に地域住民を対象とした国民年金法が制定され、同年11月から高齢者や障害者等を対象とした老齢福祉年金や障害福祉年金などの無拠出制の国民年金がスタートした。その後、昭和36年4月に拠出制の国民年金が実施されることとなった。

　拠出制の国民年金が実施されたことにより、国民のすべてが何らかの年金制度に加入できることとなり、昭和36年4月に「国民皆年金体制」が確立した。

　また、医療保険制度においても地域住民を対象とした国民健康保険が昭和36年4月に全国的に実施されることとなり、同時に「国民皆保険体制」が確立した。これにより、国民のすべてが年金制度および医療保険制度に加入できることとなり、昭和36年4月に「国民皆年金・国民皆保険」体制が実現した。

　その後、年金制度の再編成により、昭和61年4月、国民年金は全国民に共通の基

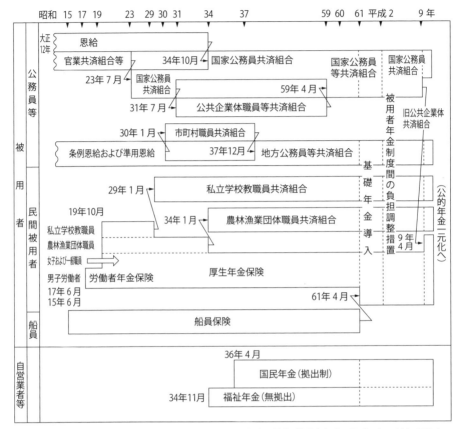

●図表1-3　公的年金制度の沿革

※農林漁業団体職員共済組合は平成14年4月より厚生年金保険へ統合。被用者年金は平成27年10月より厚生年金保険に統一。
（参考資料）　社会保険研究所「平成11年版年金白書」

礎年金を支給することとなり、20歳以上60歳未満の日本に住むすべての者を強制加入とし、公的年金制度の1階部分として位置づけられることとなった。

第2節 現行の年金制度の体系

　現行の年金制度の体系は、図表1-4のように3階建てになっているが、1階と2階部分が公的年金であり、3階部分は企業等が従業員のために運営する年金などで、公的年金を補完する制度として重要な役割を担っている。

1．公的年金制度の体系

　昭和61年4月以降、国民年金は公的年金の1階部分の年金、被用者年金は公的年金の2階部分の年金として位置づけられた。

　被用者年金は、①厚生年金保険、②国家公務員共済組合、③地方公務員等共済組合、④私立学校教職員共済の4つの制度に分かれていたが、被用者年金一元化により、平成27年10月以降、②〜④の共済組合等の年金は①の厚生年金保険に統一されることとなった。

(1)　国民年金

　国民年金の保険者は、政府であり、老齢、障害、死亡について給付を行っている。

　国民年金の加入対象者は、自営業者や厚生年金保険の適用がない勤務者等（第1号被保険者）や厚生年金保険制度の加入者（第2号被保険者）や厚生年金保険制度の加入者によって扶養されている被扶養配偶者（第3号被保険者）である。

　令和4年度末における国民年金の被保険者総数は6,744万人で、第1号被保険者

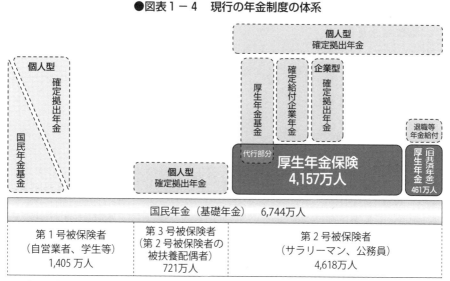

●図表1－4　現行の年金制度の体系

※　令和5年3月末現在の被保険者数。
（参考資料）令和4年度厚生年金保険・国民年金事業の概況（厚生労働省年金局）

（任意加入被保険者を含む）は1,405万人、第2号被保険者等（65歳以上で老齢・退職年金の受給権者である被保険者を含む）4,618万人、第3号被保険者721万人となっている。

(2) 厚生年金保険

　厚生年金保険の保険者は、政府であり、老齢、障害、死亡について保険給付を行っている。

　厚生年金保険の被保険者は、原則として、民間企業に勤務する者等（第1号厚生年金被保険者）、国家公務員（第2号厚生年金被保険者）、地方公務員（第3号厚生年金被保険者）、私立学校教職員（第4号厚生年金被保険者）である。厚生年金保険の被保険者となれば、基本的に国民年金と厚生年金保険に二重加入することとなり、2階建ての給付が行われることとなる。

　令和4年度末における、被用者年金一元化前の厚生年金保険の被保険者（第1号厚生年金被保険者）数は4,157万人、共済組合等の組合員・加入者（第2号～第4号厚生年金被保険者）数は461万人となっている。

2．公的年金を補完する制度

(1) 国民年金基金

　自営業者等（国民年金の第1号被保険者等）の場合、基礎年金のみの給付となるため、老齢基礎年金の上乗せ年金の支給を目的として国民年金基金が設けられている（第6編第5章第1節参照）。

(2) 企業年金等

　民間企業が実施する制度として（存続）厚生年金基金、確定拠出年金（企業型）、確定給付企業年金およびその企業独自の退職年金制度がある。また、個人が加入できる制度として確定拠出年金（個人型）等がある（第6編第5章第2～4節参照）。

(3) 退職等年金給付

　平成27年10月以降、被用者年金一元化により、共済年金制度の3階部分の職域加算は廃止されることとなり、新たに「退職等年金給付」が設けられた。

第3章 公的年金制度改革

わが国の公的年金は、戦時中および戦後混乱期の救貧施策が中心の時期に誕生し、高度経済成長期には国民の生活水準の向上等に伴い、防貧施策として公的年金制度の充実が図られた。しかしながら、近年では少子高齢社会の進展、社会経済の変化、雇用形態の多様化や家族形態の変容など公的年金を取り巻く環境も大きく変化し、これらの変化に対応した持続可能な制度とするための制度改正が行われている。

第1節 年金制度の変遷

わが国の年金制度の変遷をたどると、第2次世界大戦前後の「制度の創設期」、高度経済成長期を背景にした「制度の充実期」、少子高齢化など社会・経済情勢の変化への対応策を重視した「少子高齢化への対応期」に分けられる（図表1-5）。

昭和61年3月以前の制度を「旧制度（旧法）」、昭和61年4月以後の制度を「新制度（新法）」と区別されていて、新制度の施行に伴い、「少子高齢化への対応」に取り組むこととなり、その後の年金制度改正においてもその取組みが強化されている。

なお、少なくとも5年に1度の財政再計算の際に年金制度改正が行われてきたが、平成16年改正において、この財政再計算を取り止め、財政均衡期間が設定されることとなった。

●図表1－5　年金制度の変遷

		年　次	主な改正
旧 制 度	制度 の創設期	昭和15年 昭和17年 昭和19年	○船員保険法施行 ○労働者年金保険法施行（現業部門の男子のみに適用） →厚生年金保険法に改称（非現業部門の男女にも適用範囲拡大）
		昭和29年	○厚生年金保険法の全面改正 　・報酬比例部分と定額部分の給付設計 　・男子支給開始年齢を55歳から段階的に60歳へ 　・財政方式を積立方式から「修正積立方式」に変更
		昭和34年	○無拠出制の国民年金法の施行
		昭和36年	○国民年金法の全面施行（「国民皆年金体制」の確立）
	制度 の充実期	昭和40年	○1万円年金の実現
		昭和44年	○2万円年金の実現
		昭和48年	○5万円年金の実現（被保険者の平均標準報酬月額の約6割に相当） ○物価スライド制の導入（年金額の実質的価値の維持） ○標準報酬の再評価（賃金スライド）
		昭和51年	○9万円年金の実現
		昭和55年	○13万6千円年金の実現
新 制 度	少子高齢 化への対 応期	昭和60年	○基礎年金制度の導入 ○給付と負担の適正化 ○女性の年金権の確立 ○障害年金の大幅改善
		平成元年	○完全自動物価スライド制の導入 ○学生の国民年金への強制加入（平成3年4月実施）
		平成6年	○60歳台前半の定額部分の支給開始年齢65歳へ引上げ ○在職老齢年金の見直し ○可処分所得スライドの導入（年金受給世代と現役世代との均衡）
		平成12年	○60歳台前半の報酬比例部分の支給開始年齢65歳へ引上げ ○報酬比例部分の5％適正化（従前額保障あり） ○厚生年金保険適用年齢65歳未満から70歳未満へ ○60歳台後半の在職老齢年金の創設 ○総報酬制導入（平成15年4月実施） ○基礎年金国庫負担2分の1への引上げを図る
		平成16年	○保険料水準固定方式の導入 ○年金額改定方法見直し・マクロ経済スライド制・給付水準下限の設定 ○有限均衡方式導入による積立金の活用 ○離婚時の年金分割（平成19年4月実施） ○基礎年金国庫負担2分の1への引上げ（平成21年4月実施）

第2節 新制度における年金制度改正

1．昭和60年改正

　昭和61年4月、基礎年金制度の導入により公的年金制度が再編成されることとなった。また、給付と負担の適正化に向けて必要な改正が行われ、第3号被保険者制度の創設により女性の年金権も確立され、障害年金の充実も図られた。

昭和60年改正の概要	施　行
・基礎年金制度の導入	昭和61年4月
・給付と負担の適正化	
・女性の年金権の確立	
・障害年金の改善	
・1人1年金の原則	

⑴　基礎年金制度の導入

　国民年金制度から国民共通の基礎年金を支給することとし、厚生年金保険や共済組合等の年金は基礎年金に上乗せされる、いわゆる2階建ての年金制度に再編成された。これにより、すべての者が国民年金に加入することになり、国民年金の被保険者は第1号被保険者、第2号被保険者、第3号被保険者と区分されることになった。

　また、それまで任意加入であった被用者の妻なども第3号被保険者として強制加入することとなり、女性の年金権が確立したといわれている。

　なお、基礎年金の水準は、老後生活の基礎的な部分を保障するものとして、原則40年加入で65歳から月額5万円（夫婦で10万円：昭和59年度価格）とした。

⑵　給付と負担の適正化

　昭和60年の改正時点において、厚生年金の標準的な老齢年金額は、平均加入期間32年で、月額173,100円であった。これは、制度を支える現役男子被保険者の賞与を除いた平均標準報酬月額の68％に達していた。しかし、このままでは、制度成熟時には平均加入期間が40年、標準的な老齢年金額は月額211,100円となり、平均賃金月額（平均標準報酬月額）の83％に達してしまうことが見込まれた。こうした給

付水準は、制度を支える現役勤労者の所得水準と比較した場合、世代間の公平を失することとなり、年金給付費の増大を加速させ、現役世代に過重な負担を課することになる。

　そこで、年金額の計算式における定額部分の単価と報酬比例部分の乗率を生年月日に応じて段階的に逓減（10/1,000〜7.5/1,000）することにより、改正時の年金水準を維持していくこととした。

２．平成元年改正

　高齢化の急速な進展による年金受給者の急速な増加を背景に、新制度移行後の最初の財政再計算に伴い、給付額の改善等が行われた。

平成元年改正の概要	施　行
・標準報酬月額の上・下限額の改定と保険料率の引上げ	平成元年12月
・年金支払期月の年 6 回への改善	平成 2 年 2 月
・完全自動物価スライド制の導入	平成 2 年 4 月
・20歳以上の学生の強制加入 ・国民年金基金の創設	平成 3 年 4 月

(1)　標準報酬月額の上・下限額の改定

　厚生年金保険の標準報酬月額の下限額が 6 万8,000円から 8 万円に、上限額が47万円から53万円に引き上げられた。同時に保険料率も引き上げられることとなった。

(2)　完全自動物価スライド制の導入

　改正前は、対前年比の全国消費者物価指数が 5 ％を超えて変動した場合に翌年度の年金額を改定するものとされていたが、この 5 ％の枠を撤廃し、対前年比の全国消費者物価指数の変動に応じて政令により年金額の改定を行う「完全自動物価スライド制」が平成 2 年 4 月から導入された。

(3)　20歳以上の学生の強制加入

　改正前は、20歳以上の学生は任意加入であったが、任意加入していない学生が障害になった場合には障害基礎年金が支給されず、老齢基礎年金も減額されるなどの

問題があったため、平成 3 年 4 月から学生を強制加入とした。

(4) 国民年金基金の創設

自営業者等の国民年金第 1 号被保険者は、基礎年金のみの支給であるため、基礎年金の上乗せ年金として任意加入の国民年金基金が創設された。

3．平成 6 年改正

平成 6 年改正は、5 年ごとに行われる財政再計算に伴う改正であり、雇用と年金制度の連携、年金受給世代の給付と現役世代の負担の均衡を図ることを目的に改正された。

平成 6 年改正の概要	施　行
・60歳台前半の老齢厚生年金（定額部分）支給開始年齢の引上げ	―
・可処分所得スライドの導入	平成 6 年10月
・標準報酬月額の上・下限額の改定と保険料率の引上げ ・生計維持の認定基準額を600万円未満から850万円未満へ ・障害年金の支給要件の改善	平成 6 年11月
・在職老齢年金の改善 ・賞与等からの特別保険料の徴収 ・育児休業期間中の保険料の本人負担分免除 ・国民年金の任意加入の対象を70歳未満に延長 ・短期在留外国人への脱退一時金の創設	平成 7 年 4 月
・雇用保険と年金との併給調整	平成10年 4 月

(1) 60歳台前半の老齢厚生年金（定額部分）の支給開始年齢の引上げ

65歳現役社会への移行を踏まえて、60歳台前半は、賃金と年金で生活することを前提に、60歳から65歳になるまでは報酬比例部分のみの年金（部分年金）を支給することとした。

これにより、60歳から支給されていた特別支給の老齢厚生年金（報酬比例部分＋定額部分）の定額部分の支給開始年齢の引上げスケジュールが決定した。なお、障害者（要請求）や長期加入者で退職している者には、特別支給の老齢厚生年金（報酬比例部分＋定額部分）を支給することとした。

(2) 可処分所得スライドの導入

　厚生年金保険の報酬比例部分は、現役世代の名目賃金の伸び率に応じて改定していたが、税・社会保険料の負担が増加し、手取賃金（可処分所得）は上昇しにくいことから、現役世代と年金受給世代の均衡を図るため、手取賃金の伸び率に応じて改定していくこととした。

(3) 標準報酬月額の上・下限額の改定

　厚生年金保険の標準報酬月額の下限額が8万円から9万2000円に、上限額が53万円から59万円に引き上げられた。同時に保険料率も引き上げられることとなった。

(4) 障害年金の支給要件の改善

　改正前は、厚生年金保険の障害等級3級に該当しなくなってから3年が経過すれば失権（3年失権制）していたが、65歳になるまでは支給停止とされ、65歳失権制に改善された。

(5) 在職老齢年金の改善

　在職老齢年金については、賃金の増加による年金額のカットが大きく、就業意欲を阻害していたことから、賃金と年金の合計額が賃金の増加に応じて増える仕組みに改められた。

(6) 賞与等からの特別保険料の徴収

　毎月の厚生年金保険料の負担を軽減するために、賞与等の額から1％に相当する額（労使折半負担）の特別保険料が徴収されることとなった。なお、この特別保険料は年金額には反映されなかった。

(7) 育児休業期間中の保険料の本人負担分免除

　平成7年4月から育児休業期間中の本人負担分の保険料が免除されることとなった（事業主負担分は平成12年改正により、平成12年4月から免除）。

(8)　雇用保険と年金との併給調整

平成10年4月から雇用保険の失業給付（基本手当）と年金が併給調整されることとなった。また、雇用保険の高年齢雇用継続給付と在職老齢年金も併給調整されることとなった。

4．平成12年改正

平成12年改正は、5年ごとの財政再計算に伴う改正であり、「国民年金法等の一部を改正する法律」として、平成12年3月28日に成立し、3月31日に公布された。少子高齢化の急速な進展と国民負担の上昇を鑑みた年金制度改正であった。

平成12年改正の概要	施　行
・60歳台前半の老齢厚生年金（報酬比例部分）の支給開始年齢の引上げ	－
・報酬比例部分の5％の適正化 ・65歳以降の基礎年金・厚生年金の賃金スライド廃止 ・年金額の据置き ・学生等の保険料納付特例制度の創設 ・育児休業期間中の保険料の事業主負担分免除	平成12年4月
・標準報酬月額の上・下限額の改定	平成12年10月
・繰上げ・繰下げ支給の減額・増額率の改定	平成13年4月
・60歳台後半の在職老齢年金の創設 ・厚生年金保険の被保険者の年齢上限引上げ	平成14年4月
・国民年金保険料の半額免除の創設	平成14年4月
・総報酬制の導入	平成15年4月
・基礎年金の国庫負担割合2分の1への引上げを検討	－

(1)　60歳台前半の老齢厚生年金（報酬比例部分）の支給開始年齢の引上げ

平成6年改正により、60歳台前半の老齢厚生年金の定額部分の支給開始年齢が引き上げられ、60歳台前半は報酬比例部分だけの老齢厚生年金となっていた。

さらに、平成12年改正により、報酬比例部分の支給開始年齢も引き上げられ、老齢厚生年金は65歳からの支給となるスケジュールが決まった。

具体的には、報酬比例部分の支給開始年齢は、生年月日に応じて平成25年度から令和7年度（女子は5年遅れ）にかけて、3年ごとに1歳ずつ引き上げられることになった。障害者・長期加入者または坑内員・船員（実際の期間15年以上）につい

ては、平成 6 年改正で特例的に定額部分の支給を維持することとされたが、激変緩和措置を講じつつ特例を廃止することとした。

　また、60歳からの報酬比例部分の年金も引き上げられることに伴い、老齢厚生年金の繰上げ受給が認められることになった。

(2) 報酬比例部分の 5 ％の適正化

　給付総額の伸びを抑制するために、将来的に現役世代の手取り年収の概ね 6 割（基礎年金と合わせて夫婦 2 人分）を維持することとし、厚生年金保険の報酬比例部分の給付乗率が 5 ％適正化されることとなった。これにより、報酬比例部分の給付乗率は7.5/1,000から7.125/1,000（生年月日により読替え）に引き下げられた。ただし、年金受給者への激変緩和措置として、従前の給付水準が保障されることとなった。

(3) 65歳以降の基礎年金・厚生年金の賃金スライド廃止

　従来、厚生年金は、財政再計算ごとに、年金を支える被保険者の 1 人あたりの手取り賃金の伸び率に応じて改定（可処分所得スライド）されてきた。また、基礎年金については、賃金や消費支出の伸びなどを総合的に勘案して政策改定が行われてきた。平成12年改正によって、毎年、現役世代の負担を過重なものとしないための方策の 1 つとして、65歳以降の既裁定者については、物価スライドだけで改定を行うこととされた。

(4) 繰上げ・繰下げ支給の減額・増額率の改定

　繰上げ・繰下げ支給の減額・増額率は年齢（年）単位で決まっていたが、昭和16年 4 月 2 日以後生まれの者については月単位に変更された。

　また、昭和16年 4 月 2 日以後生まれの者については、60歳台前半の老齢厚生年金の支給開始年齢が引き上げられ、年金額は少額になることから、60歳台前半の老齢厚生年金と繰上げ支給の老齢基礎年金との併給が可能となった。

(5) 総報酬制の導入

　改正前の厚生年金保険料は、月額給与の保険料として「標準報酬月額×17.35％」（労使折半負担）および賞与等からの特別保険料として「賞与等の額× 1 ％」（労使

折半負担）であった。しかし、賞与等からの特別保険料については、年金額には反映されない仕組みであり、年収が同じであっても月額給与と賞与等の割合によって保険料負担が異なることから、保険料負担の公平性を確保するために、平成15年4月に総報酬制が導入された。

　総報酬制導入後は、月額給与の保険料と賞与等からの保険料について改定された同率の保険料率が適用されることになり、賞与等からの保険料も年金額に反映されることになった。総報酬制導入後の被保険者期間に係る年金額については、「標準報酬月額」と「標準賞与額」をもとに計算し、年金額計算のベースが増えることになるため、給付乗率も7.125/1,000から5.481/1,000に変更された。この給付乗率は、賞与額が月額給与の3.6ヵ月分として計算されている。つまり、月額給与の年額を1、賞与等の年額を0.3として、年金水準を同程度にするために、5.481（7.125÷1.3）/1,000としたのである。

　これにより、報酬比例部分の年金額は、総報酬制導入の前後で年金額計算のベースが異なるため、導入前と導入後の2つの式で計算した額の合計額となった。

⑹　標準報酬月額の上・下限額の改定

　厚生年金保険の標準報酬月額の下限額が9万2,000円から9万8,000円に、上限額が59万円から62万円に引き上げられた。

⑺　厚生年金保険の被保険者の年齢上限引上げ

　厚生年金保険の被保険者の年齢上限が65歳未満から70歳未満に引き上げられた。これに伴い、60歳台後半の在職老齢年金制度が創設された。

⑻　年金額の据置き

　基礎年金額については、平成6年改正では、物価上昇率や賃金上昇率、消費動向などを総合的に勘案して改定された。平成12年改正では、平成6年以後の高齢者世帯の消費の伸びが物価上昇率よりも低かったため、物価上昇累計率3.1％をもとに購買力維持という観点から、物価の伸びに応じた年金額の改定を行うこととした。これにより、平成6年改正による老齢基礎年金満額780,000円は、804,200円（平成11年度価格）とされた。

また、平成11年の全国消費者物価指数は対前年比で0.3％下落したが、特例法の定めによって年金額の引下げを行わず、平成12年度の年金額は、平成11年度の年金額を据え置くこととした。

(9) 基礎年金の国庫負担割合の引上げの検討

基礎年金については、財政方式を含めてその在り方を幅広く検討し、当面は平成16年までの間に安定した財源を確保し、国庫負担割合を3分の1から2分の1への引上げを図ることとした。

5．平成16年改正

平成16年改正に向けて、平成12年改正で残された課題について議論が重ねられ、平成15年11月には厚生労働省の年金改革案「持続可能な安心できる年金制度の構築に向けて」が公表された。

そして、平成16年6月に、①社会経済と調和した持続可能な制度、②年金制度に対する信頼の確保、③多様な生き方、働き方に対応した年金制度、とすることを改正の趣旨とした年金改革法案が成立し、順次施行された。

平成16年の年金改正の主要な内容は、「財政均衡期間の設定」「保険料水準固定方式の導入」「マクロ経済スライド制の導入」「基礎年金の国庫負担の段階的引上げ」の4つの柱を組み合わせた改正となっている。

平成16年改正の概要	施　行
・財政均衡期間の設定と財政検証の実施 ・厚生年金保険料の引上げ開始（保険料水準固定方式の導入） ・年金額の自動改定の導入 ・マクロ経済スライド制の導入（開始年度は平成17年度） ・基礎年金の国庫負担割合の2分の1への引上げ（平成21年度までに完了） ・確定拠出年金の拠出限度額の引上げ	平成16年10月
・国民年金保険料の引上げ開始（保険料水準固定方式の導入） ・60歳台前半の在職老齢年金の一律2割カット廃止 ・育児休業期間中の保険料免除を3歳未満までに拡充 ・若年者保険料納付猶予制度の創設（時限措置） ・第3号被保険者の特例届出 ・保険料免除申請の遡及適用 ・老齢厚生年金の定額部分の上限月数の引上げ ・厚生年金基金の免除保険料率の月数見直し ・厚生年金基金の解散時の特例措置	平成17年4月

・企業年金のポータビリティの確保	平成17年10月
・障害基礎年金と老齢厚生年金または遺族厚生年金の併給	平成18年 4 月
・国民年金保険料の免除制度を 4 段階に改正	平成18年 7 月
・70歳以上の在職老齢年金の創設 ・65歳以降の老齢厚生年金の繰下げ制度の導入 ・離婚時の年金分割制度の創設 ・65歳以降の遺族厚生年金と本人の老齢厚生年金の併給の仕組みの改正 ・子のない30歳未満の遺族厚生年金の受給期間が 5 年有期年金へ ・遺族厚生年金の中高齢寡婦加算の対象となる妻の年齢を40歳以上に引上げ	平成19年 4 月
・第 3 号被保険者期間にかかる年金分割制度の創設	平成20年 4 月

(1)　財政均衡期間の設定と財政検証の実施（基本的考え方の見直し）

　年金制度は、社会経済情勢の変動に対して、これまでは 5 年ごとの財政再計算の際に、人口推計や将来の経済の見通し等の変化を踏まえて、給付内容や将来の保険料水準が見直されてきた。しかし、その結果として、若年世代にとっては将来の年金が見通しにくいものとなり、年金制度に対する不安につながっているとの意見が強まっていた。

　そこで、5 年ごとの財政再計算を改め、財政均衡期間（おおむね100年）を設定（有限均衡方式）して、この間に財政検証を実施し、少なくとも 5 年ごとに「財政の現況及び見通し」を公表することとした。これにより新たな給付と負担の見直しの方法が導入されることとなった。

　また、「有限均衡方式」の導入により、積立金水準の目標は、財政均衡期間の最終年度において、支払準備金程度の保有となるように設定し、積立金水準を給付費の 1 年分程度とすることとした。

(2)　保険料水準固定方式の導入

　新たな負担の見直しの方法として、保険料の引上げを抑制しつつ、将来の負担（保険料）の上限を設定し固定する「保険料水準固定方式」を導入することとした。

　これにより、最終的な保険料（率）の水準を法律で定め、その負担の範囲内で給付を行うことを基本に、少子化等の社会経済情勢の変動に応じて給付水準（所得代替率）が自動的に調整される仕組みが組み込まれることとなった。

　また、保険料水準固定方式の下で給付水準の調整を行っていくこととした場合、

高齢期の生活の基本的な部分を支えるという公的年金の機能を果たすことのできる一定の水準を設定することが必要とされた。

　平成16年改正において、具体的には、国民年金および厚生年金保険の給付水準については、標準的な年金額（40年間被用者として平均的な賃金で就労した夫と全期間専業主婦であった妻からなる世帯に支給される年金額＝モデル年金）の月額換算の現役男子被用者の手取り賃金の月額換算に対する比率（所得代替率）が、50％を上回る水準を確保することとした。

(3)　年金額の自動改定の導入（改定方法の原則）

　保険料水準固定方式が導入されたことによって、この保険料水準の範囲内で給付を行うことを基本とし、年金額を、毎年度、自動的に改定する仕組みとした。具体的には、原則として、受給権者が新規裁定者（68歳到達年度前）の場合には「名目手取り賃金変動率」に応じて改定を行い、既裁定者（68歳到達年度以後）の場合には、「物価変動率」に応じて改定を行うこととした。

(4)　マクロ経済スライド制の導入

　「マクロ経済スライド」とは、保険料を負担する現役世代の人口の減少や給付費の増加につながる平均余命の伸びを年金額の改定に反映させ、年金額の伸びを抑える仕組みである。

　具体的には、前記(3)の改定方法を原則として、最終的な保険料水準による負担の範囲内で年金財政が安定する見通しが立つまでの間（調整期間）においては、手取り賃金の伸び率や物価の伸び率から調整率を減じることによって、改定率の上昇を抑制することとした。

(5)　基礎年金の国庫負担割合の2分の1への引上げ

　国庫負担割合の3分の1から2分の1への引上げについては、平成12年改正の際に法律上明記されていたが、平成16年改正により具体的な道筋として、平成16年度から段階的な引上げに着手し、平成21年度までに完全に引き上げることとした。

　なお、完全引上げ時期について、平成21年6月に法案が成立し、平成21年4月より国庫負担割合は2分の1となっている。

第2編

年金制度の仕組み

第1章 年金制度の共通事項

公的年金制度においては、被保険者期間の計算、年金の受給期間、年金額の端数処理などについてのきまりが設けられている。

第1節 主な用語の定義

年金制度において、次の用語については、以下のように定義されている。

政府および実施機関	厚生年金保険の実施者たる政府、実施機関たる共済組合等
実施機関たる共済組合等	厚生年金保険の実施機関たる国家公務員共済組合連合会、地方公務員共済組合連合会、日本私立学校振興・共済事業団
保険料納付済期間	第1号被保険者としての被保険者期間のうち納付された保険料（督促・滞納処分により徴収された保険料を含み、保険料免除規定によりその一部の額につき納付することを要しないものとされた保険料につきその残余の額が納付または徴収されたものを除く）に係るもの、第2号被保険者期間、第3号被保険者期間を合算した期間
保険料免除期間	保険料全額免除期間、保険料4分の3免除期間、保険料半額免除期間および保険料4分の1免除期間を合算した期間 ＊追納された保険料にかかる期間は「保険料納付済期間」
配偶者、夫、妻	婚姻の届出をしていないが、事実上の婚姻関係と同様の事情にある者を含む

Check!

● 老齢基礎年金の受給要件や年金額を計算する場合には、第2号被保険者の期間のすべてが保険料納付済期間として扱われるわけではない（第3編第1章第1節参照）。

● 「子」については原則として事実上の養子縁組関係は含まれない。

第2節 年金制度の通則

1．年金の支給期間と支払期月

(1) 支給期間

　年金の受給権は、受給要件を満たしたときに発生するが、年金の支給期間は、支給すべき事由が生じた日の属する月の翌月から権利が消滅した日の属する月までである。

　なお、支給停止すべき事由が生じた場合は、その事由が生じた日の属する月の翌月から支給停止事由が消滅する月まで支給停止される。

(2) 支払期月と支払日

①　年金の支払期月は、毎年2月、4月、6月、8月、10月および12月の年6回に分けて、その前月までの2ヵ月分（年金額の6分の1ずつ）が支払われる。

　　ただし、前支払期月に支払うべきであった年金（例：初めて年金証書を受けたとき、年金額が増額されたとき）、権利が消滅した場合または支給を停止した場合のその期の年金については支払期月でない月であっても支払われる。

　　旧法の老齢福祉年金については、4月、8月および12月（請求により11月）の年3回払いとなる。

②　支払日は、各月の15日である。ただし、金融機関が休日の場合は、直前の営業日となる。

(3) 年金の支払方法

　受給権者が選択した金融機関または郵便局への口座振込または振替預入（現金送金）により行われる。

(4)　受給権者の申出による支給停止

　平成16年改正により、平成19年 4 月以降は受給権者自身の判断で、受給権者からの申出により、年金の全額を支給停止することができることとなった。この申出は、いつでも将来に向かって撤回することができる。

　なお、この申出により、支給停止される年金給付は、政令で定める他の制度の給付との関係においては支給停止されていないものとみなされる。

　　例）労災保険の遺族補償年金と遺族厚生年金が受けられる場合、遺族補償年金が減額されることとなるが、遺族厚生年金の支給停止の申出をしても遺族補償年金は減額されたままとなる。

２．年金額の端数処理

(1)　年金額

　年金額に 1 円未満の端数が生じた場合には、50銭未満の端数は切り捨て、50銭以上 1 円未満の端数は 1 円に切り上げる。

　ただし、老齢基礎年金の満額、遺族基礎年金の年金額、障害基礎年金（ 2 級）の年金額、障害厚生年金（ 3 級）の最低保障額、加給年金額および中高齢寡婦加算などは100円単位の年金額となる。

　　例）令和 6 年度の老齢基礎年金額（満額）

　　　　昭和31年 4 月 2 日以後生まれの者：780,900円×1.045≒816,000円

　　　　昭和31年 4 月 1 日以前生まれの者：780,900円×1.042≒813,700円

(2)　年金額の計算過程

　年金額の計算過程において50銭未満の端数が生じた場合には切り捨て、50銭以上 1 円未満の端数が生じた場合には 1 円に切り上げることができる。

⑶ 支払期月における支払額

各支払期月の支払額（年金額の 6 分の 1 ）に 1 円未満の端数が生じた場合には、その端数は切り捨てる。

なお、毎年 3 月から翌年 2 月までの間において、毎支払期月ごとに支払われる年金額の端数処理により切り捨てた金額の合計額（ 1 円未満の端数が生じたときはこれを切り捨てた額）については、翌年 2 月の支払期月の年金額に加算される。

3．併給調整

現行の年金制度では、「 1 人 1 年金」を原則とする。 2 つ以上の年金の受給権を取得したときは、本人の選択により 1 つの年金が支給され、他の年金は支給停止となる。この選択は「年金受給選択申出書」の提出により行うが、将来に向かって選択替えを行うことができる。

なお、公的年金制度では基礎年金と上乗せの厚生年金の 2 階建ての年金が支給されることとなっているため、同一の支給事由の年金については併給される。

また、支給事由が異なる年金であっても65歳以降、老齢基礎年金と遺族厚生年金は併給される。

障害者については、障害基礎年金を受給しながら厚生年金保険に加入しても、①障害基礎年金と障害厚生年金、②老齢基礎年金と老齢厚生年金のいずれかを選択しなければならなかった。そこで、平成16年改正により、平成18年 4 月から、65歳以降であれば、③障害基礎年金と老齢厚生年金、または④障害基礎年金と遺族厚生年金の併給の選択も可能となった。なお、③の障害基礎年金と老齢厚生年金の併給を選択した場合、子のある受給権者については、障害基礎年金の子の加算額と老齢厚生年金の子に対する加給年金額が二重に加算されることになるため、老齢厚生年金の子に対する加給年金額は支給停止されることになる。

		国民年金法による年金				厚生年金保険法による年金				
		老齢基礎年金		障　害基礎年金	遺　族基礎年金	老　齢厚生年金	障　害厚生年金	遺族厚生年金		
		65歳前	65歳以後					65歳前	65歳以後
国民年金法による年金	老齢基礎年金	—	—	△	△	○	△	△	○
	障害基礎年金	△	△	併合認定	△	△*	○	△	△*
	遺族基礎年金	△	△	△	△	△	△	○	○

（凡例）—あり得ない組合せ　　△いずれか一方を選択　　○併給　　△*65歳以上の人の場合は併給が可能
（参考）旧社会保険庁

Check!

●旧法と新法の年金間においても「1人1年金」を原則とするが、例外として65歳以降であれば、①旧厚生年金保険の遺族年金と老齢基礎年金、②遺族厚生年金と旧国民年金の老齢年金、③遺族厚生年金と旧厚生年金保険の老齢年金の2分の1は、併給される。

4．受給権の保護と公課の禁止

(1)　受給権の保護

　給付を受ける権利は、一身専属であるため、譲り渡し、担保に供し、差し押さえることはできないとされている。

　例外として、別に法律で定めるところ（独立行政法人福祉医療機構の公的年金担保融資制度を利用する場合）により年金給付を受ける権利を担保に供することができる。また、老齢基礎年金、付加年金、老齢厚生年金、脱退一時金を受ける権利は、国税滞納処分により、差し押さえることができる。

(2)　公課の禁止

　租税その他の公課は、給付として支給を受けた金銭を標準として課することができないとされている。

　例外として、老齢基礎年金、付加年金、老齢厚生年金などの老齢または退職を支給事由とする給付や脱退一時金については租税その他の公課の対象となる。

ワンポイントアドバイス

　老齢給付は課税の対象となりますが、障害給付や遺族給付は非課税です。

5．時　効

　国民年金・厚生年金保険の（保険）給付を受ける権利は、5年の時効で消滅する。また、国の保険料を徴収する権利、被保険者の保険料還付を受ける権利、国民年金の死亡一時金を受ける権利は2年の時効で消滅する。

　給付を受ける権利は、すべての要件を満たせば発生するが、保険者にその事実の確認を請求し、確認を受けることによって具体的に権利が確定することになる。この確認の請求を裁定（決定）請求といい、裁定（決定）請求の手続をしなければ給付を受けることはできない。

　年金の受給権が発生したときから5年を過ぎても裁定（決定）請求の手続をしないでいる場合、時効により、5年を超えた期間分についての権利が消滅する。

制度＼項目	給付（死亡一時金を除く）・保険給付	保険料徴収・還付死亡一時金
国民年金・厚生年金保険	5年	2年

Check!

● 年金の全額が支給停止されている間は、時効は進行しない。
● 年金記録に漏れや誤りがあって記録訂正が行われた場合には、平成19年7月より実施された「年金時効特例法」の適用により、5年の時効で消滅した分も支給される（第7編第1章第4節参照）。

ワンポイントアドバイス

　年金の受給権発生後、5年を過ぎて、裁定（決定）請求の手続をしていなかった場合、5年を超えた期間分については支払われなくなります。

6．未支給年金

　年金の受給権者が死亡した場合には、年金は後払いであることから、未支給年金

が発生し、死亡した受給権者に支払うはずであった未支給年金は、遺族からの請求により一時金として支払われることになる。また、年金の受給権がありながらも請求をしていなかった者が死亡した場合であっても同様である。

　未支給年金を請求できる遺族は、死亡者と生計を同じくしていた①配偶者、②子、③父母、④孫、⑤祖父母、⑥兄弟姉妹、⑦①～⑥以外の三親等内の親族であり、①～⑦のうち、先順位者が自己の名で請求することができる。なお、⑦については、平成26年4月1日以後に死亡した者の未支給年金が対象になる。

　これらの遺族のうち、同順位者が2人以上あるときは、そのうち1人が代表して請求することになり、1人が行った請求は全員のため、その全額につき請求したものとみなされ、その1人に対して行った支給は、全員に対して支給したものとみなされる。

Check!

●受給した未支給年金は、一時所得として所得税の課税対象となる。

７．年金の支払の調整・損害賠償請求権・不正利得の徴収

⑴　年金の支払の調整

①　内払調整

　従来受けていた年金の受給権が消滅して他の年金の受給権を取得したにもかかわらず、従来の年金が支払われたとき、その支払われた年金はその後に支払われる年金の内払いとみなされる。また、支給停止すべき事由が生じたにもかかわらず年金が支給されたときなども、その後に支払われる年金の内払いとみなすことができるとされている。

②　受給権者死亡後の過誤払の調整

　年金の受給権者が死亡したため受給権が消滅したにもかかわらず、年金が支払われた場合であって、返還すべき者がその者の死亡について遺族年金を受けることができるときは、その遺族年金を返還すべき年金額に充当することができる。

　過誤払いの場合で充当できる年金は、同一制度内の遺族年金に限られている。

(2) 損害賠償請求権

障害給付や遺族給付を受けることとなった傷病や死亡の原因が、第三者行為によって生じたときには、受給権者が第三者から受けられる損害賠償の額と給付との間で次のような調整が行われる。

① 先に保険者から年金が支払われた場合

保険者が損害賠償の請求権を代位取得して、保険者が支払った額の限度において、第三者に損害賠償を請求（求償）することができる。

② 先に第三者から損害賠償が行われた場合

第三者から支払われた損害賠償額の限度で、保険者は給付を行わないことができる。

(3) 不正利得の徴収

偽りその他不正な手段により給付を受給したときは、その受給した給付額の全部または一部を受給した者から徴収することができる。

8．死亡の推定・失踪宣告の場合の取扱い

(1) 死亡の推定

船舶または航空機の事故により生死が3ヵ月間わからない場合、または死亡が3ヵ月以内に明らかとなったが死亡の時期がわからない場合には、船舶または航空機が沈没、墜落、行方不明等となった日、またはその者が行方不明となった日にその者は死亡したものと推定する。この死亡の推定により、行方不明となった時点で受給権が発生し、翌月から遺族基礎年金等が支給されることになる。

Check!

●船舶または航空機の事故の場合、遺族への保障を迅速に行うために民法とは異なる特別規定が設けられている。ただし、「推定する」のであり、死亡したものと「みなす」わけではないため、後日、生存が明らかとなった場合には、支給された給付は返還しなければならない。

⑵　失踪宣告の場合の取扱い

　船舶または航空機の事故以外の場合は、民法の失踪宣告を適用し、行方不明となってから7年を経過した日に死亡したものとみなす。この場合、遺族基礎年金等の保険料納付要件や生計維持関係は行方不明となった時点で判断することとし、遺族の身分関係、年齢や障害の状態などの要件は死亡とみなされた日において判断することになる。

9．給付の制限

　次のような場合には、給付の全部または一部が制限される。

①故意に事故を生じさせた場合の障害給付	支給されない
②自己の故意の犯罪行為・重大な過失、正当な理由がなく療養の指示に従わない場合の障害・遺族給付	全部または一部が支給されないことがある
③正当な理由がなく保険者の調査、文書の提出命令や質問に応じない、拒否をした場合	全部または一部が支給停止されることがある
④受給権者が必要な届出や書類の提出をしない場合	一時差し止められることがある
⑤被保険者や被保険者であった者を故意に死亡させた場合や遺族給付の受給権者となるべき者を死亡させた場合	支給されない
⑥遺族給付の受給権者が他の受給権者を故意に死亡させた場合	受給権は消滅する

Check!

● 「支給停止」とはその間の給付は行わないということであり、「一時差止め」とは、後日その理由がなくなれば差し止められた期間の給付がさかのぼって行われるということである。

10．不服申立

　国民年金法および厚生年金保険法*においては、被保険者の資格、標準報酬、（保険）給付、国民年金の保険料の徴収等の処分について不服がある場合は、原則として処分があったことを知った日の翌日から起算して3ヵ月以内に社会保険審査官に

対して審査請求をすることができる。

　社会保険審査官の決定に不服がある場合には、原則として決定書の謄本が送付された日の翌日から起算して2ヵ月以内に厚生労働省に置かれている社会保険審査会に再審査請求をすることができる（二審制）。また、審査請求をした日から2ヵ月以内に決定がない場合は社会保険審査官が審査請求を棄却したものとみなすことができる。

　なお、厚生年金保険の保険料の徴収等、脱退一時金の処分について不服がある場合は、社会保険審査会へ審査請求をすることができる（一審制）。

　この不服申立は、時効の中断に関しては、裁判上の請求とみなされ、被保険者の資格、標準報酬、（保険）給付に関する処分の取消しの訴えは、審査請求に対する社会保険審査官の決定を経た後でなければ行うことはできない。

＊共済組合員等の被保険者の資格、保険給付の処分について不服がある場合は、共済各法に定める審査機関へ審査請求をすることができる。

●図表2−2　不服申立の概要

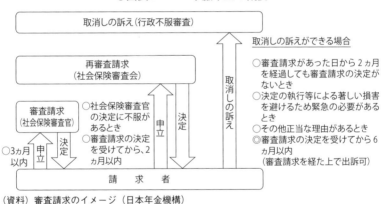

（資料）審査請求のイメージ（日本年金機構）

11.　社会保障協定

　外国の事業所で就労した場合、日本と外国の年金制度が適用されることになるため、二重加入の防止と年金加入期間の通算を目的として各国との間で社会保障協定の締結が進められている。

　社会保障協定が締結されると、原則として就労する国の社会保障制度のみに加入することになる。ただし、一時派遣（5年を超えない見込みの派遣）の場合には、

協定の例外規定が適用され、引き続き日本の年金制度のみに加入し、協定相手国で現地採用により就労する場合は、協定相手国の年金制度に加入することとなる。

　協定相手国に年金加入期間の通算制度があれば、それぞれの国で年金受給権を得るための期間要件を判断する際、協定相手国の年金加入期間が通算される。これにより、両国の年金制度に加入した期間に応じた年金をそれぞれの国から受けることができる。

　日本と協定を結んでいる国は図表2－3のとおりであり、協定の対象となる社会保険制度は協定相手国により異なる。

●図表2－3　協定を結んでいる国との協定発効時期および対象となる社会保険制度

相手国	協定発効年月	期間通算	二重防止の対象となる社会保険制度	
			日本	相手国
ドイツ	2000年2月	○	公的年金制度	公的年金制度
英国	2001年2月	－	公的年金制度	公的年金制度
韓国	2005年4月	－	公的年金制度	公的年金制度
アメリカ	2005年10月	○	公的年金制度 公的医療保険制度	公的年金制度（社会保障制度） 公的医療保険制度 （メディケア）
ベルギー	2007年1月	○	公的年金制度 公的医療保険制度	公的年金制度 公的医療保険制度 公的労災保険制度 公的雇用保険制度
フランス	2007年6月	○	公的年金制度 公的医療保険制度	公的年金制度 公的医療保険制度 公的労災保険制度
カナダ	2008年3月	○	公的年金制度	公的年金制度 ※ケベック州年金制度を除く
オーストラリア	2009年1月	○	公的年金制度	退職年金保障制度
オランダ	2009年3月	○	公的年金制度 公的医療保険制度	公的年金制度 公的医療保険制度 公的雇用保険制度
チェコ	2009年6月 （※）	○	公的年金制度 公的医療保険制度	公的年金制度 公的医療保険制度 公的雇用保険制度
スペイン	2010年12月	○	公的年金制度	公的年金制度
アイルランド	2010年12月	○	公的年金制度	公的年金制度
ブラジル	2012年3月	○	公的年金制度	公的年金制度

スイス	2012年3月	○	公的年金制度 公的医療保険制度	公的年金制度 公的医療保険制度
ハンガリー	2014年1月	○	公的年金制度 公的医療保険制度	公的年金制度 公的医療保険制度 公的雇用保険制度
インド	2016年10月	○	公的年金制度	公的年金制度
ルクセンブルク	2017年8月	○	公的年金制度 公的医療保険制度	公的年金制度 公的医療保険制度 公的労災保険制度 公的雇用保険制度 公的介護保険 公的家族給付
フィリピン	2018年8月	○	公的年金制度	公的年金制度
スロバキア	2019年7月	○	公的年金制度	公的年金制度 公的医療保険制度（現金給付） 公的労災保険制度 公的雇用保険制度
中国	2019年9月	―	公的年金制度	公的年金制度(被用者基本老齢保険)
フィンランド	2022年2月	○	公的年金制度 公的雇用保険制度	公的年金制度 公的雇用保険制度
スウェーデン	2022年6月	○	公的年金制度	公的年金制度
イタリア	2024年4月	―	公的年金制度 公的雇用保険制度	公的年金制度 公的雇用保険制度

（※）2018年8月に現行協定の一部改正。
（参考資料）日本年金機構「協定を結んでいる国との協定発効時期及び対象となる社会保険制度」（2024年3月8日現在）

第3節 年金額改定の仕組み

1．平成16年改正前の年金額改定

　平成16年改正前までは、国民年金および厚生年金保険の年金額は、少なくとも5年に一度の「財政再計算」の際、国民の賃金や生活水準に合わせて改定が行われ、この間、年金額の実質価値を保つため、物価変動に応じて年金額を改定する「完全自動物価スライド制」により改定が行われてきた。

　年金額への「物価スライド制」が導入されたのは、昭和48年であるが、当時は物価が5％を超えて変動があった場合にスライドされるという仕組み（実際は特例として5％未満の変動でも実施）であった。

その後、平成元年改正により、5％要件が撤廃され、平成2年4月からは、「完全自動物価スライド制」が実施されることとなった。「完全自動物価スライド制」は、対前年の「全国消費者物価指数」の変動率に応じて翌年の4月以降の年金額の改定が行われるという仕組みであった。

　平成12年改正で定められた年金額の基準となった平成10年の全国消費者物価指数（物価スライドが実施されたときは、その前年の全国消費者物価指数）に対して、平成11年、12年、13年ともに物価が下落した。しかし、特例措置により、物価スライド率を1.000とし、平成12年度、13年度、14年度の年金額は据え置かれた。平成14年の物価指数は、前年比で0.9％下落したため、平成15年度の物価スライド率を0.991とし、これにより、初めて年金額が引き下げられることとなった。その後の平成15年の物価指数も、前年比で0.3％下落したため、平成16年度の物価スライド率を0.988とし、平成16年度の年金額も引き下げられた。

　つまり、平成12年度の年金額から2.9％（平成12年度▲0.3％、平成13年度▲0.7％、平成14年度▲0.7％、平成15年度▲0.9％、平成16年度▲0.3％）の引下げを行わなければならなかったにもかかわらず、1.2％（平成15年度▲0.9％、平成16年度▲0.3％）のみの引下げであったため、本来水準よりも1.7％もかさ上げされた年金額が支給されていた。そして、平成16年改正を迎えることとなった。

2．平成16年改正による年金額改定

⑴　改定率による年金額の改定

　平成16年改正では、平成12年改正による年金額から2.9％（平成11年～15年の物価下落分）を減額した額を基準として毎年、改定率を乗じて得た額を年金額とする新たな仕組みが設けられた。これにより完全自動物価スライド制は、廃止されることとなった。

　なお、厚生年金保険の報酬比例部分については、毎年、再評価率の改定を行うことにより、年金額の改定が行われることとなった。

　　①　老齢基礎年金の場合

　　　780,900円×改定率×保険料納付・免除月数／480
　　　　　　　　　↑
　　　　　　　　毎年改定

② 老齢厚生年金（報酬比例部分）の場合

平均標準報酬（月）額×給付乗率×被保険者期間の月数

↑

（過去の標準報酬× 再評価率 ）の合計÷被保険者期間の月数

↑
毎年改定

【平成16年改正による基礎年金等の額】

老齢基礎年金、2級障害基礎年金、遺族基礎年金		780,900円×改定率
1級障害基礎年金		（780,900円×改定率）×1.25
障害基礎年金、遺族基礎年金の子に係る加算額	第1子・第2子	224,700円×改定率
	第3子以降	74,900円×改定率
振替加算		（224,700円×改定率）×生年月日に応じた率

※令和6年度の改定率については、昭和31年4月2日以後生まれの者1.045、昭和31年4月1日以前生まれの者1.042となり、子に係る加算額の改定率は1.045となる。

【平成16年改正による厚生年金の額】

60歳台前半老齢厚生年金の定額部分		（1,628円×改定率）×生年月日に応じた率
加給年金額	配偶者、第1子、第2子	224,700円×改定率
	第3子以降	74,900円×改定率
3級障害厚生年金の最低保障額、中高齢寡婦加算		（780,900円×改定率）×4分の3
障害手当金の最低保障額		｛（780,900円×改定率）×4分の3｝×2

※令和6年度の改定率については、昭和31年4月2日以後生まれの者1.045、昭和31年4月1日以前生まれの者1.042となり、加給年金額および中高齢寡婦加算の改定率は1.045となる。

⑵ 改定率の改定

　新規裁定者と既裁定者の改定率の改定の基準は次のとおりである。

　なお、新規裁定者とは65歳未満の受給権者のことで、既裁定者とは65歳以上の受給権者のことをいうが、実際には新規裁定者とは68歳到達年度前の受給権者であり、既裁定者とは68歳到達年度以後の受給権者となる。これは、新規裁定者の年金額の指標となる名目手取り賃金の伸び率の実績が出るのが2年遅れとなり、また賃金の伸び率を平準化するために3年平均をとることになっているためである。

① 新規裁定者（68歳到達年度前の者）

　改定率は、名目手取り賃金の変動を基準として改定される。

> 改定率＝前年の改定率×名目手取り賃金変動率＊

＊名目手取り賃金変動率＝物価変動率×実質賃金変動率×可処分所得割合変化率

（注）名目手取り賃金変動率が１を下回り、かつ、物価変動率が名目手取り賃金変動率を上回る場合は、物価変動率を基準とする。ただし、物価変動率が１を上回る場合は１を基準とする。

② 既裁定者（68歳到達年度以後の者）

改定率は、物価の変動を基準として改定される。

> 改定率＝前年の改定率×物価変動率

（注）物価変動率が名目手取り賃金変動率を上回り、かつ、名目手取り賃金変動率が１を上回る場合は、名目手取り賃金変動率を基準とする。物価変動率が１を上回り、かつ、名目手取り賃金変動率が１を下回るときは、１を基準とする。

(3) マクロ経済スライド

平成16年改正により、「マクロ経済スライド制」が設けられた。この仕組みは、社会全体の年金制度を支える力の変化（少子化の影響など）と平均余命の伸びに伴う給付費の増大というマクロ的視点で、給付と負担の変動に応じて給付水準を調整する考え方で成り立っている。マクロ経済スライドによる調整とは、公的年金全体の被保険者数の減少率に平均余命の伸びを勘案した一定率を加えた率（スライド調整率）の分だけ年金改定率（スライド率）を減じることにより、年金額の伸びを抑制する仕組みである（図表２－４・図表２－５）。

> 新規裁定者の改定率（68歳到達年度前）：手取り賃金の伸び率－スライド調整率＊
> 既裁定者の改定率（68歳到達年度以後）：物価の伸び率－スライド調整率＊

＊スライド調整率＝公的年金加入者減少率＋平均余命の伸びを勘案した一定率

スライド調整率は、令和７年度までは平均0.9％であると予測されている。よって、例えば、物価上昇率が１％であったとしても年金額は0.1％（１％－0.9％）分しか増えないので、実質的な年金の価値は目減りすることになる。

この調整は平成17年度から開始できることとされ、最終的な保険料水準による負担の範囲内で年金財政が安定する見通しが立つまでの間（調整期間）、適用される。

●図表2－4　マクロ経済スライドの仕組み

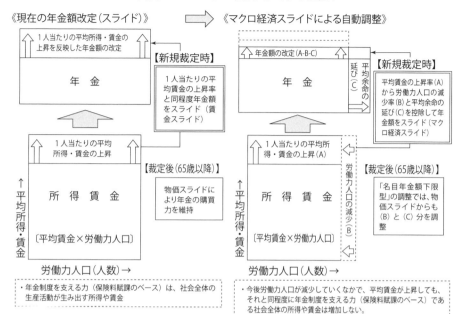

（資料）厚生労働省「平成17年版厚生労働白書」

●図表2－5　スライド調整率

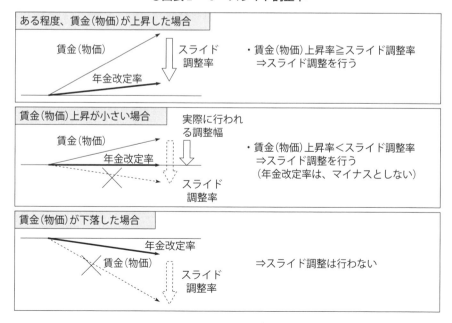

3．年金額の改定ルールの見直し

「持続可能性向上法」の成立により、公的年金制度の持続可能性を高め、将来世代の給付水準を確保するため、年金額の改定ルールの見直しが行われることとなった。

⑴ マクロ経済スライドによる調整ルールの見直し

マクロ経済スライドは、平均余命の伸びや現役世代の減少を指数として、これを物価や賃金の伸びから差し引くことによって、数十年という長い年月をかけて年金の給付水準を徐々に調整する仕組みとなっている（2．⑶マクロ経済スライド参照）。また、年金受給者に配慮して、前年度より年金額を下げる調整は行わない措置（名目下限措置）をとっているため、マクロ経済スライドによって名目の年金額が下がることはなく、景気後退期の場合に生じる未調整分は繰り越されず、長期的に年金財政の安定に必要な調整期間を取る仕組みになっている。

しかし、「持続可能性向上法」の成立により、名目の年金額が前年度を下回らない措置を維持しつつ、できるだけ早期に調整を行い、将来年金を受給することになる世代の年金の給付水準を確保するため、賃金・物価上昇の範囲内で、前年度までの未調整分（キャリーオーバー）を含めて調整する仕組みが平成30年度から導入されることとなった（図表2－6）。

⑵ 賃金・物価スライドによる改定ルールの見直し

年金額は、経済の変化を反映させるため、賃金・物価の変動に応じて改定する仕組み（2．⑵改定率の改定参照）となっているが、「持続可能性向上法」の成立により、

将来世代の給付水準を確保するため、年金の支え手である現役世代の負担能力の低下に応じて年金額を改定することとし、その仕組みが徹底されることとなった。

　具体的には、物価が上昇していて賃金が下落している場合や物価が下落していてそれ以上に賃金が下落している場合においても、新規裁定者・既裁定者の年金額は賃金変動に合わせて改定（賃金スライド）するようルールの見直しが行われることとなった（令和3年度施行）（図表2－7）。

●図表2－6　マクロ経済スライドによる調整ルールの見直し

（資料）厚生労働省「年金額の改定ルールの見直し」

●図表2－7　賃金・物価スライドによる改定ルールの見直し

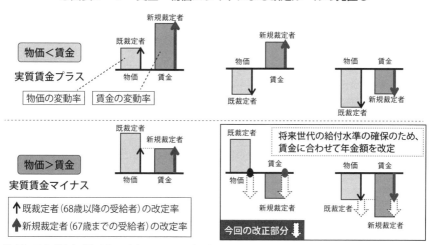

（資料）厚生労働省「年金額の改定ルールの見直し」

4．年金額改定の推移

(1) 物価スライド特例措置による特例水準の年金額とその後の年金額

　平成16年改正によって新たな年金額改定の仕組みが設けられたが、平成16年改正前までの年金額は物価下落による減額改定を行わなかったことから、平成16年改正による年金額水準（本来水準）よりも1.7％かさ上げされた額（特例水準）が支給されていた。そこで、新たな年金額改定の仕組みを適用すると、前年度の年金額より1.7％も低下することから、物価スライド特例措置が設けられた。この物価スライド特例措置によって1.7％のかさ上げ分は、物価が上昇しても年金額を据え置く方法により、徐々に解消していくこととした（図表2-8・図表2-9）。

　その後、平成21年度の年金額の据置きによって、この1.7％分については0.9％が解消され、残り0.8％となっていた。しかし、平成22年度の年金額は、対前年比で物価が1.4％下落したものの平成17年の物価水準より0.3％上回っていたため、法律によって年金額は据え置かれることとなり、かさ上げ分は2.2％となった。平成23年度の年金額は、対前年比で物価が0.7％下落し、平成17年の物価水準よりも0.4％下回ったため、法律によって年金額は0.4％引き下げられることとなり、本来水準よりも2.5％（0.8％＋1.4％＋0.3％）かさ上げされた額（特例水準）が支給されることとなった。平成24年度の年金額は、物価が対前年比で0.3％下回ったため、法律によって年金額は0.3％引き下げられることとなったが、本来水準よりも高い2.5％のかさ上げ分は解消されなかった。そこで、この特例水準について、平成25年度から3年間で段階的に解消（平成25年10月▲1.0％、平成26年4月▲1.0％、平成27年4月▲0.5％）する法律が成立し、施行されることとなった。これにより、平成25年度の4月から9月までの年金額は、物価が対前年比で0.0％と変動がなかったため、これまでの法律によって据え置かれたが、10月以降の年金額は、特例水準の解消スケジュールにより1.0％引き下げられることとなった。

　平成26年度においては、本来の改定ルールによる年金額の上昇率0.3％（名目手取り賃金変動率による改定）と特例水準の段階的な解消（平成26年4月▲1.0％）とを合わせた改定が行われ、平成25年度10月以降の年金額よりも0.7％引き下げられることとなった。

　平成27年度においては、特例水準の解消スケジュールの実施により、物価スライ

ド特例措置による年金額が本来水準を下回ることとなった。これにより、平成27年度の年金額は、特例水準の解消（平成27年4月▲0.5％）、平成16年改正による年金額の改定（平成27年度は名目手取り賃金変動率2.3％基準）、合わせてマクロ経済スライドによる調整（▲0.9％）が行われ、平成26年度の特例水準の年金額よりも基本的には0.9％引き上げられることとなった。

平成28年度においては、年金額改定の指標となる名目手取り賃金変動率が▲0.2％、物価変動率が0.8％、スライド調整率が▲0.7％であった。給付と負担の長期的な均衡を保つ観点から、名目手取り賃金変動率がマイナスで物価変動率がプラスとなる場合には、改定は行わないこととしている。改定が行われない場合にはマクロ経済スライドによる調整も行われず、平成28年度の年金額は平成27年度から据え置かれることとなった。ただし、年金額の端数処理の変更により、基本的に月額で数円の増減が生じる。

平成29年度においては、年金額改定の指標となる物価変動率が▲0.1％、名目手取り賃金変動率が▲1.1％、スライド調整率が▲0.5％であった。物価変動率と名目手取り賃金変動率がともにマイナスで、名目手取り賃金変動率が物価変動率を下回る場合には、新規裁定、既裁定ともに、物価変動率によって改定することとされている。平成29年度の年金額は、新規裁定、既裁定ともに、物価変動率（▲0.1％）によって改定されることとなり、マイナス改定される場合にはマクロ経済スライドによる調整は行われず、平成29年度の年金額は平成28年度の年金額よりも0.1％引き下げられることとなった。

平成30年度においては、名目手取り賃金変動率が▲0.4％、物価変動率が0.5％であった。名目手取り賃金変動率がマイナスで物価変動率がプラスとなる場合には、新規裁定者、既裁定者ともに改定は行わないこととされている。この場合、マクロ経済スライドによる調整（▲0.3％）も行われず、平成30年度の年金額は平成29年度から据え置かれることとなった。ただし、マクロ経済スライドによる調整ルールの見直し（平成30年度施行）により平成30年度のマクロ経済スライドの未調整分（▲0.3％）は、繰り越されることとなった。

令和元（平成31）年度においては、物価変動率が1.0％、名目手取り賃金変動率が0.6％であった。物価変動率、名目手取り賃金変動率がともにプラスで、物価変動率が名目手取り賃金変動率を上回る場合には、新規裁定者、既裁定者ともに名目

手取り賃金変動率によって年金額を改定することとされている。これにより、令和元（平成31）年度の年金額は、新規裁定、既裁定ともに名目手取り賃金変動率（0.6％）によって改定され、さらにマクロ経済スライドによる令和元（平成31）年度のスライド調整率（▲0.2％）と平成30年度に繰り越されたマクロ経済スライドの未調整分（▲0.3％）が実施されることとなり、平成30年度の年金額よりも0.1％引き上げられることとなった。

　令和2年度においては、物価変動率が0.5％、名目手取り賃金変動率が0.3％であった。物価変動率、名目手取り賃金変動率がともにプラスで、物価変動率が名目手取り賃金変動率を上回る場合は、新規裁定者、既裁定者ともに名目手取り賃金変動率（0.3％）によって改定することとされている。さらに、マクロ経済スライドによる令和2年度のスライド調整率（▲0.1％）が実施され、令和2年度の年金額は、令和元年度の年金額よりも0.2％引き上げられることとなった。

　令和3年度においては、物価変動率が0.0％、名目手取り賃金変動率が▲0.1％であった。名目手取り賃金変動率がマイナスで、名目手取り賃金変動率が物価変動率を下回る場合は、新規裁定者、既裁定者ともに名目手取り賃金変動率（▲0.1％）によって年金額が改定されることとなる。マイナス改定される場合にはマクロ経済スライドによる調整は行われず、令和3年度の年金額は、令和2年度の年金額よりも0.1％引き下げられることとなった。なお、マクロ経済スライドの未調整分（▲0.1％）は、翌年度以降に繰り越されることとなった。

　令和4年度においては、物価変動率が▲0.2％、名目手取り賃金変動率が▲0.4％であった。名目手取り賃金変動率がマイナスで、名目手取り賃金変動率が物価変動率を下回る場合は、新規裁定者、既裁定者ともに名目手取り賃金変動率（▲0.4％）によって年金額が改定されることとなる。マイナス改定される場合にはマクロ経済スライドによる調整は行われず、令和4年度の年金額は、令和3年度の年金額よりも0.4％引き下げられることとなった。なお、マクロ経済スライドの未調整分（▲0.3％）は翌年度以降に繰り越される。

　令和5年度においては、物価変動率が2.5％、名目手取り賃金変動率2.8％であった。名目手取り賃金変動率が物価変動率を上回る場合は、新規裁定者の年金額は名目手取り賃金変動率（2.8％）を、既裁定者の年金額は物価変動率（2.5％）を用いて改定されることとなる。さらに、令和5年度のマクロ経済スライドによる調整（▲0.3％）と、

令和 3 年度・令和 4 年度の未調整分（▲0.3%）による調整が行われ、令和 5 年度の年金額は、令和 4 年度の年金額よりも新規裁定者は2.2%、既裁定者は1.9%引き上げられることとなった。

⑵ 令和 6 年度の年金額

　令和 6 年度においては、物価変動率が3.2%、名目手取り賃金変動率3.1%であった。物価変動率が名目手取り賃金変動率を上回る場合は、新規裁定者、既裁定者ともに名目手取り賃金変動率（3.1%）によって改定されることとなる。さらに、令和 6 年度のマクロ経済スライドによる調整（▲0.4%）が行われ、令和 6 年度の年金額は、令和 5 年度の年金額よりも新規裁定者、既裁定者ともに2.7%引き上げられることとなった。

ワンポイントアドバイス

　令和 6 年度に68歳に達し、新たに既裁定者となる昭和31年度生まれの方（昭和31年 4 月 2 日から昭和32年 4 月 1 日までの間に生まれた方）は、既裁定者に属していながらも年金額の計算のうえでは、令和 6 年度においても新規裁定者と同じ改定率が適用されることになります。

●図表2−8　物価スライド特例措置と老齢基礎年金額の推移

年度 (平成)	12	13	14	15	16	17	18	19	20	21	22	23	24	25		26
														4〜9月	10月以降	
物価変 動率 (%)	▲0.3	▲0.7	▲0.7	▲0.9	▲0.3	0.0	▲0.3	0.3	0.0	1.4	▲1.4	▲0.7	▲0.3	0.0		0.4
改定 実施	未実施(▲1.7%)			実施	実施	据置	実施	据置	据置	据置	据置	実施	実施	据置	▲1.0 %実施	▲0.7 %実施
実際の 額(円)	804,200	804,200	804,200	797,000	794,500	794,500	792,100	792,100	792,100	792,100	792,100	788,900	786,500	786,500	778,500	772,800
本来の 額(円)	801,800	796,200	790,500	783,300	780,900	780,900	778,600	778,600	778,600	785,200	774,700	769,200	766,800	766,800		769,200

●図表2−9　本来水準と特例水準の年金額改定の推移

○ 平成26年度まで支給される年金は、過去、物価下落時に年金額を据え置いた(物価スライド特例措置)経緯から、特例的に、本来よりも高い金額で支払われているところ。(特例水準)
○ 平成24年11月に成立した法律により、特例水準(2.5%)を平成25年度から平成27年度までの3年間で計画的に解消を図っている。
　(解消のスケジュールは、H25.10.▲1.0%、H26.4.▲1.0%、H27.4.▲0.5%)
(参考)
○ 特例水準の年金額は、物価が上昇しても据え置く一方、物価が直近の年金額改定の基となる水準を下回った場合に、その分だけ引き下げるというルール。
○ 一方、法律上本来想定している年金額(本来水準)は、物価や賃金の上昇や下落に応じて(※)増額や減額されるというルール。
　(※例えば、賃金の伸びが物価の伸びを下回った場合は、物価ではなく賃金で改定される。)

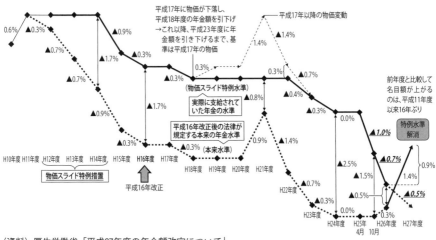

(資料)厚生労働省「平成27年度の年金額改定について」

第2章 国民年金の仕組み

国民年金は、日本国憲法第25条第2項の「国は、すべての生活部面について、社会福祉、社会保障及び公衆衛生の向上及び増進に努めなければならない」という理念に基づき、制定された。

国民年金の保険者は政府であり、老齢、障害、死亡について必要な給付を行う。

第1節 国民年金制度

昭和36年4月に拠出制の国民年金が施行され、昭和61年4月より国民年金から全国民に共通の基礎年金が支給されることとなった。

これにより、旧制度における国民年金の被保険者は、国民年金の第1号被保険者として加入し、被用者年金の加入者は同時に国民年金の第2号被保険者として二重加入することとなった。また、昭和61年3月までは任意加入とされていた被用者の妻等も国民年金の第3号被保険者として加入することとなった。

国民年金の給付は、次のとおりである。

すべての者を 対象とする給付	第1号被保険者（自営業者等） の独自給付
老齢基礎年金 障害基礎年金 遺族基礎年金	付加年金 寡婦年金 死亡一時金

これらのほか、経過措置として脱退一時金、旧国民年金法による老齢給付として老齢年金、通算老齢年金および老齢福祉年金がある。旧国民年金法による障害給付として障害年金があるが、障害基礎年金と同じ年金額に改定され、障害福祉年金は現行の年金制度への移行時に障害基礎年金に裁定替えされた。

また、旧国民年金法による遺族給付として、母子年金、準母子年金、遺児年金、

母子福祉年金および準母子福祉年金があったが、母子福祉年金、準母子福祉年金は昭和61年4月に遺族基礎年金に裁定替えされた。

よって、現在の旧国民年金法の年金給付として、老齢年金と通算老齢年金、老齢福祉年金、障害年金および遺児年金、母子（準母子）年金などがある。

第2節 被保険者

国民年金の被保険者は大別すると、強制加入被保険者と任意加入被保険者に区分される。

1．強制加入被保険者

強制加入被保険者は、第1号被保険者、第2号被保険者および第3号被保険者に区分される（図表2−10）。

●図表2−10　強制加入被保険者の要件

種別	第1号被保険者	第2号被保険者	第3号被保険者
基 本 的 要 件	第2号被保険者および第3号被保険者以外の者（自営業・農業従事者・学生など）	厚生年金保険の被保険者（サラリーマン・OL・公務員など）	第2号被保険者の被扶養配偶者（サラリーマンの妻など）
国 籍 要 件	なし	なし	なし
国内居住要件	あり	なし	あり*2
年 齢 要 件	20歳以上60歳未満	なし*1	20歳以上60歳未満

＊1　65歳以上の者で、老齢厚生年金等の受給権を有する者を除く。
＊2　国内居住要件の例外（海外特例）に該当し、届出をしたものを除く。

(1)　第1号被保険者

第1号被保険者とは、日本国内に住所を有する20歳以上60歳未満の者で第2号被保険者および第3号被保険者に該当しない者である。ただし、厚生年金保険法に基づく老齢給付等を受けることができる者は第1号被保険者から除かれる。

したがって、第1号被保険者は、自営業者、農業者、学生などが対象となり、国内居住要件はあるが、国籍要件はない。

なお、学生については、平成3年3月までは任意加入の扱いとなっていたが、任

意加入しない間に障害状態になると無年金者になってしまうなどの理由から、平成
3 年 4 月より強制加入被保険者となった。

　また、国会議員については、昭和55年 3 月までは適用除外とされ、昭和55年 4 月
から昭和61年 3 月までは任意加入の扱いであったが、昭和61年 4 月より第 1 号被保
険者となった。

(2)　第 2 号被保険者

　第 2 号被保険者とは、被用者年金（厚生年金保険）の加入者である。

　したがって、第 2 号被保険者には年齢要件や国内居住要件もなく、また国籍要件
もない。

　ただし、平成12年改正により、平成14年 4 月 1 日に厚生年金保険の適用年齢が65
歳未満から70歳未満に引き上げられたため、65歳以上の厚生年金保険の被保険者で
老齢厚生年金等の受給権を有する者は第 2 号被保険者とはならない。

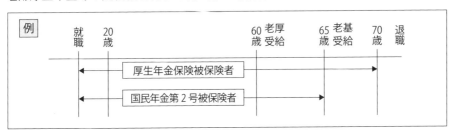

(3)　第 3 号被保険者

　第 3 号被保険者とは、日本国内に住所を有する第 2 号被保険者の配偶者であって、
主として第 2 号被保険者の収入によって生計を維持する者（第 2 号被保険者である
者を除く。以下、「被扶養配偶者」という）のうち20歳以上60歳未満の者である。
令和 2 年 4 月 1 日より国内居住要件が設けられたが、配偶者である第 2 号被保険者
に国内居住要件がないことから、第 3 号被保険者には国内居住要件の例外（海外特
例）が認められている。海外特例は、留学生や外国に赴任する第 2 号被保険者に同
行する者および渡航目的その他の事情を考慮して日本国内に生活の基礎があると認
められる者等を対象とし、該当の届出により第 3 号被保険者の認定が可能になる。
なお、第 3 号被保険者にも国籍要件はない。

　被扶養配偶者の認定基準は、健康保険法等の被扶養者の認定基準でみることから、

原則として、認定対象者の年収は、130万円未満かつ被保険者の年収の2分の1未満でなければならない。

また、配偶者には、婚姻の届出をしていない事実上の婚姻関係にある者も含まれる。

なお、第3号被保険者の配偶者（第2号被保険者）が退職などにより第2号被保険者でなくなった場合、第3号被保険者であった者は60歳になるまでは第1号被保険者として国民年金保険料を負担することとなる。

2．任意加入被保険者

強制加入被保険者に該当しない者であって、次の(1)の①〜④のいずれかに該当する者は、厚生労働大臣（市区町村）に申し出て任意加入被保険者となることができる。この制度は、受給資格期間を満たすためや年金額を増やすために設けられた制度である。

(1)　任意加入被保険者の要件

① 日本国内に住所を有する20歳以上60歳未満の者で、厚生年金保険法に基づく老齢給付等を受けることができる者

② 日本国内に住所を有する60歳以上65歳未満の者

③ 日本国籍を有する者で日本国内に住所を有しない者（在外邦人）で20歳以上65歳未満の者

④ 昭和40年4月1日以前生まれで、老齢基礎年金の受給権を有しない65歳以上70歳未満の者（特例任意加入被保険者）

このうち、①については老齢基礎年金を満額に近づけるため、②および③については受給資格期間を満たすために、または老齢基礎年金を満額に近づけるために設けられている。

④については日本国籍を有する者で日本国内に住所を有しない者（在外邦人）も含まれ、平成6年改正（平成16年改正により適用拡大）により設けられた特例による任意加入被保険者である。この制度は、65歳になっても受給資格期間の不足により受給権が得られない者に対する救済措置として設けられた。よって、受給権を取得すればその翌日に任意加入被保険者の資格を喪失することとなる。

Check!

●任意加入被保険者となる場合は、原則として口座振替により保険料を納付することになるので、口座振替の手続も必要となる。

●上記①と③（20歳以上60歳未満の者）に該当する者であって、任意加入したが、保険料を納付しなかった期間について、合算対象期間に算入される。

(2) 第1号被保険者と任意加入被保険者の相違点

任意加入被保険者および特例任意加入被保険者は、第1号被保険者と同じく国民年金保険料を納付することになるが、第1号被保険者とは次の点が異なる。

① 保険料免除は、任意加入被保険者および特例任意加入被保険者には適用されない。

② 国民年金基金への加入は、任意加入被保険者（国内居住の60歳以上65歳未満の任意加入被保険者および在外邦人の65歳未満の任意加入被保険者）には認められているが、特例任意加入被保険者には認められていない。

③ 付加保険料の納付は、任意加入被保険者には認められているが、特例任意加入被保険者には認められていない。

④ 寡婦年金の第1号被保険者としての保険料納付要件には、任意加入被保険者として納付した期間は算入されるが、特例任意加入被保険者として納付した期間は算入されない。

なお、死亡一時金の第1号被保険者としての保険料納付要件には、任意加入被保険者および特例任意加入被保険者として保険料を納付した期間は算入される。

●図表2−11 第1号被保険者と（特例）任意加入被保険者の相違点

○ … 適用あり × … 適用なし

	保険料免除の適用	国民年金基金	付加保険料の納付	寡婦年金の要件	死亡一時金の要件
第1号被保険者	○				
任意加入被保険者	×	○*	○	○	○
特例任意加入被保険者	×	×	×	×	○

＊国内居住の60歳以上65歳未満の任意加入被保険者および在外邦人の65歳未満の任意加入被保険者。

3. 被保険者資格の取得・喪失等

(1) 強制加入被保険者の資格取得

次のいずれかに該当したときに取得する（当日主義）。

①20歳に達したとき（誕生日の前日）	
②20歳以上60歳未満の者が日本国内に住所を有するに至ったとき	
③厚生年金保険法に基づく老齢給付等を受けることができる者でなくなったとき	当　日
④厚生年金保険の被保険者または共済組合（等）の組合員・加入者の資格を取得したとき	
⑤20歳以上60歳未満の者が第2号被保険者の被扶養配偶者となったとき	

強制加入被保険者の「資格取得」とは、第1号・第2号・第3号被保険者のいずれにも該当しなかった者が、第1号・第2号・第3号被保険者のいずれかに該当する場合をいう。よって、第1号・第2号・第3号被保険者であった者が、第1号・第2号・第3号被保険者のいずれかに該当することとなった場合は「種別の変更」であり、その間に資格の得喪は生じない。

(2) 強制加入被保険者の資格喪失

強制加入被保険者は、次のいずれかに該当したときに資格を喪失する。

①死亡したとき	
②日本国内に住所を有しなくなったとき （第2号被保険者または第3号被保険者に該当するときを除く）	その翌日
③被扶養配偶者でなくなったとき （第1号被保険者または第2号被保険者に該当するときを除く）	
④厚生年金保険法に基づく老齢給付等を受けることができる者となったとき（第2号被保険者または第3号被保険者に該当するときを除く）	
⑤60歳に達したとき（誕生日の前日） （第2号被保険者に該当するときを除く）	当　日
⑥厚生年金保険の被保険者の資格を喪失したとき （国民年金の強制加入被保険者に該当する場合を除く）	

⑶ 種別の変更

「種別」とは、第1号被保険者、第2号被保険者または第3号被保険者のいずれであるかの区別をいう。

種別に変更があった月は、変更後の種別の被保険者であった月とみなされ、同一の月に2回以上の種別の変更があった月は、最後の種別の被保険者であった月とみなされる。

⑷ 任意加入被保険者の資格取得

市区町村へ任意加入の申出をした日に資格を取得する。

⑸ 任意加入被保険者の資格喪失

任意加入被保険者は、いつでも市区町村へ申し出て、資格を喪失することができる。また、次のいずれかに該当したときに資格を喪失する。

①死亡したとき	その翌日
②保険料を滞納し督促状の指定期限までに納めないときは、指定期限のとき（在外邦人は、保険料を滞納し、納付することなく2年間が経過したとき）	
③特例任意加入被保険者は70歳に達するまでの間に老齢基礎年金等の受給権を取得したとき	
④資格喪失の申出が受理されたとき	当　日
⑤厚生年金保険の被保険者の資格を取得したとき	
⑥65歳に達したとき（誕生日の前日） （特例任意加入被保険者は70歳に達したとき）	
⑦保険料納付月数等の上限が480月に達したとき	

4．被保険者期間

⑴ 被保険者期間の計算

① 被保険者期間は、月を単位とし、被保険者の資格を取得した日の属する月から資格を喪失した日の属する月の前月までの月数で計算する。

② 資格取得日が月の初日であっても末日であってもその月は1ヵ月とし、資格喪失日が月の初日であっても末日であってもその月は計算しない。

③ 資格を取得した月に資格を喪失した場合はその月は1ヵ月として計算する。

その後、さらに資格を取得したときは、あとの取得した期間のみを1ヵ月として計算する。

④ 被保険者の資格喪失後、さらにその資格を取得した場合には、前後の被保険者期間を合算して計算する。

(2) 種別の変更

① 被保険者の種別に変更があったときは変更後の種別の被保険者であった月とみなす。

② 同一の月に2回以上の種別の変更があった月は最後の種別の被保険者であった月とみなす。

5. 届 出

(1) 届出事項

国民年金の被保険者は、資格取得届、資格喪失届、種別変更届などの届出をしなければならない。ただし、第2号被保険者については、事業主が被用者年金の手続を行うことにより、自動的に国民年金の被保険者になるので本人の届出は要しない。

届出が必要となるのは、次のとおり第1号被保険者と第3号被保険者である。

	届出の種類	届出先	期限
第1号被保険者	資格取得・喪失届、種別変更届（第2・3号被保険者から変更）、氏名変更届、住所変更届	市区町村	14日以内
第3号被保険者	資格取得・喪失届、種別変更届（第1・2号被保険者から変更）、種別確認届（配偶者の転職で加入制度変更）、氏名変更届、住所変更届、被扶養配偶者非該当届（収入増・離婚）	配偶者の勤務先事業所経由で年金事務所等	14日以内

Check!

● 一部の国民年金手続については、マイナポータルから電子申請が可能である。

(2) 第3号被保険者の特例届出

第3号被保険者の要件に該当する者であっても、届出をしなければ第3号被保険者として認められない。この第3号被保険者の届出が遅れた場合には2年前までしかさかのぼることができず、それ以前の期間は「保険料未納の扱い」となる。この

手続は、平成14年 4 月以降、配偶者の勤務先事業所経由で行うことになったが、以前は本人が市区町村へ届出をしなければならなかったため、未届の状態になっていることが多かった。

　そこで、平成 7 年 4 月から平成 9 年 3 月までの間において特例措置が実施されたが、再度、平成16年改正により、平成17年 4 月以降、「第 3 号被保険者の特例届出」を行うことにより、さかのぼって第 3 号被保険者期間（保険料納付済期間）として認められることとなった。なお、平成17年 4 月以降の未届期間については、やむをえない事由がある場合に限られる。

　「第 3 号被保険者の特例届出」の届出期限については、定めはないが、受給権者の場合は特例届出をした月の翌月から年金額が改定されることになる。

Check!

●第 3 号被保険者期間に重複する第 3 号被保険者以外の期間が新たに判明し、年金記録を訂正した場合等にそれに引き続く第 3 号被保険者期間は、保険料納付済期間として取り扱われる。

(3)　第 3 号被保険者の記録不整合問題への対応

　第 3 号被保険者が、第 2 号被保険者である配偶者の離職などにより、実態は第 1 号被保険者であるにもかかわらず、必要な届出を行わなかったために、年金記録上は第 3 号被保険者のままとなっていて不整合が生じている問題（第 3 号被保険者の記録不整合問題）への対応が平成25年 7 月より、行われることとなった。

①　時効消滅不整合期間の受給資格期間への算入

　第 3 号被保険者から第 1 号被保険者への種別変更の届出が 2 年以上遅れたことで時効により保険料を納付できなかった期間（時効消滅不整合期間）を有する者は、厚生労働大臣（年金事務所）に届出（「時効消滅不整合期間に係る特定期間該当届」）を行うことができる。この届出により、時効消滅不整合期間は「特定期間」とされる。特定期間は原則として受給資格期間に算入され、保険料納付要件の判断においては、学生納付特例期間と同様の扱いとなる。

②　特定期間に係る特例追納実施期間の終了

　特定期間を有する者は、平成27年 4 月 1 日から平成30年 3 月31日までの間に限り、厚生労働大臣の承認を受けて、特定期間のうち、60歳未満の者については承認があっ

た月前10年以内の期間、60歳以上の者については50歳以上60歳未満の期間について、最大10年分の保険料（特定保険料）を納付（特例追納）することができた。

　これにより、特定保険料を納付した者は、納付が行われた日に保険料が納付されたものとみなされ、老齢基礎年金の受給権者であって特定保険料の納付を行った者は、納付が行われた月の翌月から年金額が改定された。

③　特定受給者の老齢基礎年金等の特例

　平成25年7月1日以後に不整合記録の訂正が行われたことにより、時効消滅不整合期間を有することとなった者であって、平成25年7月1日において、時効消滅不整合期間を保険料納付済期間として老齢給付等を受けている者（特定受給者）に対しては、特例追納実施期間が終了するまでの間は引き続き、従来の年金額が支給されてきた。しかし、平成30年4月1日以後（特例追納実施期間の終了後）は納付実績に見合った年金額に訂正され、特例追納を行わなかった者は年金額が減額されることとなった。なお、減額の上限は従来の年金額の10%とされている。

●図表2−12　第3号被保険者の記録不整合問題への対応

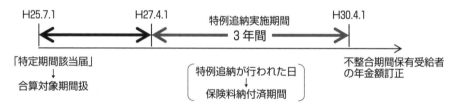

Check!

●時効消滅不整合期間は、昭和61年4月から平成25年6月までの間にある第3号被保険者期間のうち、第1号被保険者期間として記録の訂正がなされた期間である。

●平成25年7月1日において、時効消滅不整合期間であった期間が第3号被保険者期間であるものとして障害基礎年金または遺族基礎年金等を受給している者について、当該時効消滅不整合期間は保険料納付済期間とみなされる。

●第3号被保険者の記録不整合問題に対応するために、平成26年12月以降、第3号被保険者の収入が基準額以上に増加した場合や離婚した場合に届出（「被扶養配偶者非該当届」）が必要となった（全国健康保険協会管掌の健康保険の適用事業所に使用される第2号被保険者の被扶養配偶者であった者を除く）。

第3節 保険料

1．費用の負担

　基礎年金の給付に要する費用は、第1号被保険者が負担する保険料と厚生年金保険制度からの基礎年金拠出金および国庫負担によって賄われているが、寡婦年金などの国民年金第1号被保険者の独自給付に要する費用は、第1号被保険者の保険料が財源となっている。

　基礎年金の給付に要する国庫負担割合については、平成16年度より3分の1から段階的に引き上げられ、平成21年4月より2分の1となった。これに伴い、基礎年金の年金額を計算する際、免除期間の年金額への反映される割合が平成21年3月以前と4月以後の被保険者期間で異なることとなった（第3編第1章第2節参照）。

　なお、基礎年金の給付に要する国庫負担については、平成26年度に消費税率が8％に引き上げられ、引き上げ分のうち、1％が引き当てられることとなり、これを安定的な財源として国庫負担割合2分の1が恒久化されることとなった。

2．保険料

　国民年金の保険料を負担する者は、第1号被保険者（任意加入被保険者を含む）である。国民年金の保険料は、被保険者期間の計算の基礎となる各月につき徴収される。したがって、被保険者の資格を取得した月から資格を喪失した月の前月までの保険料を負担することになる。

(1) 保険料額

　令和6年度の国民年金の保険料額は、月額16,980円である。

　国民年金の保険料額は、平成16年改正により、保険料水準固定方式が導入された。これにより、国民年金保険料の基準額は、平成17年度から毎年度280円ずつ引き上げられ、平成29年度以降は16,900円で固定されることになった。しかし、令和元年度から第1号被保険者の産前産後期間保険料免除制度の財源確保のため、基準額は100円引き上げられ、17,000円となった。

各年度の国民年金の保険料額は、各年度の基準額に各年度の保険料改定率を乗じて得た額（5円未満切捨て、5円以上10円未満は10円に切り上げる）となる。

令和6年度の基準額は17,000円であり、保険料改定率が0.999であったことから、令和6年度の保険料額は16,980円となった。また、令和7年度の基準額は17,000円であり、保険料改定率が1.030であったことから、令和7年度の保険料額は17,510円となる。

●図表2－13　国民年金の保険料額

年　度	保険料額	基準額	各年度の保険料額（基準額×保険料改定率）
平成16年度	13,300円	―	（平成10年度以降は凍結され同額）
平成17年度	13,580円	13,580円	13,580円×1.000
平成18年度	13,860円	13,860円	13,860円×1.000
平成19年度	14,100円	14,140円	14,140円×0.997
平成20年度	14,410円	14,420円	14,420円×0.999
平成21年度	14,660円	14,700円	14,700円×0.997
平成22年度	15,100円	14,980円	14,980円×1.008
平成23年度	15,020円	15,260円	15,260円×0.984
平成24年度	14,980円	15,540円	15,540円×0.964
平成25年度	15,040円	15,820円	15,820円×0.951
平成26年度	15,250円	16,100円	16,100円×0.947
平成27年度	15,590円	16,380円	16,380円×0.952
平成28年度	16,260円	16,660円	16,660円×0.976
平成29年度	16,490円	16,900円	16,900円×0.976
平成30年度	16,340円	16,900円	16,900円×0.967
令和元年度	16,410円	17,000円	17,000円×0.965
令和2年度	16,540円	17,000円	17,000円×0.973
令和3年度	16,610円	17,000円	17,000円×0.977
令和4年度	16,590円	17,000円	17,000円×0.976
令和5年度	16,520円	17,000円	17,000円×0.972
令和6年度	16,980円	17,000円	17,000円×0.999
令和7年度	（17,510円）	17,000円	17,000円×1.030*

（注）保険料改定率＝前年度の保険料改定率×名目賃金変動率（＝物価変動率×実質賃金変動率）
＊「2年前納」が設けられたことにより、翌年度の保険料改定率も定められている。

(2) 保険料の納付

　保険料の納付義務者は、第1号被保険者であるが、世帯主または配偶者が連帯して納付義務を負うことになる。各月の保険料は、原則として翌月末日までに納付しなければならない。保険料は、通知される納付書などによって金融機関等で納付、口座振替、クレジットカード、またはインターネットバンキング（電子納付）などによって納付することができる。

　保険料を徴収する権利の消滅時効は2年であることから、各月の保険料は2年経過すると納めることができない。

　ただし、事務処理誤り等の事由により国民年金保険料の納付の機会を逸失したと認められる場合等について、事後的に特例保険料の納付等は可能である。

(3) 保険料の前納

　将来の一定期間（2年単位、1年単位または6ヵ月単位など）の保険料を前納することができ、その前納期間に応じて一定の割合で保険料が割り引かれる。口座振替で前納すればさらに割り引かれることになる。また、1ヵ月の前納（早割）制度もあり、通常の振替日は翌月末日であるが、当月末日の振替にすることによって月々の保険料が割り引かれることになる。なお、平成26年4月から開始された「2年前納」は、2年度分をまとめて口座振替で納めることとされていたが、平成29年4月より現金やクレジットカード等での納付も可能となった。

　前納した保険料については、前納に係る各月が経過した際に、それぞれの月の保険料が納付されたものとみなされる。

　なお、前納期間の経過前に、資格喪失または第2号・第3号被保険者になった場合には、前納した未経過期間分の保険料の還付請求をすることができる。また、平成26年4月以降、保険料免除に該当した月分以降の保険料について、還付請求が可能となった。

(4) 付加保険料

　付加保険料は、付加年金の財源となる保険料である。付加年金の支給を希望する第1号被保険者と65歳未満の任意加入被保険者は、市区町村へ申し出て、月額400円の付加保険料を納付することができる。

第1号被保険者および65歳未満の任意加入被保険者が、本来の国民年金保険料に加えて付加保険料を納付することにより、老齢基礎年金に付加年金が上乗せされる。ただし、保険料免除者（産前産後期間による免除者を除く）および国民年金基金加入員は付加保険料を納付することはできない。

　付加年金の額は、200円に付加保険料納付月数を乗じて得た額であり、老齢基礎年金に上乗せされる。付加保険料および付加年金の額は、物価の変動等によって改定されることはない。

　付加保険料の納期限は、国民年金保険料と同様に翌月末日とされている。平成26年3月以前は納期限までに納めなかった場合には、納付の辞退の申出をしたものとみなされていたが、平成26年4月にこの規定は廃止され、納期限を過ぎた場合であっても、国民年金保険料の時効消滅する期間と同様に2年前までさかのぼって納めることができることとなった。

　なお、付加保険料を納付する者は、市区町村へ申し出て、いつでも納付する者でなくなることができる（第6編第1章第1節参照）。

(5)　基礎年金拠出金

　厚生年金保険の実施者たる政府および実施機関たる共済組合等は、加入者と被扶養配偶者の数に応じて、基礎年金の給付に要する費用（基礎年金拠出金）を負担（納付）する。これにより、第2号・第3号被保険者は個別に国民年金の保険料を納めることなく、基礎年金が支給されることになっている。

　基礎年金拠出金の額は、保険料・拠出金算定対象額にその年度における被保険者の総数に対するその年度における政府および実施機関に係る被保険者の総数の比率に相当するものとして毎年度政令で定めるところにより算定した率を乗じて得た額である。

$$\text{保険料・拠出金算定対象額} \times \frac{\text{第2号被保険者総数} + \text{第3号被保険者総数}}{\text{国民年金の被保険者総数}}$$

3．保険料の免除

　第1号被保険者の保険料は定額制であることから、第1号被保険者の諸事情に配

慮して、保険料免除の制度が設けられている。ただし、任意加入被保険者の保険料は免除されない。

　保険料免除は、平成14年４月に半額免除制度が設けられ、平成18年７月に3/4免除、1/4免除が設けられたことにより、全額免除、3/4免除、半額免除、1/4免除の４段階制になっている。

　保険料免除には「法定免除」、「申請免除」の２通りがあり、法定免除は当然に全額免除され、申請免除は、承認により、全額免除、3/4免除、半額免除、1/4免除となる。また、学生等の納付特例制度や保険料納付猶予制度も設けられている。なお、保険料納付猶予制度は30歳未満の者を対象として設けられたが、平成28年７月から50歳未満の者に適用範囲が拡大された（令和12年６月までの時限措置）。

Check!

● すでに納付された保険料は保険料免除の対象とはならない。
● 前納後に保険料免除の適用を受けることとなった場合、免除に該当した月分以後の保険料について還付の請求ができる。
● 免除された期間は、保険料免除期間として老齢基礎年金の受給資格期間に算入されるが、老齢基礎年金の額への反映割合は、基礎年金の国庫負担割合に応じて平成21年４月以後の月分は7/8〜1/2、平成21年３月までの月分は5/6〜1/3となる。
● 学生等の納付特例制度や保険料納付猶予制度によって免除された期間は、追納しない限り、老齢基礎年金の年金額には反映されない。
● 免除された期間は、直近10年以内の期間であれば追納することができる。

(1)　法定免除

　次の①〜③のいずれかに該当する場合、法律上、当然に保険料の全額が免除される。ただし、免除事由に該当した日から14日以内に市区町村へ届出をしなければならない。

　免除期間は、免除事由に該当した月の前月から免除事由に該当しなくなった月までとされている。なお、平成26年４月以降、法定免除に該当する場合であっても申出により、納付または前納することができ、また、さかのぼって法定免除となった場合、保険料は還付されることになっていたが、希望すれば、還付を受けずにその期間を保険料納付済期間とすることが可能となった。

①障害基礎年金その他公的年金の障害年金の受給権者[1][2]であるとき

②生活保護法による生活扶助を受けているとき

③国立ハンセン病療養所等、国立保養所などの施設に入所しているとき

[1]　障害等級1、2級（旧法は1～3級）の受給権者であること。
[2]　厚生年金保険の障害等級3級の障害の状態にも該当しなくなって3年を経過すれば保険料は免除されない。

(2)　申請免除

　申請免除は、次の①～④のいずれかに該当し、厚生労働大臣（市区町村）に申請をして認められれば免除されることになる。前年所得（保険料の納付を免除すべき月の属する年の前年または前々年）の額によって保険料の全額、3/4、半額または1/4が免除され、免除の割合に応じて下表の額を納めることとなる。ただし、配偶者や世帯主に保険料負担能力があれば申請免除は認められない。

　免除期間は、7月から翌年6月までとされている。なお、平成26年4月以降、申請が遅れた場合でも過去2年分（申請時点から2年1ヵ月前までの期間）までさかのぼって免除の申請ができることとなった。

①前年の所得が一定の所得基準以下のとき（図表2－14）

②生活保護法による生活扶助以外の扶助を受けているとき

③地方税法に定める障害者または寡婦、その他の同法の規定による市町村民税が課されない者で前年所得（1月分から6月分の保険料は前々年の所得）が135万円以下のとき

④保険料の納付が著しく困難であるとき

　・震災、風水害、火災等により家財等の被害金額がその価格のおおむね1/2以上の損害を受けたとき

　・失業により保険料納付が困難なとき

　・事業の休止または廃止により厚生労働省が実施する離職者支援資金の貸付制度による貸付金の交付を受けたとき

（令和 6 年度価格）

免除なし	4 分の 1 免除	半額免除	4 分の 3 免除
16,980円	12,740円	8,490円	4,250円

●図表 2 － 14　保険料免除の所得基準

区　　分	対象基準
全額免除	前年所得が以下の計算式で計算した金額の範囲内であること （扶養親族等の数＋ 1 ）×35万円 +32万円
4 分の 3 免除	前年所得が以下の計算式で計算した金額の範囲内であること 88万円＋扶養親族等控除額＋社会保険料控除額等
半額免除	前年所得が以下の計算式で計算した金額の範囲内であること 128万円＋扶養親族等控除額＋社会保険料控除額等
4 分の 1 免除	前年所得が以下の計算式で計算した金額の範囲内であること 168万円＋扶養親族等控除額＋社会保険料控除額等

Check!

● 「年金事業運営改善法」の成立により、全額免除申請に係る被保険者の手続上の負担を軽減し、全額免除申請の機会を拡充するため、厚生労働大臣が指定する者（「指定全額免除申請事務取扱者」）が一定の申請（一部免除および学生等納付特例の申請を除く）を受託できる制度が平成27年 7 月 1 日に創設された。

● 国民年金の保険料の申請免除基準および納付猶予基準は、住民税の非課税基準に準拠しており、地方税法改正によって、令和 3 年度分の個人住民税非課税措置の対象に「未婚のひとり親」が加えられることとなった。これに伴い、国民年金の保険料の申請全額免除基準および納付猶予基準においても、令和 3 年 4 月 1 日（適用は令和 3 年 7 月分以後の保険料）より対象に追加された。また、すでに個人住民税非課税措置の対象となっている「寡夫」も男女差の解消を図る観点から対象に加えられた。

(3) 学生等の保険料納付特例

　20歳以上の学生等は、平成 3 年 3 月までは任意加入の取扱いになっていたが、平成 3 年 4 月以降は、第 1 号被保険者として強制加入することとなった。

　学生等については、以前は親の所得に応じて保険料が免除されていたが、学生本人の前年所得（保険料の納付を免除すべき月の属する年の前年または前々年）が

「1,280,000円＋扶養親族等控除額＋社会保険料控除額等」以下の場合、申請により免除されることとなった。

　学生等には、法定免除は適用されるが、他の申請免除規定は適用されず、他の免除規定に該当しても学生等の納付特例として取り扱われる。

　納付特例期間は、4月から翌年3月までとされている。なお、平成26年4月以降、申請が遅れた場合でも過去2年分（申請時点から2年1ヵ月前までの期間）までさかのぼって免除の申請ができることとなった。

　納付特例の適用を受けるためには、毎年、厚生労働大臣（市区町村）へ申請をして承認を受けなければならない。

　納付特例期間は、老齢基礎年金の受給資格期間には算入されるが、老齢基礎年金の年金額には反映されない。ただし、納付特例期間中の障害および死亡については支給要件を満たせば、満額の障害基礎年金や遺族基礎年金が支給される。

　なお、納付特例期間については、直近10年以内の期間であれば追納することができ、追納することによって保険料納付済期間となり、老齢基礎年金の年金額に反映されることになる。

Check!

● 「学生等」とは、高等学校、大学、大学院、短期大学、高等専門学校、専修学校および各種学校その他の一定の教育施設に在学する生徒・学生であり、平成14年4月に夜間部と定時制および通信制課程の生徒・学生にも適用範囲が拡大された。

● 学生等が在学する大学等が学生納付特例事務法人の指定を受けている場合は、大学等の窓口でも申請手続が可能である。なお、平成26年10月1日以降、学生納付特例事務法人の大学等が学生納付特例の申請を受託した日に厚生労働大臣に申請があったものとみなされることとなった。

⑷　保険料納付猶予

　近年、無職やフリーターなど、低所得の若年者が増加傾向にあるが、学生等でなければ、世帯主（親など）の所得要件が問われ、保険料の免除規定は適用されないことが多かった。そこで、平成17年4月に、30歳未満の者を対象に「保険料納付猶予制度（若年者納付猶予制度）」が設けられた。さらに、「年金事業運営改善法」の成立により、平成28年7月以降、低所得の中高年者が増加傾向にあることから納付

猶予の対象年齢が30歳未満から50歳未満の者に拡大されることとなった。この制度
は、令和 7 年 6 月までの措置とされていたが、年金制度改正法の成立により、令和
12年 6 月までの間に延長された。

　保険料納付猶予制度では、世帯主の所得要件はなく、本人と配偶者の所得要件（全
額免除の所得基準）が問われ、厚生労働大臣（市区町村）に申請をして承認されれ
ば保険料の納付が猶予される。

　納付猶予期間は、学生等納付特例期間と同様に、老齢基礎年金の受給資格期間に
は算入されるが、老齢基礎年金の年金額には反映されない。ただし、納付猶予期間
中の障害および死亡については支給要件を満たせば、満額の障害基礎年金や遺族基
礎年金が支給される。

　また、学生等納付特例期間と同様に、納付猶予された期間については、直近10年
以内の期間であれば追納することができ、追納によって保険料納付済期間となり、
老齢基礎年金の年金額に反映されることになる。

●図表 2 −15　保険料免除の概要

○ … 所得要件あり

	所得要件			免除期間 （原則）	老齢基礎年金	
	本人	配偶者	世帯主		受給資格	年金額 反映割合[*1]
法定免除	−	−	−	該当月の前月〜 不該当月	算入	1/2
申請免除 （全額 , 3/4 , 半額 , 1/4）	○	○	○	7 月〜翌年 6 月[*2]		7/8〜1/2
学生等納付特例	○	−	−	4 月〜翌年 3 月[*2]		−
保険料納付猶予[*3]	○	○	−	7 月〜翌年 6 月[*2]		−

＊1　平成21年 4 月以降の免除期間についての老齢基礎年金の年金額への反映割合である。
＊2　平成26年 4 月以降、過去 2 年分まで遡及可能。
＊3　納付猶予の対象者は50歳未満の者である（令和12年 6 月までの時限措置）。

4．保険料の追納

　追納とは、国民年金の保険料が免除された期間や学生等納付特例期間および保険
料納付猶予期間について、直近の10年以内の期間の保険料を納付できる制度である。
ただし、老齢基礎年金の受給権者は追納することができない。

追納すれば、追納が行われた日に保険料が納付されたものとみなされ、その期間は保険料納付済期間となる。

(1) 追納できる期間

　老齢基礎年金の受給権者になる前であれば、厚生労働大臣の承認を受けて、承認の日の属する月前10年以内の免除期間等にかかる保険料の全部または一部をさかのぼって納付できる。

　一部について追納する場合には、先に経過した月の分から追納することになる。

　なお、学生等納付特例期間（保険料納付猶予期間）と免除期間の両方がある場合には、学生等納付特例期間（保険料納付猶予期間）は追納をしなければ老齢基礎年金の年金額には反映しないことから、学生等納付特例期間（保険料納付猶予期間）を優先して追納することができる。学生等納付特例期間（保険料納付猶予期間）よりも前に免除期間がある場合には、追納できる期間が10年以内であることから、いずれの期間を追納するか選択することになる。

(2) 追納する保険料額

　追納する保険料額は、免除を受けた月の年度の4月1日から3年を経過した日以後に追納する場合には、免除を受けた当時の保険料額に一定の加算率を乗じて得た額（10円未満四捨五入）を加算した額となる。保険料徴収の時効を考慮して、免除月の属する年度の4月1日から3年間は加算しないこととしている。

　なお、令和6年度において用いる令和3年度分の追納加算率は0.6％（令和5年各月発行の10年国債の表面利率の平均値）と定められ、各年度の追納加算率が改定された。令和6年度における追納の対象年度の追納額は、図表2－16のとおりである。

●図表2－16　保険料の追納額（令和6年度価格）

追納の対象年度	令和3	令和2	令和元	平成30	平成29	平成28	平成27	平成26
当時の保険料額（円）	16,610	16,540	16,410	16,340	16,490	16,260	15,590	15,250
追納額（円）	16,710	16,670	16,560	16,500	16,670	16,460	15,790	15,460

※全額免除であった場合の追納額である。

5．産前産後期間の保険料の免除

「持続可能性向上法」の成立により、平成31年4月から第1号被保険者は、出産予定月*の前月（多胎妊娠の場合は3ヵ月前）から出産予定月の翌々月までの4ヵ月間（多胎妊娠の場合は6ヵ月間）の保険料が免除され、その期間は保険料を支払っていたものとみなして、保険料納付済期間に算入されることとなった。

産前産後免除期間は死亡一時金や脱退一時金の支給要件においても保険料納付済期間として扱われ、付加保険料の納付または国民年金基金への加入も可能である。

この免除の届出は、市区町村へ行うこととなるが、出産予定日の6ヵ月前から届出が可能である。

＊出産とは、妊娠85日（4ヵ月）以上をいい、早産、死産、流産および人工妊娠中絶を含む。

第 3 章

厚生年金保険の仕組み

　厚生年金保険の保険者は政府であり、労働者の老齢、障害、死亡について保険給付を行う。厚生年金保険制度は、被用者（民間企業に勤務する者・公務員・私立学校の教職員等）を対象に、基礎年金の上乗せ給付を行うこととし、いわゆる 2 階建ての 2 階部分を構成している。

第1節　厚生年金保険制度

　厚生年金保険の前身は、昭和17年 6 月に施行された労働者年金保険であり、労働者年金保険では、民間の現業男子労働者のみを適用対象としていたが、昭和19年10月に事務部門の男子労働者、女子労働者にも適用範囲が拡大され、名称も「厚生年金保険」と改められた。

　昭和61年 4 月の新制度への移行時には、船員保険法の業務外の年金部門が、平成 9 年 4 月には、国家公務員等共済組合法が適用されていた日本電信電話共済組合（NTT）、日本たばこ産業共済組合（JT）、日本鉄道共済組合（JR）が、平成14年 4 月には農林漁業団体職員共済組合が厚生年金保険に統合された。

　そして、平成27年10月には、被用者年金一元化により、国家公務員共済組合、地方公務員等共済組合および私立学校教職員共済の年金部門が厚生年金保険に統一され、厚生年金保険の被保険者は第 1 号〜第 4 号厚生年金被保険者の種別に区分されることとなった。なお、一元化後も日本年金機構および共済組合等が実施機関として年金の決定、通知や支払いなどの事務を行っている。

被保険者の種別	対 象 者	実施機関
第 1 号厚生年金被保険者	一元化前からの厚生年金保険の被保険者（第 2 号〜第 4 号以外の厚生年金被保険者）	厚生労働大臣（日本年金機構）
第 2 号厚生年金被保険者	国家公務員共済組合の組合員である厚生年金保険の被保険者	国家公務員共済組合および国家公務員共済組合連合会
第 3 号厚生年金被保険者	地方公務員共済組合の組合員である厚生年金保険の被保険者	地方公務員共済組合、全国市町村職員共済組合連合会および地方公務員共済組合連合会
第 4 号厚生年金被保険者	私立学校教職員共済法の規定による私立学校教職員共済制度の加入者である厚生年金保険の被保険者	日本私立学校振興・共済事業団

※上記の被保険者の種別について、以下、それぞれ「第 1 号厚年被保険者」「第 2 号厚年被保険者」「第 3 号厚年被保険者」「第 4 号厚年被保険者」という。

厚生年金保険の保険給付は、次のとおりである。

> ・老齢厚生年金（60歳台前半の老齢厚生年金・本来の老齢厚生年金）
>
> ・障害厚生年金（1 級・2 級・3 級）、障害手当金
>
> ・遺族厚生年金

これらのほか、経過措置として脱退一時金があり、昭和60年改正の経過措置として脱退手当金がある。また、昭和60年 3 月以前の旧厚生年金保険法による老齢年金、通算老齢年金、特例老齢年金、障害年金（1 級・2 級・3 級）、障害手当金および遺族年金、通算遺族年金、特例遺族年金などがある。

第 2 節　被保険者

厚生年金保険は、被用者を加入対象とする年金制度であることから、事業所単位で適用される。

1. 適用事業所

厚生年金保険が適用される事業所、事務所または船舶を適用事業所という。

適用事業所には、加入が義務づけられている強制適用事業所と、加入が任意である任意適用事業所の2種類がある。

(1) 強制適用事業所

強制適用事業所は、次のいずれかに該当する事業所または船舶である。

① 常時1人以上の従業員を使用する法人、国、地方公共団体の事業所

② 常時5人以上の従業員を使用する適用業種の個人の事業所

③ 船員法第1条に規定する船員として、船舶所有者に使用される者が乗り組む船舶

①の法人の事業所については、平成元年4月以降、業種や従業員の数を問わず、どのような業種であっても、法人であれば強制適用事業所となった。

②の個人の事業所については、ほとんどの業種が厚生年金保険の適用業種であり、非適用業種は、農林水産業、サービス業（接客、娯楽、理美容等）、自由業、宗教（神社、教会等）である。非適用業種は従業員数を問わず、強制適用事業所とはならない。

なお、「年金制度改正法」の成立により令和4年10月以降、非適用業種とされてきた自由業である士業（弁護士、税理士、司法書士、社会保険労務士、行政書士、弁理士、土地家屋調査士、公認会計士、公証人、海事代理士）は個人の事業所であっても常時5人以上の従業員を使用する事業所であれば強制適用事業所とされることとなった。

(2) 任意適用事業所

任意適用事業所の対象は、常時5人未満の従業員を使用する適用業種の個人の事業所と非適用業種の個人の事業所である。

これらの事業所は、事業主が被保険者となるべき者の2分の1以上の同意を得て、厚生労働大臣の認可を受けることにより、厚生年金保険に加入することができる。この場合、社会保険制度として安定的な保険集団を形成する必要があるため、加入に同意をしなかった者も含めて厚生年金保険の被保険者になる。ただし、任意適用

事業所になるための申請の権限は事業主にあり、従業員の全員が希望しても加入の判断は事業主の意思に任されることとなる。

また、任意適用事業所として厚生年金保険に加入すれば、強制適用事業所と同様に権利・義務が生じることになるが、任意適用事業所の場合は、被保険者の4分の3以上の同意を得て厚生労働大臣の認可を受けることにより脱退することができる。脱退する際は同意をしなかった者も含めて全員が脱退することになる。

●図表2-17　厚生年金保険の適用事業所

業種等 規模	法人 国 地方公共団体	個人事業		船舶
		適用業種	非適用業種 （農林水産業・サービス業・自由業・宗教）	5トン以上の船舶、30トン以上の漁船
5人以上	強制	強制	任意	強制
5人未満		任意		

(3) 適用事業所の一括

事業主が同一である2つ以上の適用事業所（船舶を除く）では、厚生労働大臣の承認を受けて、1つの適用事業所とすることができる。

社会保険は、事業所単位で適用されるため、本店、支店、営業所等の単位で適用事業所となる。人事・労務管理・賃金計算が集中管理されている企業では、1つの事業所として取り扱うことが、企業および行政庁にとっては事務処理が便利であることから、適用事業所を一括できる制度が設けられている。適用事業所が一括されれば、被保険者が他の地域へ転勤しても資格の得喪は生じないことになる。

なお、船舶については、船舶所有者が同一であれば当然に一括される。

2．被保険者

厚生年金保険の被保険者を大別すると、強制加入被保険者と任意加入被保険者に分けられる。

(1) 強制加入被保険者

強制加入被保険者は、厚生年金保険の適用事業所に使用される70歳未満の者である。

厚生年金保険の適用年齢は、平成12年改正により、平成14年4月に65歳未満から70歳未満に引き上げられた。その際、65歳以上70歳未満の在職者は、65歳時点で資格を喪失していたが、あらためて被保険者の資格取得の手続が行われた。

「使用される者」とは、事実上、その事業主のもとで使用され、労働の対償として報酬を受けている者であり、国籍要件も問わない。また、試用期間中の者であっても被保険者となる。

なお、代表取締役や役員も法人に使用され、報酬を受ける者として被保険者となるが、個人事業主は事業との使用関係がないため、厚生年金保険の被保険者にはならない。

厚生年金保険の被保険者資格の取得基準は、「1週間の所定労働時間および1ヵ月の所定労働日数がその事業所の常時雇用者の4分の3以上」とされている。

「年金機能強化法」の施行により平成28年10月から短時間労働者を対象に適用範囲が拡大されることとなり、「持続可能性向上法」の施行により平成29年4月からはその範囲が拡げられた。さらに「年金制度改正法」の成立により令和4年10月からは企業規模が常時101人以上の事業所を適用範囲とし、勤務期間も2ヵ月を超えて使用される見込みのある者が対象とされ、令和6年10月からは、企業規模が51人以上の事業所に適用範囲が拡大されることとなった。次のすべての要件を満たす者が被保険者とされる。

要　件	平成28年10月〜	令和4年10月〜	令和6年10月〜
企業規模（被保険者数）	常時501人以上*	常時101人以上	常時51人以上
勤務期間	継続して1年以上使用される見込み	継続して2ヵ月を超えて使用される見込み	
労働時間	週所定労働時間20時間以上		
賃　金	月額8.8万円（年収106万円）以上		
適用除外	学生ではないこと		

＊平成28年10月から国の事業所は規模にかかわらず適用拡大が実施された。平成29年4月から被保険者数500人以下の企業も労使合意に基づき適用が可能となり、地方公共団体の事業所も規模にかかわらず適用されることとなった。

Check!

- 厚生年金保険の適用要件である週所定労働時間とは、就業規則、雇用契約書等によって通常勤務すべき時間をいう。なお、所定労働時間が1ヵ月単位の場合は1ヵ月の所定労働時間を52/12で除して算出し、1年単位の場合は1年間の所定労働時間を52で除して算出する。
- 厚生年金保険の適用要件である「月額賃金8.8万円（年収106万円）以上」は、各諸手当を含めた所定内賃金の額が8.8万円（年収106万円）以上である場合であり、臨時に支払われる賃金および1月を超えるごとに支払われる賃金、時間外・休日・深夜労働に対する賃金、最低賃金法で算入しないことを定める賃金などは除外される。

(2) 適用除外

適用事業所に使用される70歳未満の者であっても次の者は、被保険者とはならない。ただし、適用除外者であっても、一定の期間を超えて使用されるに至ったとき、または当初の予定によって被保険者となる場合がある。

適用除外者	被保険者となる場合
①日々雇い入れられる者	1ヵ月を超えて使用されるに至った場合
②2ヵ月以内の期間を定めて使用される者	所定の期間を超えて使用されるに至った場合
③季節的業務に4ヵ月以内の期間を定めて使用される者	当初から4ヵ月を超えて使用される予定の場合（当初から被保険者となる）
④臨時的事業の事業所に6ヵ月以内の期間を定めて使用される者	当初から6ヵ月を超えて使用される予定の場合（当初から被保険者となる）
⑤所在地の一定しない事業所に使用される者	─

(3) 任意加入被保険者

厚生年金保険の被保険者になるか否かについて本人の意思に任されているのが、任意加入被保険者である。任意加入被保険者には、①任意単独被保険者、②高齢任意加入被保険者、③第4種被保険者（任意継続被保険者）の3種類がある。

① 任意単独被保険者

任意単独被保険者とは、適用事業所ではない事業所に使用される70歳未満の者で、厚生年金保険への加入を希望する場合に、事業主の同意を得て、厚生労働大臣の認

可を受けて、単独で厚生年金保険に任意加入できる制度である。

Check!

● 「事業主の同意」とは、保険料の折半負担、保険料納付・届出義務が事業主に生じる ことについての事業主の同意である。よって、任意単独被保険者となれば、標準報酬 月額、保険料、保険給付は強制被保険者と同様の扱いとなる。

② 高齢任意加入被保険者

高齢任意加入被保険者とは、厚生年金保険の適用年齢は70歳未満であるが、70歳 に達しても老齢基礎年金の受給権を有しない者が、受給資格期間を満たすまで厚生 年金保険に任意加入できる制度である。

適用事業所に使用される70歳以上の者の場合、実施機関に申出をすることにより 高齢任意加入被保険者となることができ、申出が受理された日に資格を取得する。

事業主の同意は必ずしも必要とはしないが、事業主の同意があれば、保険料は折 半負担で納付義務者は事業主となる。なお、事業主はこの同意を将来に向かって撤 回することができる。

事業主の同意がない場合は、保険料は全額自己負担となり、本人が納付義務者と なる。保険料を滞納した場合は督促状が送付され、督促状の指定期限までに納めな かった場合には、被保険者の資格を喪失することとなる。

また、適用事業所以外の事業所に使用される70歳以上の者も、事業主の同意を得 て、厚生労働大臣の認可を受けて高齢任意加入被保険者となることができ、認可の あった日に資格を取得する。

③ 第4種被保険者（任意継続被保険者）

第4種被保険者は、昭和60年改正により、昭和61年4月に原則として廃止された が、経過措置が設けられている。

第4種被保険者とは、厚生年金保険の被保険者期間が10年以上20年（中高齢者の 特例を含む）未満であり、資格を喪失した日から6ヵ月以内に厚生労働大臣に申し 出た場合に個人で被保険者となることができる制度である。

現行制度においては、昭和61年4月1日の前日に第4種被保険者であった者、ま たは昭和16年4月1日以前生まれの者で、一定の要件に該当する者は、施行日（昭 和61年4月1日）以後も経過措置として第4種被保険者となることができる。

第4種被保険者は、厚生年金保険の被保険者または組合員もしくは加入者の資格を喪失した日または厚生労働大臣への申出が受理された日のうち、その者の選択する日に被保険者の資格を取得する。個人で被保険者になることから、保険料は全額自己負担することとなっている。保険料を滞納した場合は、督促状が送付され、督促状の指定期限までに納めなかった場合には、被保険者の資格を喪失することになる。

なお、第4種被保険者は高齢任意加入被保険者にはなれない。

④　船員任意継続被保険者

昭和60年改正で旧船員保険の任意継続被保険者は、船員任意継続被保険者として当分の間の措置として設けられた。

3．被保険者資格の取得・喪失等

(1)　被保険者の資格取得

厚生年金保険の被保険者資格の取得事由と時期は、次のとおりである（当日主義）。

①適用事業所に使用されるに至ったとき	当日
②使用される事業所が適用事業所となったとき	
③適用除外の規定に該当しなくなったとき	

(2)　被保険者の資格喪失

厚生年金保険の被保険者資格の喪失事由と時期は、次のとおりである。

①適用事業所に使用されなくなったとき（退職日）	その翌日
②死亡したとき	
③任意適用事業所の取消しの認可があったとき	
④適用除外者に該当したとき	
⑤70歳に達したとき（誕生日の前日）	当日
⑥資格喪失の事実があった日にさらに資格を取得したとき	

(3)　被保険者の種別の変更による資格の得喪

同一の適用事業所において使用される被保険者について、被保険者の種別に変更（第1号～第4号厚年被保険者のいずれであるかの区別）があった場合には、資格の取得・喪失の規定は被保険者の種別ごとに適用される。

(4) 退職後の継続再雇用の取扱い

　60歳以降に退職後、継続して再雇用された場合は、再雇用後の収入の実態（給与の低下など）に即応するために、使用関係が中断したものとみなすことができる。

　具体的には、定年退職日の翌日に被保険者資格を喪失し、同日に再取得することになる。これにより、再雇用後の新給与をもとに標準報酬月額が再雇用された月から改定され、在職老齢年金や保険料が計算されることになる。

　この取扱いは、60歳台前半の老齢厚生年金（報酬比例部分）の支給開始年齢の引上げに伴い、平成25年4月から60歳以降に退職後、継続再雇用されるすべての者に対象が拡大された。

Check!

- この適用を受けるためには、「被保険者資格喪失届」と「被保険者資格取得届」に新たな雇用契約を結んだことを明らかにできる書類等を添付して年金事務所等へ提出しなければならない。
- 被用者年金一元化により、平成27年10月以降、年金給付は厚生年金保険法の定めるところにより行うこととされたが、被保険者の資格の管理、保険料の徴収および年金額の決定等の事務は、被保険者の種別に応じて各実施機関で行われている。

4. 被保険者期間

(1) 被保険者期間の計算

① 被保険者期間は、月を単位とし、被保険者の資格を取得した月から資格を喪失した月の前月までの月数で計算する。

② 資格取得日が月の初日であっても末日であってもその月は1ヵ月とし、資格喪失日が月の初日であっても末日であってもその月は計算しない。

③ 資格を取得した月に資格を喪失した場合はその月は1ヵ月として計算する。その後、さらに資格を取得してもその月は1ヵ月として計算する。
　ただし、その月に国民年金の第1号被保険者・第3号被保険者の資格を取得したときには、その月は厚生年金の被保険者期間とはしない。

④ 被保険者の資格喪失後、さらにその資格を取得した場合には、前後の被保険者期間を合算して計算する。

(2) **種別の変更**

① 被保険者期間の計算は被保険者の種別ごとに行われる。

② 同一の月において被保険者の種別に変更があったときは、⑴③にかかわらず、その月は変更後の被保険者の種別の被保険者であった月（２回以上にわたり被保険者の種別に変更があったときは、最後の被保険者の種別の被保険者であった月）とみなされる。

(3) **坑内員および船員であった期間の被保険者期間の特例**

坑内員および船員であった期間の被保険者期間を計算する場合、昭和61年３月以前の期間については、坑内員および船員として被保険者であった期間（実際の期間）を３分の４倍し、昭和61年４月から平成３年３月までの期間については、実際の期間を５分の６倍した期間を被保険者期間とする。

また、戦時加算として、坑内員としての被保険者であった期間のうち、昭和19年１月１日から昭和20年８月31日までの期間は、３分の４倍した期間にさらに３分の１を乗じた期間が加算される。

坑内員・船員であった場合の被保険者期間の計算

昭和19年 1月1日	昭和20年 8月31日	昭和61年 4月1日		平成3年 4月1日
実際の期間×4/3		実際の期間×6/5		実際の期間

戦 時 加 算*
（実際の期間×4／3）＋
（実際の期間×4／3×1／3）
＊坑内員のみ

(4) **被保険者期間に算入しない期間**

労働者年金保険法および厚生年金保険法の施行等の準備期間である次の期間は被保険者期間には算入されない。

厚生年金保険の被保険者期間に算入されない期間	
施行準備期間	昭和17年 1 月 1 日 ~ 昭和17年 5 月31日
昭和19年改正の適用範囲の拡大により被保険者となった者	昭和19年 6 月 1 日 ~ 昭和19年 9 月30日
昭和28年改正の適用範囲の拡大により被保険者となった者	昭和28年 9 月 1 日 ~ 昭和28年10月31日

第 3 節　標準報酬月額および標準賞与額

　厚生年金保険では、保険料を徴収し、保険給付を行う場合には、被保険者が受ける報酬の額を基礎としてその額を算定することとしている。しかし、被保険者が受ける実際の報酬をそのまま保険料や年金額の計算の基礎とすることは極めて煩雑なものとなる。そこで、正確迅速を期するために、健康保険と同様に、標準報酬制を採用している。

　標準報酬制では、「報酬」を基礎として、「報酬月額」（月平均額）を算出し、報酬月額を標準報酬月額表にあてはめて、「標準報酬月額」が決定されることとなる。

1 ．標準報酬月額

(1)　標準報酬月額の区分

　厚生年金保険の標準報酬月額は、令和 2 年 9 月より、上限が変更され、第 1 級88,000円から第32級650,000円までの32等級に区分されている（図表 2 － 18）。

> **Check!**
> ●健康保険の標準報酬月額は、平成28年 4 月以降、第 1 級58,000円から第50級1,390,000円までの50等級に区分されていて、厚生年金保険の等級区分とは異なる。

●図表 2 －18　厚生年金保険の標準報酬月額と保険料額（第 1 号厚年被保険者負担分）

（単位：円）

標準報酬		報酬月額	一般・坑内員・船員の保険料 令和 2 年 9 月～	
等級	月額		全　額 18.300%	折半額 9.150%
1	88,000	円以上　　円未満 　～　93,000	16,104.00	8,052.00
2	98,000	93,000 ～ 101,000	17,934.00	8,967.00
3	104,000	101,000 ～ 107,000	19,032.00	9,516.00
4	110,000	107,000 ～ 114,000	20,130.00	10,065.00
5	118,000	114,000 ～ 122,000	21,594.00	10,797.00
6	126,000	122,000 ～ 130,000	23,058.00	11,529.00
7	134,000	130,000 ～ 138,000	24,522.00	12,261.00
8	142,000	138,000 ～ 146,000	25,986.00	12,993.00
9	150,000	146,000 ～ 155,000	27,450.00	13,725.00
10	160,000	155,000 ～ 165,000	29,280.00	14,640.00
11	170,000	165,000 ～ 175,000	31,110.00	15,555.00
12	180,000	175,000 ～ 185,000	32,940.00	16,470.00
13	190,000	185,000 ～ 195,000	34,770.00	17,385.00
14	200,000	195,000 ～ 210,000	36,600.00	18,300.00
15	220,000	210,000 ～ 230,000	40,260.00	20,130.00
16	240,000	230,000 ～ 250,000	43,920.00	21,960.00
17	260,000	250,000 ～ 270,000	47,580.00	23,790.00
18	280,000	270,000 ～ 290,000	51,240.00	25,620.00
19	300,000	290,000 ～ 310,000	54,900.00	27,450.00
20	320,000	310,000 ～ 330,000	58,560.00	29,280.00
21	340,000	330,000 ～ 350,000	62,220.00	31,110.00
22	360,000	350,000 ～ 370,000	65,880.00	32,940.00
23	380,000	370,000 ～ 395,000	69,540.00	34,770.00
24	410,000	395,000 ～ 425,000	75,030.00	37,515.00
25	440,000	425,000 ～ 455,000	80,520.00	40,260.00
26	470,000	455,000 ～ 485,000	86,010.00	43,005.00
27	500,000	485,000 ～ 515,000	91,500.00	45,750.00
28	530,000	515,000 ～ 545,000	96,990.00	48,495.00
29	560,000	545,000 ～ 575,000	102,480.00	51,240.00
30	590,000	575,000 ～ 605,000	107,970.00	53,985.00
31	620,000	605,000 ～ 635,000	113,460.00	56,730.00
32	650,000	635,000 ～	118,950.00	59,475.00

第 2 編　年金制度の仕組み

(2)　**標準報酬月額等級の改定**

　　毎年3月31日における全被保険者の標準報酬月額を平均した額の100分の200に相当する額が、標準報酬月額等級の最高等級の標準報酬月額を超える場合において、その状態が継続すると認められるときには、その年の9月1日から健康保険法に規定する標準報酬月額の等級区分を参酌して、政令で、最高等級の上にさらに等級を加える等級区分の改定を行うことができるとされている。

2．報酬および賞与の範囲

(1)　**報　酬**

　　標準報酬月額の基礎となる「報酬」とは、賃金、俸給、手当、賞与その他いかなる名称であるかを問わず、労働者が労働の対償として受けるすべてのものをいう。ただし、臨時に受けるもの、および3ヵ月を超える期間ごとに受けるものは除かれる。

報酬となるもの	報酬とならないもの
基本給、能率給、役付手当、勤務地手当、通勤手当、住宅手当、残業手当、宿日直手当、家族手当　など	結婚祝金、見舞金、解雇予告手当、事務服、大入袋、3ヵ月を超える期間ごとに受ける賞与　など

(2)　**賞　与**

　　標準賞与額の基礎となる「賞与」とは、賃金、俸給、手当、賞与その他いかなる名称であるかを問わず、労働者が労働の対償として受けるすべてのもののうち、3ヵ月を超える期間ごとに受けるものをいう。

　　なお、報酬または賞与の全部または一部が、通貨以外のもので支払われる場合、その価格はその地方の時価によって定められている。

3．標準報酬月額の決定・改定

　　被保険者の標準報酬月額は、①資格取得時の決定、②定時決定、③随時改定により実施機関が決定する。また、次世代育成支援の観点から育児休業等終了時や産前産後休業終了時においても改定される。

決定時期	原則的な決定方法	有効期間
	届　出	
資格取得時の決定（資格を取得したとき）	資格取得日現在の報酬の額をその期間の日数で除して30倍する。	資格取得月が1～5月の場合、その年の8月まで。6～12月の場合、翌年の8月まで。
	被保険者資格取得届	
定時決定（毎年7月）	毎年7月に決定する。4・5・6月の3ヵ月間（報酬支払基礎日数17日未満の月を除く）に受けた報酬の平均（報酬月額）をもとに標準報酬月額を決定する。	9月から翌年8月まで。
	被保険者報酬月額算定基礎届（7/1～7/10）	
随時改定（報酬に著しい高低を生じたとき）	固定的賃金に変動があり、継続する3ヵ月間（各月の報酬支払基礎日数17日以上であること）の報酬月額が、原則として従前の標準報酬月額と2等級以上の差が生じたとき。その3ヵ月の翌月から改定される。	改定月が1～6月の場合、その年の8月まで。7～12月の場合、翌年8月まで。
	被保険者報酬月額変更届	

Check!

● 事業主が上記の方法により報酬月額を算出しがたい場合や著しく不当となる場合には、保険者が報酬月額を算定（保険者算定）し、標準報酬月額が決定されることになる。なお、その年の4・5・6月の3ヵ月間に受けた報酬の月平均額から算出した標準報酬月額と、前年の7月からその年の6月までの間に受けた報酬の月平均額から算出した標準報酬月額の間に2等級以上の差を生じた場合であって、その差が業務の性質上、例年発生することが見込まれる場合にも申立てにより保険者算定が可能である。

● 育児休業等の終了時において、短時間勤務等による報酬の低下に即応するために、被保険者（事業主を経由）からの申出により標準報酬月額の育児休業等終了時改定が行われる。育児休業等終了時改定は随時改定とは異なり、「3ヵ月間の各月の報酬支払基礎日数17日以上」や「2等級以上の差」を要件とはしない。

なお、平成26年4月から、育児休業等終了時改定と同様に、平成26年4月1日以降に産前産後休業が終了となる者に対しても産前産後休業終了時改定が行われることとなった。

４．標準賞与額

　３ヵ月を超える期間ごとに支払われるものは、「賞与」として標準賞与額の対象となる。標準賞与額は、その月に被保険者が受けた賞与額（1,000円未満の端数を切り捨てた額）であり、その額が150万円を超えるときは150万円となる。

　なお、この「150万円」は、標準報酬月額の上限の月収を受けている者の平均的な年間賞与額の２分の１に相当している。

Check!

●健康保険の標準賞与額の上限は、その年度の標準賞与額の累計で573万円となっている。573万円を超えるときには573万円となるよう標準賞与額が決定される。

第4節　保険料

１．費用の負担

　厚生年金保険の保険給付については「保険制度」であることから、原則として、国庫負担は行われず、保険料が財源となる。

(1)　保険料の徴収対象期間

　厚生年金保険の保険料は、被保険者期間の計算の基礎となる各月について徴収される。つまり、被保険者の資格を取得した月から資格を喪失した月の前月までが保険料徴収の対象となる。

ワンポイントアドバイス

　月末退職の場合は、退職月分までが保険料徴収の対象となります。

(2)　保険料の負担と納付

　保険料は、事業主と被保険者で折半負担する。事業主は、使用する被保険者および自己の負担する保険料を納付する義務を負い、翌月末日までに納付しなければな

らない。なお、事業主が被保険者の毎月の給与から控除できる保険料は、原則として前月分に限られている。

賞与等の支払があったときは、個人別に被保険者賞与支払届を 5 日以内に提出し、翌月に毎月の保険料と合わせて納付することになる。

事業主の同意が得られていない高齢任意加入被保険者は翌月末日までに、第 4 種被保険者はその月の10日までに被保険者本人が全額自己負担し、納付しなければならない。

2．保険料

厚生年金保険の保険料は、標準報酬月額および標準賞与額に応じて徴収される。

(1)　総報酬制の導入

厚生年金保険料は、総報酬制導入前（平成15年 3 月以前）は、月額保険料17.35％と賞与等（ 3 ヵ月を超える期間ごとに支払われるもの）を対象とした特別保険料 1 ％が徴収されていたが、特別保険料は、年金額に反映されなかった。

総報酬制導入後（平成15年 4 月以後）は、賞与等を対象とした保険料も年金額に反映されることとなり、標準報酬月額と標準賞与額をもとに同率の保険料率を乗じて保険料が計算されることとなった。

このように、総報酬制導入前後で保険料の計算の基礎となる対象が異なることから、年金額を計算する際は、平成15年 3 月までの期間分と平成15年 4 月以降の期間分を分けて計算することとなる。

(2)　保険料率

厚生年金保険の保険料率は、平成16年改正により保険料水準固定方式が導入されることとなり、毎年0.354％ずつ引き上げられ、平成29年 9 月に第 1 号厚年被保険者の保険料率は、18.30％で固定されることとなった。

① 第1号厚年被保険者の保険料率

　平成29年9月から一般被保険者と坑内員・船員被保険者の保険料率が同率となり、18.30％で固定された。

	平成15年3月まで	平成15年4月～	平成28年9月～	平成29年9月～
月額の保険料 （労使折半負担）	標準報酬月額 ×17.350％	標準報酬月額 ×13.580％	標準報酬月額 ×18.182％	標準報酬月額 ×18.30％
賞与等の保険料 （労使折半負担）	賞与等×1％ 年金額に反映しない 上限・下限なし	標準賞与額 ×13.580％ ＊年金額に反映	標準賞与額 ×18.182％ ＊賦課対象上限150万円	標準賞与額 ×18.30％

●図表2-19　第1号厚年被保険者の保険料率表

(単位：％)

第1号厚生年金被保険者						
区　　分	男子・女子	坑内員・船員	旧JR	旧JT	旧JA	旧NTT
平成15年3月以前	17.350	19.150	20.090	19.920	19.490	17.350
平成15年4月以降	13.580	14.960	15.690	15.550	15.220	13.580
平成16年10月〃	13.934	15.208	15.690	15.550	14.704	13.934
平成17年9月〃	14.288	15.456	15.690	15.550	15.058	14.288
平成18年9月〃	14.642	15.704	15.690	15.550	15.412	14.642
平成19年9月〃	14.996	15.952	15.690	15.550	15.766	14.996
平成20年9月〃	15.350	16.200	15.690	15.550	15.350	15.350
平成21年9月〃	15.704	16.448	15.704	15.704	15.704	15.704
平成22年9月〃	16.058	16.696	16.058	16.058	16.058	16.058
平成23年9月〃	16.412	16.944	16.412	16.412	16.412	16.412
平成24年9月〃	16.766	17.192	16.766	16.766	16.766	16.766
平成25年9月〃	17.120	17.440	17.120	17.120	17.120	17.120
平成26年9月〃	17.474	17.688	17.474	17.474	17.474	17.474
平成27年9月〃	17.828	17.936	17.828	17.828	17.828	17.828
平成28年9月〃	18.182	18.184	18.182	18.182	18.182	18.182
平成29年9月〃	18.300	18.300	18.300	18.300	18.300	18.300

（注）旧JAの平成20年9月のみ16.120％で10月以降15.350％。

② 第 2 号～第 4 号厚年被保険者の保険料率

被用者年金一元化により、第 2 号～第 4 号厚年の保険料率も第 1 号厚年保険料率と同様に、最終的には18.30％で統一されることとなった。

第 2 号・第 3 号厚年の保険料率は、毎年 9 月に0.354％引き上げられ、平成30年9 月に18.30％となり、第 4 号厚年の保険料率は、毎年 4 月に0.354％ずつ引き上げられ、令和 9 年 4 月に18.30％となる。

●図表 2 －20　第 2 号～第 4 号厚年被保険者の保険料率表

（単位：％）

区　　分	第 2 号厚年被保険者 （国家公務員）	第 3 号厚年被保険者 （地方公務員）	第 4 号厚年被保険者 （私学共済）
平成15年 3 月以前	18.390	16.560	13.300
平成15年 4 月以降	14.380	13.030	10.460
平成16年10月 〃	14.509	13.384	10.460
平成17年 9 月 〃	14.638	13.738	10.814
平成18年 9 月 〃	14.767	14.092	11.168
平成19年 9 月 〃	14.896	14.446	11.522
平成20年 9 月 〃	15.025	14.800	11.876
平成21年 9 月 〃	15.154	15.154	12.230
平成22年 9 月 〃	15.508	15.508	12.584
平成23年 9 月 〃	15.862	15.862	12.938
平成24年 9 月 〃	16.216	16.216	13.292
平成25年 9 月 〃	16.570	16.570	13.646
平成26年 9 月 〃	16.924	16.924	14.000
平成27年 9 月 〃	17.278	17.278	14.354
平成28年 9 月 〃	17.632	17.632	14.708
平成29年 9 月 〃	17.986	17.986	15.062
平成30年 9 月 〃	18.300	18.300	15.416
平成31年 4 月 〃	18.300	18.300	15.770
令和 2 年 4 月 〃	18.300	18.300	16.124
令和 3 年 4 月 〃	18.300	18.300	16.478
令和 4 年 4 月 〃	18.300	18.300	16.832
令和 5 年 4 月 〃	18.300	18.300	17.186
令和 6 年 4 月 〃	18.300	18.300	17.540

（注 1 ）　第 2 号・第 3 号厚年被保険者の保険料率は毎年 9 月に0.354％ずつ引き上げられ、平成30年9 月に18.30％で固定された。

（注 2 ）　第 4 号厚年被保険者の保険料率は毎年 4 月に0.354％ずつ引き上げられ、令和 9 年 4 月に18.30％で固定される。なお、第 4 号厚年被保険者の保険料率は、軽減保険料率適用前の保険料率である。

(3) 育児休業期間・産前産後休業期間の保険料免除等

① 育児休業期間

「育児休業・介護休業等育児又は家族介護を行う労働者の福祉に関する法律」に基づき、平成17年4月から、3歳未満の子を養育するため育児休業等をしている被保険者については特例が設けられている。

育児休業期間中は、被保険者からの申出により、事業主が厚生労働大臣に「育児休業等取得者申出書」を提出し、本人負担分および事業主負担分の保険料が免除される。免除期間は、育児休業開始日の月から、育児休業終了日の翌日が属する月の前月までである。育児休業により保険料が免除された期間は、厚生年金保険の保険給付の計算においては、保険料を納付した期間として扱われる。

また、子が3歳になるまでの期間については、被保険者からの申出により職場復帰後に育児短時間勤務などによって報酬が下がった場合には育児休業等終了時改定により標準報酬月額が改定される。なお、年金額については、「厚生年金保険養育期間標準報酬月額特例申出書」を提出することにより、育児休業前と同額の従前標準報酬月額をもとに計算する特例措置が適用される。

② 産前産後休業期間

平成26年4月より、次世代育成支援の観点から、産前産後休業期間についても保険料免除等の措置が講じられることとなった。産前産後休業期間とは、「産前6週間（多胎妊娠の場合14週間）および産後8週間のうち被保険者が労務に従事しなかった期間（妊娠または出産に関する事由を理由として労務に従事しない場合に限る。）」をいう。

産前産後休業期間中は被保険者からの申出により、事業主が厚生労働大臣に「産前産後休業取得者申出書」を提出し、本人負担分および事業主負担分の保険料が免除される。産前産後休業により保険料が免除された期間は厚生年金保険の保険給付の計算においては、保険料を納付した期間として扱われる。なお、産前産後休業期間中の保険料免除と育児休業期間中の保険料免除が重複する場合には、産前産後休業期間中の保険料免除が優先されることになる。

また、被保険者が産前産後休業の終了後に育児等を理由に報酬が低下した場合には産前産後休業終了時改定により標準報酬月額が改定される。なお、産前産後休業に続けて育児休業等をしている場合または育児休業等に続けて産前産後休業をして

いる場合には1つの休業として後の休業の終了時に改定を行うことになる。

⑷　厚生年金基金加入者の保険料

　厚生年金基金では、国が本来支給する老齢給付の報酬比例部分の一部を代行することから国に対して支払う保険料（率）が免除される。免除保険料率は、2.4％〜5％の27段階で区分され、基金ごとに適用される。厚生年金基金の設立事業所では、代行部分やプラスアルファ部分を賄うため、各厚生年金基金の定める掛金率で算出した掛金を原則として加入員と事業主で負担し、厚生年金基金に納付することになる。

コラム　扶養　～社会保険と税制～

「扶養」には「社会保険上の扶養」と「税制上の扶養」があり、扶養から外れる年収基準は「〇〇万円の壁」と表現されたりします。

◆◆◆　夫に扶養されているパート勤務の妻の場合　◆◆◆

（夫：合計所得金額900万円以下　妻：60歳未満、給与収入のみ）

社会保険上の扶養

　社会保険上の扶養とは、妻が夫の健康保険の被扶養者となり、国民年金の第3号被保険者になることを指し、「106万円」と「130万円」が壁となります。
　106万円は社会保険の適用拡大により設けられ、短時間労働者の要件となる年収基準で、年収が106万円以上となり、一定の事業所で労働時間等のすべての要件を満たした場合、妻自身が健康保険や厚生年金保険の被保険者となって扶養から外れることになります。
　130万円は60歳未満で健康保険の被扶養者、国民年金第3号被保険者となるための年収基準であり、130万円以上となれば、原則として扶養から外れることになります。

税制上の扶養

　税制上の扶養とは、妻が夫の配偶者控除や配偶者特別控除の対象になることを指し、「103万円」「150万円」「201.6万円」が壁となります。
　103万円を超えると、夫の収入から配偶者控除の38万円が控除されなくなりますが、103万円を超えても150万円までは配偶者特別控除として38万円が控除されるため、年収150万円までは夫の税負担には影響しません。150万円を超えると配偶者特別控除が段階的に減少し、201万6千円以上になると受けられなくなります。

妻の年収	103万円	106万円	130万円	150万円	201.6万円	
社会保険	夫の扶養		一定要件に該当する場合、妻自身の社会保険	妻自身の社会保険		
税　制	配偶者控除 38万円		配偶者特別控除 38万円		配偶者特別控除が段階的に減少	適用なし

健康保険や厚生年金保険の被保険者になると保険料負担が生じますが、これにより受給できる保険給付を確認することも重要です。

88

第3編

老齢給付

第1章

老齢基礎年金

　昭和60年改正により、国民共通の老後の所得保障として老齢基礎年金が支給されることとなった。

　老齢基礎年金は、大正15年4月2日以後生まれの者を対象としている。ただし、昭和61年3月31日以前にすでに旧被用者年金制度の老齢（退職）年金の受給権のある者は、引き続き旧制度の年金が支給され、老齢基礎年金の対象とはならない。

第1節 老齢基礎年金の仕組み

　老齢基礎年金は、受給資格期間を満たし、65歳に達したときに支給される。

　65歳に達したときに受給資格期間を満たしていない場合には、受給資格期間を満たしたときに老齢基礎年金の受給権が発生する。

　受給資格期間は25年以上必要とされていたが、平成29年8月以降は10年以上に短縮されることとなった。

　これにより受給資格期間を満たすこととなった者であって、平成29年8月1日前に65歳に達していた者については、平成29年8月1日に老齢基礎年金の受給権が発生することとなった。

＊受給資格期間が短縮された給付は、老齢基礎年金、寡婦年金、老齢厚生年金、これらに準じる旧法の老齢年金（旧国民年金の老齢年金・通算老齢年金、旧厚生年金の通算老齢年金、旧船員保険の通算老齢年金等）である。

1．老齢基礎年金の受給要件

老齢基礎年金は、次の①②の要件を満たした場合に支給される。

① 保険料納付済期間、保険料免除期間および合算対象期間を合算して10年以上あること（「受給資格期間」という）

② 65歳に達していること

なお、老齢基礎年金の受給資格期間および年金額を計算するにあたっての保険料納付済期間、保険料免除期間および合算対象期間は次の期間である。

(1) 保険料納付済期間

保険料納付済期間は、次のとおりである。

① 国民年金の第1号被保険者（任意加入被保険者を含む）期間のうち保険料を納めた期間（申請免除により一部の保険料を納めた期間を除く）

② 国民年金の第2号被保険者期間のうち、20歳以上60歳未満の期間

③ 国民年金の第3号被保険者期間

④ 昭和61年3月までの国民年金の被保険者（任意加入被保険者を含む）期間のうち保険料を納めた期間

⑤ 昭和36年4月から昭和61年3月までの厚生年金保険・船員保険の被保険者期間または共済組合等の加入期間のうち、20歳以上60歳未満の期間

Check!

●老齢基礎年金の計算において、第2号被保険者の期間は、20歳以上60歳未満の期間のみが保険料納付済期間となり、20歳未満および60歳以上の期間は合算対象期間となる。

●厚生年金保険の脱退手当金の計算の基礎となった期間は、厚生年金保険の被保険者でなかったものとみなされるため、保険料納付済期間とはならない。ただし、合算対象期間として算入される場合がある（図表3－1）。

(2) 保険料免除期間

保険料免除期間は、次のとおりである。

① 法定免除期間

② 申請免除期間

　イ　保険料全額免除期間

　ロ　保険料4分の3免除期間

　ハ　保険料半額免除期間

　ニ　保険料4分の1免除期間

③ 学生等の納付特例期間

④ 保険料納付猶予期間

(3) 合算対象期間

　合算対象期間とは、老齢基礎年金の受給資格期間には算入されるが、年金額の計算の基礎とはならない期間である。「カラ期間」ともいわれている。

　現行制度において、すべての国民に共通の基礎年金を支給することとしたため、旧制度において任意加入であり、加入していなかった期間などを合算対象期間として受給資格期間に算入することとした。

　たとえば、昭和36年4月から昭和61年3月までの合算対象期間として、被用者年金制度の加入者の配偶者が、国民年金に任意加入しなかった期間や任意加入したが、保険料を納付しなかった期間（以下、「任意加入未納期間」という）、厚生年金保険・船員保険から脱退手当金を受けた期間（昭和61年4月から65歳に達する日の前日までに保険料納付済期間または保険料免除期間がある場合に限る）などが挙げられる。

　また、昭和36年4月から平成3年3月までの学生（夜間・通信を除く）であった期間や昭和36年4月以降の在外邦人であった期間のうち、20歳以上60歳未満の期間で任意加入しなかった期間（在外邦人で適用除外されていた期間を含む）や任意加入未納期間の期間などが挙げられる。

　主な合算対象期間は、図表3－1のとおりである。

ワンポイントアドバイス

　保険料納付済期間と保険料免除期間だけで受給資格期間が満たせない場合には、合算対象期間の有無を確認しましょう。平成29年8月以降、受給資格期間が短縮され、年金を受給できる可能性が高まったため、合算対象期間の確認がよりいっそう重要となります。

●図表3−1　主な合算対象期間

	昭和36年3月以前	昭和36年4月〜昭和61年3月以前	昭和61年4月以後
被用者年金制度の加入者の場合	①厚生年金保険・船員保険の被保険者期間（昭和36年4月以後に公的年金の加入期間があり、通算1年以上ある者に限る） ②昭和36年4月前後で引き続く1年以上の共済組合員の期間	③被用者年金制度の加入期間のうち、20歳未満の期間と60歳以降の期間 ④厚生年金保険・船員保険から脱退手当金を受けた期間（昭和61年4月から65歳に達する日の前日までに保険料納付済期間または免除期間がある場合に限る） ⑤退職年金・減額退職年金・退職一時金等の計算の基礎となった期間	⑥国民年金の第2号被保険者期間のうち、20歳未満の期間と60歳以降の期間
被用者年金制度の加入者の配偶者等の場合		①被用者年金制度の加入者の配偶者が、国民年金に任意加入しなかった期間および任意加入未納期間 ②被用者年金制度の老齢（退職）年金受給権者とその配偶者、障害年金受給権者とその配偶者、遺族年金受給権者等で国民年金に任意加入しなかった期間および任意加入未納期間	
在外邦人・学生等の場合		①昭和36年4月以後平成3年3月以前に、学生（夜間・通信を除く）（20歳以上60歳未満）であって任意加入しなかった期間および任意加入未納期間	
		②在外邦人で適用除外されていた20歳以上60歳未満の期間	⑧在外邦人（20歳以上60歳未満）で任意加入しなかった期間および任意加入未納期間
		③任意加入できる期間のうち、任意加入しなかった期間および任意加入未納期間 ④任意脱退の承認を受けた期間 ⑤昭和36年4月以後昭和55年3月以前の国会議員であった60歳未満の期間（昭和55年4月以後は任意加入） ⑥昭和37年12月以後の地方議員であった60歳未満の期間 ⑦昭和36年5月以後日本に帰化した者、永住許可を受けた外国籍を有する者等で、20歳以上60歳未満の間の在日期間のうち、国民年金の被保険者とならなかった昭和56年12月までの期間	⑨国内居住の被用者年金制度の老齢給付等を受けることができる者（20歳以上60歳未満）であって、任意加入しなかった期間および任意加入未納期間
		⑧昭和36年5月以後日本に帰化した者、永住許可を受けた外国籍を有する者などについて、20歳以上60歳未満の間の海外在住期間のうち、昭和36年4月から帰化により日本国籍を取得した日等の前日までの期間	

※任意加入未納期間が合算対象期間とされるのは、新法対象者に限る。

２．受給資格期間の短縮の特例

　平成29年８月前は老齢基礎年金を受給するためには、25年以上の受給資格期間を満たさなければならなかったため、制度の発足時に一定年齢以上で受給資格期間を満たすことが困難な者や、改正前の厚生年金保険・共済組合の制度から移行するための経過措置として、３つの受給資格期間の短縮の特例が設けられた。

　平成29年８月以後は、老齢基礎年金の受給資格期間が25年以上から10年以上に短縮されたことに伴い、受給権確保に結びつきやすくなったが、遺族年金の長期要件においては、平成29年８月前と同様に原則25年以上の受給資格期間が必要であり、これらの特例が適用される。

(1)　昭和５年４月１日以前生まれの者の特例

　国民年金制度が発足した当時（昭和36年４月１日）、31歳以上の者は60歳になるまでに25年以上の受給資格期間を満たすことが困難な場合もある。このため、保険料納付済期間、保険料免除期間および合算対象期間を合算した期間が生年月日に応じて次の期間以上であれば、受給資格期間を満たしたものとみなされる。

生　年　月　日	期　　間
大正15年４月２日〜昭和２年４月１日	21年
昭和２年４月２日〜昭和３年４月１日	22年
昭和３年４月２日〜昭和４年４月１日	23年
昭和４年４月２日〜昭和５年４月１日	24年

(2)　厚生年金保険加入期間の特例

　旧厚生年金保険の老齢年金や旧共済組合の退職年金の受給資格期間は原則として20年以上とされていたため、昭和61年４月からの老齢基礎年金の制度導入に伴い、１階部分の「老齢基礎年金」と２階部分の「老齢厚生年金等」を同時に受給可能とするために特例が設けられた。

　昭和61年４月１日に30歳以上の者は、60歳になるまでに25年の受給資格期間を満たすことが困難な場合もある。このため、第１号〜第４号厚年の被保険者期間を合算した期間が、生年月日に応じて次の期間以上あれば受給資格期間を満たしたもの

とみなされる。

生 年 月 日	期 間
大正15年 4 月 2 日〜昭和27年 4 月 1 日	20年
昭和27年 4 月 2 日〜昭和28年 4 月 1 日	21年
昭和28年 4 月 2 日〜昭和29年 4 月 1 日	22年
昭和29年 4 月 2 日〜昭和30年 4 月 1 日	23年
昭和30年 4 月 2 日〜昭和31年 4 月 1 日	24年

(3) 第 1 号厚年被保険者に係る中高齢者の特例

　旧厚生年金保険では、中高齢（男子40歳、女子・坑内員・船員35歳）以後被保険者となった者は、老齢年金の受給開始年齢である60歳（女子・坑内員・船員は55歳）になるまでに20年の受給資格期間を満たすことが困難な場合もある。このため、15年以上あれば老齢年金の受給資格を満たすという特例が設けられていた。

　この制度を引き継ぎ、老齢基礎年金制度導入時の昭和61年 4 月 1 日に35歳以上の者に対して旧厚生年金保険と同様の短縮措置を設け、第 1 号厚年の被保険者期間が生年月日に応じて次の期間以上あれば、受給資格期間を満たしたものとみなされる（以下「中高齢者の特例」）。

第 1 号厚生年金被保険者		生 年 月 日	期 間
男 子 40歳以後	女 子 坑内員 船 員 35歳以後	大正15年 4 月 2 日〜昭和22年 4 月 1 日	15年
		昭和22年 4 月 2 日〜昭和23年 4 月 1 日	16年
		昭和23年 4 月 2 日〜昭和24年 4 月 1 日	17年
		昭和24年 4 月 2 日〜昭和25年 4 月 1 日	18年
		昭和25年 4 月 2 日〜昭和26年 4 月 1 日	19年

　なお、上記期間のうち 7 年 6 ヵ月以上は、第 1 号厚年の第 4 種被保険者または船員保険の任意継続被保険者以外の第 1 号厚年の被保険者期間であることが必要とされる。また、坑内員・船員にあっては、上記期間のうち、10年以上は船員任意継続被保険者以外の期間であることが必要とされる。

Check!

●中高齢者の特例に該当する者は、厚生年金制度の受給要件や年金額の計算をする際に、第1号厚年被保険者期間が20年に満たない場合であっても20年とみなされる特例（以下、「中高齢者の特例」という）がある。

3．その他の特例措置

(1) 沖縄県の特例

① 厚生年金保険の受給資格期間の短縮特例

　昭和45年1月1日（沖縄県の厚生年金保険の発足日）に沖縄の第1号厚年被保険者であった者は、同日前の5年間引き続き沖縄に居住していた者で、昭和45年1月1日以後の第1号厚年被保険者期間（第4種被保険者または船員任意継続被保険者等の期間が2分の1に満たないものに限る）が生年月日に応じて次の期間以上あれば、受給資格期間を満たしたものとみなされる。

生　年　月　日	受給資格期間
大正15年4月2日〜昭和2年4月1日	12年
昭和2年4月2日〜昭和3年4月1日	13年
昭和3年4月2日〜昭和4年4月1日	14年

② 国民年金の加入期間の特例

　沖縄県の国民年金は、本土復帰の2年前の昭和45年4月1日に、本土より9年遅れて発足した。そこで、沖縄に居住していた者と本土の国民年金被保険者との均衡を保つため、次のような特例措置が設けられている。

　イ　復帰時の特例

　　昭和36年4月1日から昭和45年3月31日まで沖縄に引き続き居住し、昭和45年4月1日に沖縄の国民年金の被保険者であった者は、生年月日に応じたみなし期間（被用者年金制度の加入期間を除く）が設けられ、保険料免除期間として受給資格期間や年金額の計算の基礎とされた。ただし、昭和52年3月31日までは、月額183円の保険料を追納することができた。

　ロ　新年金制度施行（昭和61年4月1日）時の特例措置

　　大正15年4月2日から昭和25年4月1日までに生まれた者で、昭和36年4月

1 日から昭和45年 3 月31日まで沖縄に居住していた20歳以上60歳未満の期間
は、被用者年金制度の加入期間を除いて、被保険者期間および保険料免除期間
とみなされる。これらの者に対し、昭和62年 1 月 1 日から平成 4 年 3 月31日（ま
たは65歳に達した日の前日）までの間は、月額2,400円の保険料を納付し、保
険料納付済期間とすることができた。

(2)　中国残留邦人の特例

中国残留邦人のうち、明治44年 4 月 2 日以後に生まれた者であって、永住帰国し
た日から引き続き 1 年以上、日本に住所を有する者の中国残留期間中（昭和36年 4
月から永住帰国した日の前日までの20歳以上60歳未満の期間）は、保険料免除期間
とみなすこととされている。

また、永住帰国した日から 6 年経過した日の属する月の末日までに、これらの保
険料免除期間にかかる保険料を追納することができる。

4．老齢基礎年金の失権

老齢基礎年金の受給権は、受給権者が死亡したときに消滅する。老齢基礎年金の
失権事由は、受給権者の死亡のみである。

第 2 節　老齢基礎年金の年金額

1．老齢基礎年金の年金額の計算

(1)　老齢基礎年金の年金額

令和 6 年度の老齢基礎年金の年金額は、816,000円〔昭和31年 4 月 1 日以前
生まれの者813,700円〕（平成16年改正による額780,900円×令和 6 年度改定率
1.045〔昭和31年 4 月 1 日以前生まれの者1.042〕）となっている。

これは、国民年金の加入期間である20歳から60歳になるまでの40年（480月）間
が保険料納付済期間であった場合の年金額（満額）であり、未納期間や免除期間が
ある場合にはその期間に応じて年金額が減額されることになる。

Check!

●第１号〜第４号厚年被保険者であった期間については、昭和36年４月以後の20歳以上60歳未満の期間のみが、老齢基礎年金額を計算するときの保険料納付済期間となる。

(2) 老齢基礎年金の年金額の計算式

老齢基礎年金の年金額の計算式は、次のとおりである。

① 年金額の計算式

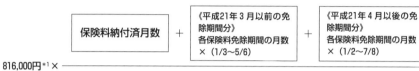

*1　昭和31年４月１日以前生まれの者は813,700円。
*2　昭和16年４月１日以前生まれの者は「加入可能年数×12ヵ月」。

基礎年金の国庫負担割合は、平成21年４月からこれまでの３分の１から２分の１に引き上げられた。これに伴い、平成21年３月以前と平成21年４月以後で保険料免除期間の年金額に反映される割合が異なるため、各期間における免除期間分を別々に計算することになる。各保険料免除期間の月数について、年金額に反映される月数は図表３−２のとおりである。

なお、学生等の納付特例制度および保険料納付猶予制度により保険料を免除され

●図表３−２　保険料免除期間の老齢基礎年金額に反映される月数

免 除 区 分	平成21年３月以前	平成21年４月以後
保険料納付済期間	1	1
保険料４分の１免除期間の月数	6分の5	8分の7
保険料半額免除期間の月数	3分の2	4分の3
保険料４分の３免除期間の月数	2分の1	8分の5
保険料全額免除期間の月数	3分の1	2分の1

※老齢基礎年金額計算において、「保険料納付済期間＋保険料免除期間」は480月限度となる。しかし、60歳到達以後の任意加入などによって、実際の「保険料納付済期間＋保険料免除期間」が480月を超えることがある。この場合、480月を超えた保険料免除期間については、国庫負担が行われないため、国庫負担に相当する期間を除いて年金額に反映されることとなる。

た期間は、追納しない限り年金額に反映されない。

② 　昭和16年 4 月 1 日以前に生まれた者の年金額の計算式

　国民年金制度が発足した当時（昭和36年 4 月 1 日）、すでに20歳以上の者（昭和16年 4 月 1 日以前生まれの者）は、60歳になるまでに40年（480月）の加入が不可能であり、満額の受給ができないことになってしまう。このため、これらの者には、生年月日に応じて、加入可能年数（図表 3 － 3 ）が設けられている。加入可能年数のすべてが保険料納付済期間であれば、満額の老齢基礎年金が支給されることになる。

●図表 3 － 3 　加入可能年数

生　年　月　日	加入可能年数
大正15年 4 月 2 日〜昭和 2 年 4 月 1 日	25年　（300ヵ月）
昭和 2 年 4 月 2 日〜昭和 3 年 4 月 1 日	26年　（312ヵ月）
昭和 3 年 4 月 2 日〜昭和 4 年 4 月 1 日	27年　（324ヵ月）
昭和 4 年 4 月 2 日〜昭和 5 年 4 月 1 日	28年　（336ヵ月）
昭和 5 年 4 月 2 日〜昭和 6 年 4 月 1 日	29年　（348ヵ月）
昭和 6 年 4 月 2 日〜昭和 7 年 4 月 1 日	30年　（360ヵ月）
昭和 7 年 4 月 2 日〜昭和 8 年 4 月 1 日	31年　（372ヵ月）
昭和 8 年 4 月 2 日〜昭和 9 年 4 月 1 日	32年　（384ヵ月）
昭和 9 年 4 月 2 日〜昭和10年 4 月 1 日	33年　（396ヵ月）
昭和10年 4 月 2 日〜昭和11年 4 月 1 日	34年　（408ヵ月）
昭和11年 4 月 2 日〜昭和12年 4 月 1 日	35年　（420ヵ月）
昭和12年 4 月 2 日〜昭和13年 4 月 1 日	36年　（432ヵ月）
昭和13年 4 月 2 日〜昭和14年 4 月 1 日	37年　（444ヵ月）
昭和14年 4 月 2 日〜昭和15年 4 月 1 日	38年　（456ヵ月）
昭和15年 4 月 2 日〜昭和16年 4 月 1 日	39年　（468ヵ月）
昭和16年 4 月 2 日以後	40年　（480ヵ月）

(3)　付加年金

　国民年金の第 1 号被保険者と65歳未満の任意加入被保険者は、国民年金保険料の納付に加えて付加保険料（月額400円）を納付することができる。この付加保険料を納めることにより、老齢基礎年金に上乗せして付加年金（200円×付加保険料納付済期間の月数）が支給される（第 6 編第 1 章第 1 節参照）。

　なお、付加年金には物価スライド等の適用はない。

Check!

●付加年金は、常に老齢基礎年金に上乗せして支給されることになる。よって老齢基礎年金が全額支給停止された場合は、付加年金もその間支給停止される。また、老齢基礎年金を繰上げまたは繰下げ受給した場合も、付加年金は老齢基礎年金と同時に支給され、同率で減額または増額されることとなる。

2．振替加算

　老齢厚生年金（退職共済年金）および1級・2級の障害厚生年金（障害共済年金）の配偶者加給年金額の対象となっていた者が65歳に達すると老齢基礎年金が支給されることになるため、配偶者加給年金額が加算されなくなる。

　しかし、老齢基礎年金は昭和61年4月1日に設けられたことから、昭和61年4月から60歳になるまでの期間が40年に満たない者は老齢基礎年金の額が低額になる場合がある。

　そこで、昭和61年4月1日において20歳以上の者（昭和41年4月1日以前生まれの者）であって、老齢厚生年金（退職共済年金）および1級・2級の障害厚生年金（障害共済年金）の配偶者加給年金額の対象となっていた配偶者が65歳に達し、自らの老齢基礎年金の受給権が発生したときに、加給年金額相当額（生年月日に応じて減額）が振替加算として老齢基礎年金に加算されることになっている。

　なお、昭和41年4月1日以前生まれの者で、昭和61年4月前に任意加入していた場合には老齢基礎年金を満額受給することができるが、この場合であっても老齢基礎年金の満額に振替加算が加算されることになる。したがって、振替加算が加算されることによって老齢基礎年金は816,000円〔昭和31年4月1日以前生まれの者813,700円〕を超えて支給されることもある。

例）夫が老齢厚生年金の受給権者で、配偶者加給年金額の対象となっていた妻が老齢基礎
年金の受給権者となった場合

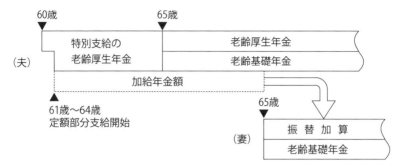

Check!

●昭和61年3月31日以前に老齢（退職）年金の受給権があった者は、旧制度の適用を受けることになり、65歳以降も引き続き配偶者加給年金額が支給されるため、振替加算は行われない。

●妻が夫よりも年上のケースなどで、受給権者（妻）が65歳に達した日後に配偶者（夫）が特別支給の老齢厚生年金の受給権を取得した場合は、その翌月から受給権者（妻）に振替加算が加算される。

●障害厚生年金等の1級および2級の受給権者で受給権発生後に婚姻をし、生計を維持している65歳以上の配偶者を有する場合、その配偶者の老齢基礎年金に振替加算が加算される（第4編第2章第2節参照）。

(1)　**振替加算の要件**

次の①②の要件を満たした場合に振替加算が行われる。

①　**厚生年金（共済年金）の受給権者（配偶者）の要件　～上記の例：夫～**

　イ　大正15年4月2日以後生まれであること

　ロ　厚生年金保険（共済組合等）の加入期間が240月以上（中高齢者の特例含む）の老齢厚生年金（退職共済年金）の受給権者、および1級または2級の障害厚生年金（障害共済年金）の受給権者であること

②　**老齢基礎年金の受給権者（振替加算が加算される本人）の要件　～上記の例：妻～**

　イ　大正15年4月2日から昭和41年4月1日までの間に生まれた老齢基礎年金の受給権者であること

　ロ　65歳に達した日の前日において、老齢厚生年金（退職共済年金）、1級ま

たは2級の障害厚生年金（障害共済年金）の配偶者加給年金額の対象となっ
ていたこと

ハ　本人の厚生年金保険（共済組合等）の加入期間が240月以上（中高齢者の
特例含む）の老齢厚生年金（退職共済年金）の受給権者ではないこと

ニ　配偶者に生計を維持されていること

Check!

● 本人が障害基礎年金、障害厚生年金（障害共済年金）を受給することができるときは、
振替加算は支給停止となる。

● 合算対象期間や保険料免除期間（「学生等納付特例」または「保険料納付猶予」の期
間に限る）のみで受給資格期間を満たした者であっても、振替加算の要件を満たして
いれば、振替加算相当額の老齢基礎年金が支給される。

● 老齢基礎年金の繰上げ受給をした場合であっても、振替加算は、その者が65歳に達し
たときから加算されることになり、減額されることはない。また繰下げ受給をした場
合は、繰下げ受給をするときから加算されることになり、増額されることはない。

● 65歳より後に老齢基礎年金の受給権が発生した場合であっても振替加算を受給できる。

● 上記(1)①ロおよび②ハの「240月以上」について、2以上の種別期間を有する場合に
は2以上の種別期間を合算して判定する。

ワンポイントアドバイス

　　振替加算が行われた後に、配偶者の死亡や離婚といった事由が生じても振替加算が変
更されることはありません。

(2)　振替加算の額

　　振替加算の額は、加給年金額を基準に生年月日によって定められた率（1～0.067）
を乗じて得た額である。

　　令和6年度については、昭和31年4月1日以前に生まれた者は234,100円×（生
年月日に応じた率1～0.227）、昭和31年4月2日以後に生まれた者は234,800円×（生
年月日に応じた率0.200～0.067）となる（図表3－4）。

●図表 3 － 4　老齢基礎年金への振替加算額

(令和 6 年度価格)

生 年 月 日	加給年金額× 生年月日別乗率	振替加算額 (年額)
大正15年 4 月 2 日～昭和 2 年 4 月 1 日	234,100円×1.000	234,100円
昭和 2 年 4 月 2 日～昭和 3 年 4 月 1 日	〃　×0.973	227,779
昭和 3 年 4 月 2 日～昭和 4 年 4 月 1 日	〃　×0.947	221,693
昭和 4 年 4 月 2 日～昭和 5 年 4 月 1 日	〃　×0.920	215,372
昭和 5 年 4 月 2 日～昭和 6 年 4 月 1 日	〃　×0.893	209,051
昭和 6 年 4 月 2 日～昭和 7 年 4 月 1 日	〃　×0.867	202,965
昭和 7 年 4 月 2 日～昭和 8 年 4 月 1 日	〃　×0.840	196,644
昭和 8 年 4 月 2 日～昭和 9 年 4 月 1 日	〃　×0.813	190,323
昭和 9 年 4 月 2 日～昭和10年 4 月 1 日	〃　×0.787	184,237
昭和10年 4 月 2 日～昭和11年 4 月 1 日	〃　×0.760	177,916
昭和11年 4 月 2 日～昭和12年 4 月 1 日	〃　×0.733	171,595
昭和12年 4 月 2 日～昭和13年 4 月 1 日	〃　×0.707	165,509
昭和13年 4 月 2 日～昭和14年 4 月 1 日	〃　×0.680	159,188
昭和14年 4 月 2 日～昭和15年 4 月 1 日	〃　×0.653	152,867
昭和15年 4 月 2 日～昭和16年 4 月 1 日	〃　×0.627	146,781
昭和16年 4 月 2 日～昭和17年 4 月 1 日	〃　×0.600	140,460
昭和17年 4 月 2 日～昭和18年 4 月 1 日	〃　×0.573	134,139
昭和18年 4 月 2 日～昭和19年 4 月 1 日	〃　×0.547	128,053
昭和19年 4 月 2 日～昭和20年 4 月 1 日	〃　×0.520	121,732
昭和20年 4 月 2 日～昭和21年 4 月 1 日	〃　×0.493	115,411
昭和21年 4 月 2 日～昭和22年 4 月 1 日	〃　×0.467	109,325
昭和22年 4 月 2 日～昭和23年 4 月 1 日	〃　×0.440	103,004
昭和23年 4 月 2 日～昭和24年 4 月 1 日	〃　×0.413	96,683
昭和24年 4 月 2 日～昭和25年 4 月 1 日	〃　×0.387	90,597
昭和25年 4 月 2 日～昭和26年 4 月 1 日	〃　×0.360	84,276
昭和26年 4 月 2 日～昭和27年 4 月 1 日	〃　×0.333	77,955
昭和27年 4 月 2 日～昭和28年 4 月 1 日	〃　×0.307	71,869
昭和28年 4 月 2 日～昭和29年 4 月 1 日	〃　×0.280	65,548
昭和29年 4 月 2 日～昭和30年 4 月 1 日	〃　×0.253	59,227
昭和30年 4 月 2 日～昭和31年 4 月 1 日	〃　×0.227	53,141
昭和31年 4 月 2 日～昭和32年 4 月 1 日	234,800円×0.200	46,960
昭和32年 4 月 2 日～昭和33年 4 月 1 日	〃　×0.173	40,620
昭和33年 4 月 2 日～昭和34年 4 月 1 日	〃　×0.147	34,516
昭和34年 4 月 2 日～昭和35年 4 月 1 日	〃　×0.120	28,176
昭和35年 4 月 2 日～昭和36年 4 月 1 日	〃　×0.093	21,836
昭和36年 4 月 2 日～昭和41年 4 月 1 日	〃　×0.067	15,732

第3節　老齢基礎年金の繰上げ・繰下げ

1．老齢基礎年金の繰上げ支給

　老齢基礎年金の支給開始年齢は、原則として65歳であるが、受給資格期間を満たしている者は本人の希望により、60歳から65歳未満の間に繰り上げて請求することができる。繰上げ支給の請求をした場合、減額された年金を一生涯受給することとなる。受給権は繰上げ請求のあった日に発生し、請求日の属する月の翌月から支給が開始される。

　なお、「年金制度改正法」の施行により、昭和37年4月2日以後生まれの者については、減額率が緩和されることとなった。

(1)　繰上げ支給の要件

　次の①～③の要件を満たした場合に繰上げ支給の請求をすることができる。

①　60歳以上65歳未満であること

②　請求の日の前日において老齢基礎年金の受給資格期間を満たしていること

③　任意加入被保険者でないこと

(2)　繰上げ支給による減額率

　繰上げ支給の請求をした日の属する月から65歳に達する月の前月までの月数に0.4％を乗じた率が減額される。

　なお、昭和37年4月1日以前生まれの者は、月あたり0.5％の減額率となる。

> 減額率＝繰上げ請求をした月から65歳到達月の前月までの月数×0.4*%

＊昭和37年4月1日以前生まれの者は、月あたり0.5％の減額率。

●図表3－5　繰上げ支給の減額率

【昭和37年4月2日以後生まれの場合】

請求時の年齢	0ヵ月	1ヵ月	2ヵ月	3ヵ月	4ヵ月	5ヵ月	6ヵ月	7ヵ月	8ヵ月	9ヵ月	10ヵ月	11ヵ月
60歳	24.0%	23.6%	23.2%	22.8%	22.4%	22.0%	21.6%	21.2%	20.8%	20.4%	20.0%	19.6%
61歳	19.2%	18.8%	18.4%	18.0%	17.6%	17.2%	16.8%	16.4%	16.0%	15.6%	15.2%	14.8%
62歳	14.4%	14.0%	13.6%	13.2%	12.8%	12.4%	12.0%	11.6%	11.2%	10.8%	10.4%	10.0%
63歳	9.6%	9.2%	8.8%	8.4%	8.0%	7.6%	7.2%	6.8%	6.4%	6.0%	5.6%	5.2%
64歳	4.8%	4.4%	4.0%	3.6%	3.2%	2.8%	2.4%	2.0%	1.6%	1.2%	0.8%	0.4%

（注）減額率＝繰上げ請求月から65歳到達月の前月までの月数×0.4％。
　　　月単位で繰上げができる。

【昭和37年4月1日以前生まれの場合】

請求時の年齢	0ヵ月	1ヵ月	2ヵ月	3ヵ月	4ヵ月	5ヵ月	6ヵ月	7ヵ月	8ヵ月	9ヵ月	10ヵ月	11ヵ月
60歳	30.0%	29.5%	29.0%	28.5%	28.0%	27.5%	27.0%	26.5%	26.0%	25.5%	25.0%	24.5%
61歳	24.0%	23.5%	23.0%	22.5%	22.0%	21.5%	21.0%	20.5%	20.0%	19.5%	19.0%	18.5%
62歳	18.0%	17.5%	17.0%	16.5%	16.0%	15.5%	15.0%	14.5%	14.0%	13.5%	13.0%	12.5%
63歳	12.0%	11.5%	11.0%	10.5%	10.0%	9.5%	9.0%	8.5%	8.0%	7.5%	7.0%	6.5%
64歳	6.0%	5.5%	5.0%	4.5%	4.0%	3.5%	3.0%	2.5%	2.0%	1.5%	1.0%	0.5%

（注）減額率＝繰上げ請求月から65歳到達月の前月までの月数×0.5％。
　　　月単位で繰上げができる。

参考：昭和16年4月1日以前生まれの者については、繰上げ請求時の年齢に応じて旧減額率が適用されている。

請求時の年齢	旧減額率
60歳	42%
61歳	35%
62歳	28%
63歳	20%
64歳	11%

(3)　繰上げ請求の留意点

　繰上げ請求によって老齢基礎年金が減額されるだけでなく、老齢基礎年金の受給権者となり、65歳に達したものとみなされるため、「65歳未満」等を要件とする規定が適用されなくなることがある。

① 　一生涯、減額された年金額を受給することになる。65歳に達しても本来の年金額に引き上げられることはない。また、付加年金も同様に減額される。

② 　繰上げ請求をした場合には、取消しや変更はできない。

③　他の年金の給付制限等が生じる。

　　　イ　寡婦年金を受給している場合、その受給権が消滅し、また寡婦年金の受給
　　　　　要件に該当しても受給権は発生しない。
　　　ロ　障害基礎年金は支給されない(厚生年金保険の被保険者である場合を除く)。
　　　ハ　遺族厚生（共済）年金の受給権がある場合、65歳になるまでは繰上げ支給
　　　　　の老齢基礎年金とのどちらかを選択することになる。
④　振替加算は65歳からの支給となり、減額されない。
⑤　国民年金の任意加入被保険者にはなれず、追納もできない。

2．老齢基礎年金の繰下げ支給

　老齢基礎年金の支給開始年齢は65歳であるが、66歳以降の希望するときに繰下げ
支給の申出をすることにより、増額された年金を受給することができ、増額された
年金は申出があった日の属する月の翌月から支給される。

　なお、「年金制度改正法」の施行により受給開始時期の選択肢が拡大され、昭和
27年4月2日以後生まれの者については、受給開始年齢の上限が70歳から75歳に引
き上げられることとなった。

(1)　繰下げ支給の要件

　次の①②の要件を満たした場合に繰下げ支給の申出をすることができる。
①　66歳に達する前に裁定請求（決定請求）をしていないこと
②　65歳に達したとき、または65歳に達した日から66歳に達した日までの間に、
　　障害基礎（厚生）年金、遺族基礎（厚生）年金の受給権を有しないこと
　なお、平成17年3月までは、繰下げ受給を希望して老齢基礎年金の請求を行わな
いでいた間に、障害基礎（厚生）年金または遺族基礎（厚生）年金の受給権が発生
した場合、老齢基礎年金の繰下げ受給は認められず、受給権発生時期（65歳到達時）
までさかのぼって増額されない本来の年金額を一括受給することとなっていた。し
かし、平成17年4月1日以後に66歳に達した者で、66歳到達後に他の年金給付の受
給権が発生した場合には、その時点で繰下げの申出をしたものとみなされ、その時
点までの繰り下げた(増額された)老齢基礎年金を受給できるという選択肢が加わっ
た。

(2) 繰下げ支給による増額率

65歳に達した日（または受給権を取得した日）の属する月から繰下げ支給の申出をした日の属する月の前月までの月数（120月を上限とする）に0.7%を乗じた率が増額される。

なお、昭和27年4月1日以前生まれの者（原則）の繰下げ月数の上限は、60月となる。

増額率＝受給権を取得した月から繰下げ申出月の前月までの月数（120月上限*）×0.7%

＊昭和27年4月1日以前生まれの者（原則）は、60月上限。

●図表3－6　繰下げ支給の増額率

【昭和27年4月2日以後生まれ（65歳受給権発生）の場合】

申出時の年齢	0ヵ月	1ヵ月	2ヵ月	3ヵ月	4ヵ月	5ヵ月	6ヵ月	7ヵ月	8ヵ月	9ヵ月	10ヵ月	11ヵ月
66歳	8.4%	9.1%	9.8%	10.5%	11.2%	11.9%	12.6%	13.3%	14.0%	14.7%	15.4%	16.1%
67歳	16.8%	17.5%	18.2%	18.9%	19.6%	20.3%	21.0%	21.7%	22.4%	23.1%	23.8%	24.5%
68歳	25.2%	25.9%	26.6%	27.3%	28.0%	28.7%	29.4%	30.1%	30.8%	31.5%	32.2%	32.9%
69歳	33.6%	34.3%	35.0%	35.7%	36.4%	37.1%	37.8%	38.5%	39.2%	39.9%	40.6%	41.3%
70歳	42.0%	42.7%	43.4%	44.1%	44.8%	45.5%	46.2%	46.9%	47.6%	48.3%	49.0%	49.7%
71歳	50.4%	51.1%	51.8%	52.5%	53.2%	53.9%	54.6%	55.3%	56.0%	56.7%	57.4%	58.1%
72歳	58.8%	59.5%	60.2%	60.9%	61.6%	62.3%	63.0%	63.7%	64.4%	65.1%	65.8%	66.5%
73歳	67.2%	67.9%	68.6%	69.3%	70.0%	70.7%	71.4%	72.1%	72.8%	73.5%	74.2%	74.9%
74歳	75.6%	76.3%	77.0%	77.7%	78.4%	79.1%	79.8%	80.5%	81.2%	81.9%	82.6%	83.3%
75歳	84.0%											

（注）増額率 =65歳到達月から繰下げ申出月の前月までの月数（120月上限）×0.7%。
　　　昭和27年4月1日以前生まれの場合、65歳到達月から繰下げ申出月の前月までの月数は60月が上限となる。

参考：昭和16年4月1日以前生まれの者については、受給権発生日から繰下げ申出をした日までの期間（年単位）に応じて旧増額率が適用されている。

〈65歳受給権発生の場合〉

申出時の年齢（年数）	旧増額率
66歳（1年以上）	12%
67歳（2年以上）	26%
68歳（3年以上）	43%
69歳（4年以上）	64%
70歳（5年以上）	88%

(3) 繰下げ支給の申出があったものとみなされる場合

66歳に達した日後に、次の①または②に該当する者が繰下げ支給の申出をしたときは、①または②の日において、繰下げ支給の申出があったものとみなされる。

① 75歳*に達する日前に他の年金給付の受給権者となった者⇒他の年金給付を支給すべき事由が生じた日

② 75歳*に達した日後にある者（①に該当する者を除く）⇒75歳*に達した日

＊昭和27年4月1日以前生まれの者は70歳。

(4) 特例的な繰下げみなし増額制度

令和5年4月から、昭和27年4月2日以後生まれの者または老齢基礎年金の受給権取得日が平成29年4月1日以降の者を対象に「特例的な繰下げみなし増額制度」が施行されることとなった。これにより、70歳到達後に、さかのぼって本来の年金の受給を選択した場合は、請求をした日の5年前の日に繰下げの申出をしたものとみなし、その時点まで繰り下げた（増額された）5年分の年金を一括して受給できることとなった。ただし、80歳到達日以後に請求する場合や、請求をした日の5年前の日以前に他の年金給付の受給権者であった場合は適用されない。

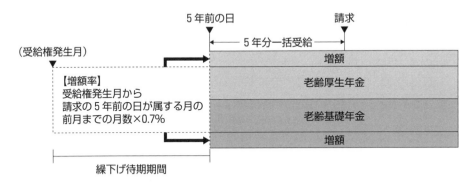

ワンポイントアドバイス

　過去分の年金を一括して受給することにより、さかのぼって医療保険・介護保険の自己負担や保険料、税金等に影響が生じる場合があります。

(5) 繰下げ申出の留意点

① 付加年金は、老齢基礎年金と同様に支給が繰り下げられ、増額される。

② 振替加算は、老齢基礎年金が繰下げ支給されるときからの加算となり、増額されない。

③ 老齢厚生年金とは別々に繰下げ支給の申出ができる。

④ 繰下げによる増額の基礎となる月数は120月（または60月）を限度とするため、120月（または60月）を超えて申出をしてもさらに増額されることはない。

Check!

●「年金機能強化法」の施行（平成26年4月1日）により、70歳に達した後に申出を行った場合であっても、時効が成立した分を除いて、70歳時点または70歳前に他の年金の受給権が発生した時点にさかのぼって年金が支給されることとなった。適用対象者は施行日以後に70歳に達した者および70歳前に他の年金の受給権が発生した者に限られる。なお、施行日前に70歳に達した者が繰下げの申出を行った場合には、支給開始は施行日が基準となり、年金額の計算は70歳時点が基準となる。

●60歳台前半の老齢厚生年金を受給していた場合であっても、65歳からの老齢基礎年金および老齢厚生年金の繰下げ受給ができる。この場合、65歳時点でハガキ形式の「年金請求書（国民年金・厚生年金保険老齢給付）」（巻末資料3参照）が送付されるので、繰下げ希望の年金のいずれかに○印を記入して返送することになる。なお、両方の年金の繰下げを希望する場合は、ハガキの提出は不要である。

第2章　老齢厚生年金

　昭和60年改正により、老齢厚生年金は、老齢基礎年金の上乗せ給付として65歳から支給されることとなった。しかし、旧厚生年金保険法では、60歳から老齢年金が支給されていたことから、当分の間の措置として、60歳台前半においても老齢厚生年金（特別支給の老齢厚生年金）が支給されることとなった。

　よって、老齢厚生年金には、当分の間の措置として支給される「60歳台前半の老齢厚生年金（特別支給の老齢厚生年金）」と65歳から支給される本来の「老齢厚生年金」がある。

第1節　60歳台前半の老齢厚生年金の仕組み

　当分の間、老齢基礎年金の受給資格期間を満たし、厚生年金保険の被保険者期間が1年以上ある者には、60歳台前半において、「特別支給の老齢厚生年金（定額部分＋報酬比例部分）」、または「報酬比例部分相当の老齢厚生年金」が支給される。

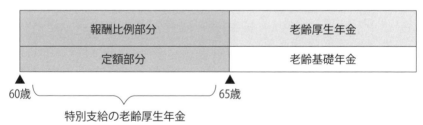

1．60歳台前半の老齢厚生年金の受給要件

　60歳台前半の老齢厚生年金は、次の①②の要件を満たした場合に支給される。

①　老齢基礎年金の受給資格期間を満たしていること（本編第1章第1節参照）

②　厚生年金保険の被保険者期間が1年以上あること

Check!

● 2 つ以上の種別の厚生年金被保険者であった期間（以下、「2 以上の種別期間」という）
を有する者の場合、受給要件である「厚生年金保険の被保険者期間が 1 年以上」は、
2 以上の種別期間を合算して判定する。年金は種別期間ごとに計算し、各実施機関か
ら支給されることとなる。ただし、第 2 号厚年と第 3 号厚年は「公務員厚年」として
被保険者期間が通算され、最後の種別の実施機関から年金が支給されることとなる。

2．60歳台前半の老齢厚生年金の支給開始年齢

(1) 支給開始年齢

　60歳台前半の老齢厚生年金は、当分の間の措置として支給されてきたが、平成 6
年改正と平成12年改正により支給開始年齢の引上げスケジュールが決まった。

　平成 6 年改正により、昭和16年 4 月 2 日以後生まれの一般男子について平成13年
度から平成25年度にかけて、段階的に定額部分の支給開始年齢が引き上げられるこ
ととなった（第 1 号厚年被保険者の女子は 5 年遅れで実施）。

　平成12年改正では、昭和28年 4 月 2 日以後生まれの第 1 号厚年被保険者の一般男
子および第 2 号〜第 4 号厚年被保険者について平成25年度から平成37年度にかけ
て、段階的に報酬比例部分の支給開始年齢が引き上げられることとなった（第 1 号
厚年被保険者の女子は 5 年遅れで実施）。

　最終的には、昭和36年 4 月 2 日（第 1 号厚年被保険者の女子は昭和41年 4 月 2 日）
以後生まれの者より、60歳台前半の老齢厚生年金は支給されず、65歳から本来の老
齢厚生年金が支給されることになる。支給開始年齢の引上げスケジュールは、図表
3 − 7 のとおりである。

(2) 支給開始年齢の特例

① 障害者・長期加入者

　平成 6 年改正により、昭和16年 4 月 2 日（第 1 号厚年被保険者の女子は昭和21年
4 月 2 日）以後生まれの者は、段階的に定額部分の支給開始年齢が引き上げられる
が、障害者（障害等級 3 級以上の障害の状態にある者）、または長期加入者（厚生
年金保険の 1 つの種別期間のみで44年以上の者）で、いずれも退職している（被保
険者ではない）者は、報酬比例部分に合わせて定額部分が支給される。

●図表3－7　60歳台前半の老齢厚生年金の支給開始年齢の引上げ

【生年月日】		支　給　開　始　年　齢					
＜男子＞	＜女子＞＊	60歳	61歳	62歳	63歳	64歳	65歳
S16.4.1以前	S21.4.1以前	報酬比例部分 →→→ 老齢厚生年金 / 定額部分 →→→ 老齢基礎年金					
S16.4.2～ S18.4.1	S21.4.2～ S23.4.1	報酬比例部分 →→→ 老齢厚生年金 / 定額部分 →→→ 老齢基礎年金					
S18.4.2～ S20.4.1	S23.4.2～ S25.4.1	報酬比例部分 →→→ 老齢厚生年金 / 定額部分 →→→ 老齢基礎年金					
S20.4.2～ S22.4.1	S25.4.2～ S27.4.1	報酬比例部分 →→→ 老齢厚生年金 / 定額部分 →→→ 老齢基礎年金					
S22.4.2～ S24.4.1	S27.4.2～ 29.4.1	報酬比例部分 →→→ 老齢厚生年金 / 定額 →→ 老齢基礎年金					
S24.4.2～ S28.4.1	S29.4.2～ S33.4.1	報酬比例部分 →→→ 老齢厚生年金 / 老齢基礎年金					
S28.4.2～ S30.4.1	S33.4.2～ S35.4.1	報酬比例部分 →→→ 老齢厚生年金 / 老齢基礎年金					
S30.4.2～ S32.4.1	S35.4.2～ S37.4.1	報酬比例部分 →→→ 老齢厚生年金 / 老齢基礎年金					
S32.4.2～ S34.4.1	S37.4.2～ S39.4.1	報酬比例部分 →→→ 老齢厚生年金 / 老齢基礎年金					
S34.4.2～ S36.4.1	S39.4.2～ S41.4.1	報酬 → 老齢厚生年金 / 老齢基礎年金					
S36.4.2以後	S41.4.2以後	老齢厚生年金 / 老齢基礎年金 / 65歳					

＊第1号厚年被保険者の女子に限る。

　ただし、障害者については、請求が必要であり、請求があった日に定額部分の受給権が発生することになる。なお、「年金機能強化法」の施行（平成26年4月1日）により、障害厚生年金等を受けることができる者にあっては、請求の時期にかかわらず、次のイ～ハのいずれかの日において請求があったものとみなされることとなった。ただし、施行日前にイ～ハのいずれかに該当していた場合には、施行日に請求があったものとみなされる。

　イ　老齢厚生年金の受給権者となった日において、被保険者でなく、障害厚生年金等を受けることができるとき⇒老齢厚生年金の受給権者となった日

ロ　障害厚生年金等を受けることができることとなった日において、老齢厚生年
　　金の受給権者であって、被保険者でないとき⇒障害厚生年金等を受けることが
　　できることとなった日（障害認定日）

ハ　被保険者の資格を喪失した日において、老齢厚生年金の受給権者であって、
　　障害厚生年金等を受けることができるとき⇒被保険者の資格を喪失した日

　平成12年改正により、昭和28年4月2日（第1号厚年被保険者の女子は昭和33年
4月2日）以後生まれの者であって、障害者・長期加入者の特例に該当する者は、
「定額部分＋報酬比例部分」が段階的に引き上げられることとなり、昭和36年4月
2日（第1号厚年被保険者の女子は昭和41年4月2日）以後生まれの者より、60歳
台前半の老齢厚生年金は支給されなくなる。

②　坑内員・船員

　坑内員や船員であった者については、旧制度の経過措置として、坑内員や船員と
しての実際の期間が15年以上あり、受給資格期間を満たしている者には、55歳から
支給されていた。しかし、平成6年改正により、昭和21年4月2日以後生まれの者
については、生年月日に応じて「定額部分＋報酬比例部分」の支給開始年齢が55歳
から段階的に引き上げられることとなった。

　さらに、平成12年改正により、昭和33年4月2日以後生まれの者については、生
年月日に応じて「定額部分＋報酬比例部分」の支給開始年齢が60歳から段階的に引
き上げられることとなった（図表3－8）。

③　特定警察職員等

　特定警察職員等とは、特定階級以下の警察官、皇宮護衛官または消防吏員などで
あり、被用者年金一元化前から支給開始年齢が一般の共済組合員より6年遅れのス
ケジュールで引き上げられていた。一元化後も同様に、図表3－7の男子より6年
遅れのスケジュールで引き上げられる。

●図表3－8　坑内員・船員の支給開始年齢の特例

生 年 月 日	支給開始年齢 （定額部分＋報酬比例部分）
昭和21年4月1日以前生まれ	55歳
昭和21年4月2日〜昭和23年4月1日生まれ	56歳
昭和23年4月2日〜昭和25年4月1日生まれ	57歳
昭和25年4月2日〜昭和27年4月1日生まれ	58歳
昭和27年4月2日〜昭和29年4月1日生まれ	59歳
昭和29年4月2日〜昭和33年4月1日生まれ	60歳
昭和33年4月2日〜昭和35年4月1日生まれ	61歳
昭和35年4月2日〜昭和37年4月1日生まれ	62歳
昭和37年4月2日〜昭和39年4月1日生まれ	63歳
昭和39年4月2日〜昭和41年4月1日生まれ	64歳

Check!

●第2号〜第4号厚年被保険者の女子の支給開始年齢は、被用者年金一元化前と同様に、図表3－7の男子と同じスケジュールで引き上げられる。また、特定警察職員等も一元化前と同様に、図表3－7の男子よりも6年遅れのスケジュールで引き上げられることとなる。

●2以上の種別期間を有する者の場合、長期加入の要件である「44年以上」は、1つの種別期間のみで判定する。ただし、第2号厚年と第3号厚年は公務員厚年として被保険者期間を通算して44年以上あれば要件を満たすこととなる。

●障害者・長期加入者の特例は、退職している（被保険者ではない）ことが要件であるため、厚生年金保険の被保険者となれば、定額部分相当額の全部が支給停止となる。なお、再び退職した場合は、定額部分が支給されることとなる。

●「年金機能強化法」の施行により、平成28年10月以降、被保険者の適用範囲が拡大されたことで、平成28年9月30日以前から同じ事業所に引き続き働いている65歳未満の障害者・長期加入者の特例に該当する老齢厚生年金を受けている者が、平成28年10月1日に短時間労働者として被保険者になったことにより、定額部分が支給停止された場合は、届出を行うことにより支給停止が解除される経過措置が設けられている。

●障害者の特例は、厚生年金保険の障害等級3級以上の状態であれば適用され、障害厚生年金等の受給権者であることが要件ではない。ただし、「年金機能強化法」の施行（平成26年4月1日）により、障害厚生年金等を受けることができる者については、原則として障害状態にあると判断されるときにさかのぼって支給されることとなった。

3．60歳台前半の老齢厚生年金の失権

60歳台前半の老齢厚生年金の受給権は、受給権者の死亡により消滅するほか、受給権者が65歳に達したときに消滅する。

第2節 60歳台前半の老齢厚生年金の年金額

60歳台前半の老齢厚生年金の年金額は、原則として、厚生年金保険の被保険者期間の月数に応じた「定額部分」と、厚生年金保険の被保険者期間中の平均標準報酬に応じた「報酬比例部分」とを合算した額である。

さらに、一定の要件を満たした場合は、配偶者や子の「加給年金額」が加算される。

ただし、前述のとおり、平成 6 年改正により、段階的に定額部分が引き上げられ、平成12年改正により段階的に報酬比例部分が引き上げられていくこととなる。

なお、加給年金額は、定額部分が支給されるときから加算されることになる。

> 年金額＝定額部分＋報酬比例部分（＋加給年金額）

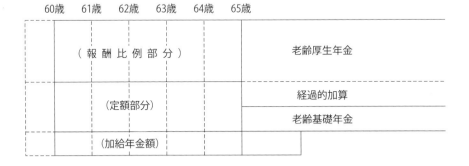

1. 定額部分の年金額

定額部分の年金額は、原則として被保険者期間の月数によって決まり、次の計算式となる。

生年月日に応じて （1,628円 × 改定率）×　（1.875～1.0）　× 被保険者期間の月数

① 定額単価

平成16年改正によって、定額部分の単価（定額単価）は、毎年度、1,628円に改定率を乗じることによって改定されることとなり、令和6年度の定額単価は「1,628円×1.045（昭和31年4月2日以後生まれの者）≒1,701円」となる。1,628円は、平成12年改正の定額単価1,676円に平成16年改正までの物価の下落分（▲2.9％）を反映させた額（1,676円×0.971）である。

なお、定額単価に生年月日に応じた率を乗じることになるが、昭和21年4月2日以後生まれの者の率は1.0となる（図表3－10）。

② 被保険者期間の月数

定額部分の被保険者期間の月数は、生年月日に応じて上限が設けられている。平成16年改正により引き上げられ、昭和21年4月2日以後生まれの者は、480月（40年）が上限となる（図表3－9）。

なお、中高齢者の特例に該当する者は、被保険者期間の月数が240月未満であっても、240月で計算する。

●図表3－9　定額部分の被保険者月数の上限

（平成17年4月以後）

生　年　月　日	上限月数
大正15年4月2日～昭和4年4月1日生まれ	420月（35年）
昭和4年4月2日～昭和9年4月1日生まれ	432月（36年）
昭和9年4月2日～昭和19年4月1日生まれ	444月（37年）
昭和19年4月2日～昭和20年4月1日生まれ	456月（38年）
昭和20年4月2日～昭和21年4月1日生まれ	468月（39年）
昭和21年4月2日以後生まれ	480月（40年）

2．報酬比例部分の年金額

(1) 報酬比例部分の年金額の計算式（「本来水準」による額）

　平成15年4月から総報酬制が導入されたことにより、報酬比例部分は、平成15年3月までの被保険者期間分と、平成15年4月以後の被保険者期間分を分けて算出し、その合計額が報酬比例部分の年金額となる。

　なお、令和6年度の平成16年改正による「本来水準」による計算式は次のとおりである（後述の「(2)従前額保障の経過措置」参照）。

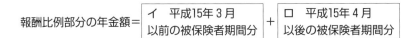

報酬比例部分の年金額＝ | イ　平成15年3月以前の被保険者期間分 | ＋ | ロ　平成15年4月以後の被保険者期間分 |

イ　平成15年3月以前の被保険者期間分（総報酬制導入前の期間分）

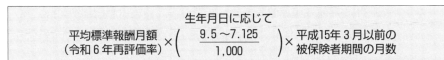

$$\text{平均標準報酬月額（令和6年再評価率）} \times \left(\frac{\text{生年月日に応じて}}{9.5 \sim 7.125} \div 1{,}000 \right) \times \text{平成15年3月以前の被保険者期間の月数}$$

ロ　平成15年4月以後の被保険者期間分（総報酬制導入後の期間分）

$$\text{平均標準報酬額（令和6年再評価率）} \times \left(\frac{\text{生年月日に応じて}}{7.308 \sim 5.481} \div 1{,}000 \right) \times \text{平成15年4月以後の被保険者期間の月数}$$

① 平均標準報酬月額

　総報酬制導入前の期間（平成15年3月以前）にかかる報酬比例部分の年金額は、「平均標準報酬月額」（被保険者期間の各月の標準報酬月額の総計を被保険者期間の総月数で除して得た額）をもとに計算する。

　平均標準報酬月額を計算する場合、現在とは賃金水準や物価水準が異なる過去の低い標準報酬月額をそのまま使うと、平均標準報酬月額も低くなるため不合理である。そこで、平均標準報酬月額を計算するときには、過去の標準報酬月額に再評価率を乗じて、現在の水準に応じた標準報酬月額に再評価したうえで計算をする措置が設けられている。

　なお、この再評価率は被保険者の生年月日に応じて、それぞれの被保険者期間の

第3編

老齢給付

区分ごとに率が決められている（図表3−11）。

　再評価率は、以前は5年に一度の財政再計算時に、法律改正により改正されてきたが、平成16年改正により毎年度自動的に改定されることとなった。平成16年改正による乗率5％適正化による本来の年金額の計算には、改正後の再評価率を用いるが、従前額保障（5％適正化前の給付水準の保障）による年金額の計算式においては、平成6年改正による再評価率を用いて計算することとなる。

　また、過去の平均標準報酬月額について次のような調整が行われている。

　　イ　原則として、昭和32年10月1日前の被保険者であった期間は、平均標準報酬月額の計算の基礎とはしない。

　　ロ　平均標準報酬月額の計算の基礎となる標準報酬月額に10,000円（船員は12,000円）未満のものがあるときは、これを10,000円（船員は12,000円）とする。

　　ハ　過去の標準報酬月額を最近の水準で再評価したうえで、平均標準報酬月額を算出し、これに基づいて年金額を算出する。

　　ニ　平成15年4月前に被保険者であった者の再評価後の平均標準報酬月額が73,648円〔昭和31年4月1日以前生まれの者73,437円〕に満たないときは73,648円〔昭和31年4月1日以前生まれの者73,437円〕とする。次の者については下記の額が最低保障額となる。

生　年　月　日	最低保障額
昭和10年4月1日以前生まれ	72,028円
昭和10年4月2日〜昭和11年4月1日生まれ	72,324円
昭和11年4月2日〜昭和12年4月1日生まれ	72,844円

ただし、平成6年の再評価率を使用した場合、平成11年4月1日前に被保険者であった者の最低保障額は、66,594円となる。

② 平均標準報酬額

　総報酬制導入後の期間（平成15年4月以後）にかかる報酬比例部分の年金額は、「平均標準報酬額」（平成15年4月以後の被保険者期間の各月の標準報酬月額と標準賞与額の総額を、この間の被保険者期間の月数で除して得た額）をもとに計算される。

　この平均標準報酬額を計算する場合においても、過去の標準報酬月額および標準賞与額について、それぞれの被保険者期間の区分に応じて再評価を行い、再評価後の額をもとに年金額を計算することとなる。

Check!

● 権利を取得した月の前月までが年金額の計算の基礎となる。

● 報酬比例部分の計算については、厚生年金保険の被保険者期間の月数は、定額部分の計算とは異なり、生年月日による月数の上限もなく、中高齢者の特例に該当する者の240月みなしもない。

● 坑内員または船員であった期間は被保険者期間の特例が適用される（第 2 編第 3 章第 2 節参照）。

(2) 従前額保障の経過措置

　報酬比例部分の計算式については、平成16年改正により、新たな仕組み（再評価率を毎年度改定）が設けられた（平成16年改正による「本来水準」：121頁計算式①）。しかし、これまでの経緯から従前額の保障が行われることになっている。

　平成12年改正で報酬比例部分の乗率 5 ％の引下げ（ 5 ％適正化）が行われることとなったが、受給者の年金額が低下することを避けるため従前の給付水準を保障する措置がとられた。そして、平成12年改正後も 5 ％適正化前の従前の給付水準による年金額が支給されることとなった（従前額保障：121頁計算式②）。

　しかし、その後、物価が下落したにもかかわらず、物価下落分の減額をせず（▲2.9％のうち▲1.2％のみの減額）、物価スライド特例措置により1.7％のかさ上げされた年金額のまま、平成16年改正を迎えることとなった。平成16年改正後も平成12年改正前による従前の給付水準の保障は継承され、物価スライド特例措置（特例水準）が設けられた。しかし、平成25年10月以降の特例水準の段階的な解消スケジュールの実施により、平成27年度において特例水準が完全に解消された。

　その結果、実際に支給される年金額は、121頁の計算式①②で算出した額のうち、その額が高くなる計算式が適用されることになっている。

●図表 3 −10　定額部分の単価と報酬比例部分の乗率の経過措置

生年月日	定額単価*の乗率	報酬比例部分（総報酬制前）		報酬比例部分（総報酬制後）	
		新乗率	旧乗率	新乗率	旧乗率
昭和 2 年 4 月 1 日以前	1.875	1,000分の9.500	1,000分の10.00	1,000分の7.308	1,000分の7.692
昭和 2 年 4 月 2 日〜昭和 3 年 4 月 1 日	1.817	9.367	9.86	7.205	7.585
昭和 3 年 4 月 2 日〜昭和 4 年 4 月 1 日	1.761	9.234	9.72	7.103	7.477
昭和 4 年 4 月 2 日〜昭和 5 年 4 月 1 日	1.707	9.101	9.58	7.001	7.369
昭和 5 年 4 月 2 日〜昭和 6 年 4 月 1 日	1.654	8.968	9.44	6.898	7.262
昭和 6 年 4 月 2 日〜昭和 7 年 4 月 1 日	1.603	8.845	9.31	6.804	7.162
昭和 7 年 4 月 2 日〜昭和 8 年 4 月 1 日	1.553	8.712	9.17	6.702	7.054
昭和 8 年 4 月 2 日〜昭和 9 年 4 月 1 日	1.505	8.588	9.04	6.606	6.954
昭和 9 年 4 月 2 日〜昭和10年 4 月 1 日	1.458	8.465	8.91	6.512	6.854
昭和10年 4 月 2 日〜昭和11年 4 月 1 日	1.413	8.351	8.79	6.424	6.762
昭和11年 4 月 2 日〜昭和12年 4 月 1 日	1.369	8.227	8.66	6.328	6.662
昭和12年 4 月 2 日〜昭和13年 4 月 1 日	1.327	8.113	8.54	6.241	6.569
昭和13年 4 月 2 日〜昭和14年 4 月 1 日	1.286	7.990	8.41	6.146	6.469
昭和14年 4 月 2 日〜昭和15年 4 月 1 日	1.246	7.876	8.29	6.058	6.377
昭和15年 4 月 2 日〜昭和16年 4 月 1 日	1.208	7.771	8.18	5.978	6.292
昭和16年 4 月 2 日〜昭和17年 4 月 1 日	1.170	7.657	8.06	5.890	6.200
昭和17年 4 月 2 日〜昭和18年 4 月 1 日	1.134	7.543	7.94	5.802	6.108
昭和18年 4 月 2 日〜昭和19年 4 月 1 日	1.099	7.439	7.83	5.722	6.023
昭和19年 4 月 2 日〜昭和20年 4 月 1 日	1.065	7.334	7.72	5.642	5.938
昭和20年 4 月 2 日〜昭和21年 4 月 1 日	1.032	7.230	7.61	5.562	5.854
昭和21年 4 月 2 日以後	1.000	7.125	7.5	5.481	5.769

＊　昭和31年 4 月 1 日以前生まれの者は1,696円、昭和31年 4 月 2 日以後生まれの者は1,701円である。
（注）　「従前額保障」（ 5 ％適正化前の給付水準の保障）による計算式では、旧乗率が適用される。

●図表３−11　再評価率（令和６年度）

生年月日／被保険者期間	平成6年再評価率	平成16年改正による新再評価率									
		昭和5.4.1以前生まれ	昭5.4.2〜昭6.4.1	昭6.4.2〜昭7.4.1	昭7.4.2〜昭8.4.1	昭8.4.2〜昭10.4.1	昭10.4.2〜昭11.4.1	昭11.4.2〜昭12.4.1	昭12.4.2〜昭13.4.1	昭13.4.2〜昭31.4.1	昭31.4.2以後生まれ
〜昭33.3月	13.960	14.563	14.711	15.025	15.102	15.102	15.165	15.273	15.400	15.414	15.459
〃33. 4〜昭34. 3	13.660	14.250	14.392	14.705	14.776	14.776	14.837	14.946	15.068	15.081	15.126
〃34. 4〜〃35. 4	13.470	14.052	14.192	14.497	14.572	14.572	14.634	14.738	14.858	14.874	14.918
〃35. 5〜〃36. 3	11.140	11.622	11.739	11.989	12.052	12.052	12.100	12.186	12.289	12.300	12.337
〃36. 4〜〃37. 3	10.300	10.746	10.853	11.084	11.142	11.142	11.188	11.271	11.360	11.373	11.407
〃37. 4〜〃38. 3	9.300	9.701	9.801	10.009	10.060	10.060	10.102	10.177	10.259	10.270	10.301
〃38. 4〜〃39. 3	8.540	8.910	8.994	9.195	9.239	9.239	9.277	9.345	9.421	9.429	9.457
〃39. 4〜〃40. 4	7.850	8.188	8.270	8.451	8.491	8.491	8.526	8.589	8.659	8.668	8.694
〃40. 5〜〃41. 3	6.870	7.166	7.237	7.395	7.431	7.431	7.461	7.515	7.579	7.584	7.606
〃41. 4〜〃42. 3	6.310	6.584	6.649	6.789	6.826	6.826	6.853	6.903	6.960	6.966	6.987
〃42. 4〜〃43. 3	6.140	6.403	6.470	6.611	6.645	6.645	6.670	6.719	6.772	6.777	6.797
〃43. 4〜〃44.10	5.430	5.665	5.723	5.843	5.875	5.875	5.898	5.940	5.989	5.996	6.013
〃44.11〜〃46.10	4.150	4.329	4.373	4.467	4.490	4.490	4.510	4.541	4.578	4.582	4.596
〃46.11〜〃48.10	3.600	3.755	3.793	3.874	3.894	3.894	3.911	3.941	3.972	3.976	3.988
〃48.11〜〃50. 3	2.640	2.753	2.779	2.842	2.856	2.856	2.867	2.889	2.915	2.918	2.926
〃50. 4〜〃51. 7	2.250	2.347	2.370	2.424	2.435	2.435	2.445	2.465	2.481	2.483	2.490
〃51. 8〜〃53. 3	1.860	1.940	1.961	2.003	2.013	2.013	2.021	2.034	2.051	2.053	2.059
〃53. 4〜〃54. 3	1.710	1.783	1.802	1.840	1.851	1.851	1.859	1.872	1.887	1.888	1.894
〃54. 4〜〃55. 9	1.620	1.690	1.707	1.742	1.751	1.751	1.758	1.771	1.786	1.788	1.794
〃55.10〜〃57. 3	1.460	1.523	1.538	1.572	1.580	1.580	1.586	1.596	1.608	1.610	1.615
〃57. 4〜〃58. 3	1.390	1.448	1.466	1.497	1.505	1.505	1.511	1.521	1.533	1.534	1.538
〃58. 4〜〃59. 3	1.340	1.400	1.414	1.442	1.448	1.448	1.455	1.467	1.480	1.481	1.485
〃59. 4〜〃60. 9	1.290	1.346	1.361	1.389	1.396	1.396	1.403	1.413	1.424	1.424	1.429
〃60.10〜〃62. 3	1.220	1.273	1.284	1.313	1.319	1.319	1.325	1.335	1.346	1.347	1.352
〃62. 4〜〃63. 3	1.190	1.241	1.254	1.280	1.286	1.286	1.291	1.300	1.311	1.313	1.317
〃63. 4〜平元.11	1.160	1.210	1.221	1.249	1.255	1.255	1.260	1.269	1.279	1.280	1.284
平元.12〜〃 3. 3	1.090	1.138	1.148	1.173	1.178	1.178	1.183	1.192	1.202	1.203	1.206
〃 3. 4〜〃 4. 3	1.040	1.085	1.097	1.120	1.126	1.126	1.131	1.139	1.147	1.148	1.151
〃 4. 4〜〃 5. 3	1.010	1.054	1.064	1.087	1.093	1.093	1.098	1.107	1.115	1.116	1.119
〃 5. 4〜〃 6. 3	0.990	1.033	1.043	1.065	1.071	1.071	1.076	1.083	1.092	1.093	1.096
〃 6. 4〜〃 7. 3	0.990	1.025	1.025	1.045	1.051	1.051	1.055	1.062	1.071	1.071	1.075
〃 7. 4〜〃 8. 3	0.990	1.024	1.024	1.024	1.029	1.029	1.033	1.040	1.049	1.050	1.053
〃 8. 4〜〃 9. 3	0.990	1.020	1.020	1.020	1.015	1.015	1.020	1.028	1.036	1.037	1.040
〃 9. 4〜〃10. 3	0.990	0.998	0.998	0.998	0.998	1.001	1.005	1.013	1.023	1.024	1.027
〃10. 4〜〃11. 3	0.990	0.992	0.992	0.992	0.992	0.992	0.996	1.001	1.010	1.011	1.014
〃11. 4〜〃12. 3	0.990	0.995	0.995	0.995	0.995	0.995	0.995	1.000	1.009	1.010	1.013
〃12. 4〜〃13. 3	0.917	1.000	1.000	1.000	1.000	1.000	1.000	1.000	1.009	1.010	1.013
〃13. 4〜〃14. 3	0.917	1.007	1.007	1.007	1.007	1.007	1.007	1.007	1.007	1.009	1.012
〃14. 4〜〃15. 3	0.917	1.017	1.017	1.017	1.017	1.017	1.017	1.017	1.017	1.015	1.018
〃15. 4〜〃16. 3	0.917	1.022	1.022	1.022	1.022	1.022	1.022	1.022	1.022	1.018	1.021
〃16. 4〜〃17. 3	0.917	1.023	1.023	1.023	1.023	1.023	1.023	1.023	1.023	1.020	1.022
〃17. 4〜〃18. 3	0.923	1.024	1.024	1.024	1.024	1.024	1.024	1.024	1.024	1.022	1.024
〃18. 4〜〃19. 3	0.926	1.024	1.024	1.024	1.024	1.024	1.024	1.024	1.024	1.022	1.024
〃19. 4〜〃20. 3	0.924	1.022	1.022	1.022	1.022	1.022	1.022	1.022	1.022	1.018	1.021
〃20. 4〜〃21. 3	0.924	1.003	1.003	1.003	1.003	1.003	1.003	1.003	1.003	1.001	1.004
〃21. 4〜〃22. 3	0.914	1.016	1.016	1.016	1.016	1.016	1.016	1.016	1.016	1.014	1.017
〃22. 4〜〃23. 3	0.927	1.023	1.023	1.023	1.023	1.023	1.023	1.023	1.023	1.020	1.022
〃23. 4〜〃24. 3	0.934	1.025	1.025	1.025	1.025	1.025	1.025	1.025	1.025	1.023	1.025
〃24. 4〜〃25. 3	0.937	1.026	1.026	1.026	1.026	1.026	1.026	1.026	1.026	1.024	1.027
〃25. 4〜〃26. 3	0.937	1.028	1.028	1.028	1.028	1.028	1.028	1.028	1.028	1.026	1.029
〃26. 4〜〃27. 3	0.932	0.998	0.998	0.998	0.998	0.998	0.998	0.998	0.998	0.996	0.999
〃27. 4〜〃28. 3	0.909	0.993	0.993	0.993	0.993	0.993	0.993	0.993	0.993	0.991	0.994
〃28. 4〜〃29. 3	0.909	0.996	0.996	0.996	0.996	0.996	0.996	0.996	0.996	0.994	0.997
〃29. 4〜〃30. 3	0.910	0.992	0.992	0.992	0.992	0.992	0.992	0.992	0.992	0.990	0.993
〃30. 4〜〃31. 3	0.910	0.983	0.983	0.983	0.983	0.983	0.983	0.983	0.983	0.981	0.984
〃31. 4〜令2. 3	0.903	0.980	0.980	0.980	0.980	0.980	0.980	0.980	0.980	0.978	0.981
令 2. 4〜〃 3. 3	0.899	0.980	0.980	0.980	0.980	0.980	0.980	0.980	0.980	0.978	0.978
〃 3. 4〜〃 4. 3	0.900	0.983	0.983	0.983	0.983	0.983	0.983	0.983	0.983	0.981	0.984
〃 4. 4〜〃 5. 3	0.904	0.958	0.958	0.958	0.958	0.958	0.958	0.958	0.958	0.956	0.956
〃 5. 4〜〃 6. 3	0.879	0.928	0.928	0.928	0.928	0.928	0.928	0.928	0.928	0.926	0.926
〃 6. 4〜〃 7. 3	0.853	0.928	0.928	0.928	0.928	0.928	0.928	0.928	0.928	0.926	0.926

（注）　「従前額保障」（5％適正化前の給付水準の保障）による計算式では、平成6年再評価率が適用される。

●図表3－12　60歳台前半の老齢厚生年金の計算式

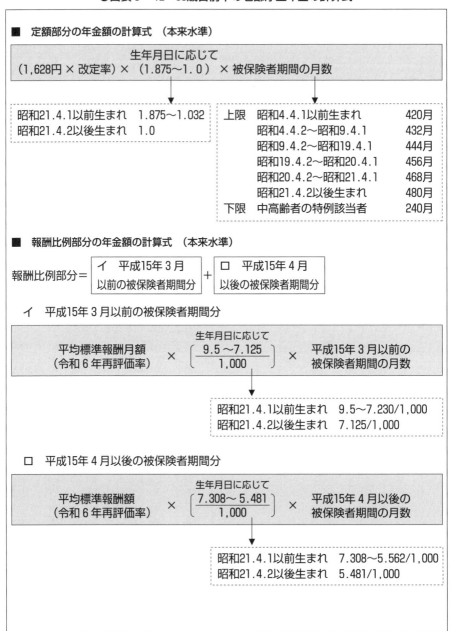

■　定額部分の年金額の計算式　（本来水準）

生年月日に応じて
（1,628円 × 改定率）×（1.875〜1.0）× 被保険者期間の月数

昭和21.4.1以前生まれ　1.875〜1.032
昭和21.4.2以後生まれ　1.0

上限　昭和4.4.1以前生まれ　　　　　420月
　　　昭和4.4.2〜昭和9.4.1　　　　432月
　　　昭和9.4.2〜昭和19.4.1　　　 444月
　　　昭和19.4.2〜昭和20.4.1　　　456月
　　　昭和20.4.2〜昭和21.4.1　　　468月
　　　昭和21.4.2以後生まれ　　　　480月
下限　中高齢者の特例該当者　　　　240月

■　報酬比例部分の年金額の計算式　（本来水準）

報酬比例部分＝│ イ　平成15年3月 │＋│ ロ　平成15年4月 │
　　　　　　　│ 以前の被保険者期間分 │　│ 以後の被保険者期間分 │

イ　平成15年3月以前の被保険者期間分

平均標準報酬月額　　　　　生年月日に応じて　　　　平成15年3月以前の
（令和6年再評価率）　 ×　│ 9.5〜7.125 │ ×　被保険者期間の月数
　　　　　　　　　　　　　│ ───────── │
　　　　　　　　　　　　　│ 1,000 │

昭和21.4.1以前生まれ　9.5〜7.230/1,000
昭和21.4.2以後生まれ　7.125/1,000

ロ　平成15年4月以後の被保険者期間分

平均標準報酬額　　　　　　生年月日に応じて　　　　平成15年4月以後の
（令和6年再評価率）　 ×　│ 7.308〜5.481 │ ×　被保険者期間の月数
　　　　　　　　　　　　　│ ───────────── │
　　　　　　　　　　　　　│ 1,000 │

昭和21.4.1以前生まれ　7.308〜5.562/1,000
昭和21.4.2以後生まれ　5.481/1,000

① 平成16年改正による「本来水準」

（注）「平均標準報酬月額」または「平均標準報酬額」の計算時には、平成16年改正による新再評価率（毎年度改定）を使用する。

② 従前額保障（5％適正化前の給付水準の保障）

× 従前額改定率1.041（昭和13年4月1日以前生まれ1.043）（令和6年度）

（注）「平均標準報酬月額」または「平均標準報酬額」の計算時には、平成6年の再評価率を使用する。

3. 加給年金額

(1) 受給要件

加給年金額は、次の①②の要件を満たしている場合に支給される。

① 厚生年金保険の被保険者期間が240月以上（中高齢者の特例を含む）あること

② 受給権を取得した当時、その受給権者によって生計を維持されていた65歳未満の配偶者、または18歳到達年度の末日までにある子（または、20歳未満の障害等級1級または2級の障害の状態にある子）がいること

（注1）生計維持の基準は、受給権を取得した当時、生計を同じくしていた配偶者または子で、年収850万円（年間所得655.5万円）以上の収入が将来にわたって（概ね5年）得られないと認められることである。

（注2）在職定時改定や退職時改定により、被保険者期間が240月以上となったときはその時点で生計維持要件をみる。

（注3）60歳台前半の老齢厚生年金においては、定額部分が支給されるときに加算される。60歳台前半の老齢厚生年金が報酬比例部分のみであるときには加給年金額は加算されず、65歳になって老齢厚生年金が支給されるときに加給年金の要件を満たしていれば加算されることになる。

Check!

● 2以上の種別期間を有する者の場合、加給年金額の受給要件である「厚生年金保険の被保険者期間240月以上」は、2以上の種別期間を合算して判定する。この場合、加給年金額は①受給権の発生が早い年金、②発生が同時の場合、被保険者期間が長い種別の年金③被保険者期間の長さが同じ場合は第1号→第2号→第3号→第4号厚年の順でいずれかの年金に加算されることとなる。

ワンポイントアドバイス

加給年金額は、60歳台前半における報酬比例部分のみの年金には加算されず、定額部分が支給されるときまたは65歳からの老齢厚生年金に加算されます。

(2) 加給年金額

① 加給年金額

加給年金額は、次のとおりである（令和6年度価格）。

配偶者	234,800円（＋特別加算額）
子（第1子・第2子）	各234,800円
子（第3子以降）	各78,300円

② 特別加算額

受給権者が昭和9年4月2日以後生まれの場合、受給権者の生年月日に応じて配偶者の加給年金額に特別加算額が加算される（図表3−13）。

この特別加算は、夫婦ともに65歳以上である世帯の年金水準と、配偶者の一方が65歳未満（老齢基礎年金を受給する前）の世帯との年金水準の格差を縮小する観点から設けられたものである。

●図表 3 -13　配偶者の加給年金額の合計額（令和 6 年度価格）

受給権者の生年月日	特別加算額	配偶者の加給年金額の合計額 （加給年金額＋特別加算額）
昭和 9 年 4 月 2 日〜昭和15年 4 月 1 日	34,700円	269,500円
昭和15年 4 月 2 日〜昭和16年 4 月 1 日	69,300円	304,100円
昭和16年 4 月 2 日〜昭和17年 4 月 1 日	104,000円	338,800円
昭和17年 4 月 2 日〜昭和18年 4 月 1 日	138,600円	373,400円
昭和18年 4 月 2 日以後	173,300円	408,100円

Check!

●特別加算額は老齢厚生年金の配偶者加給年金額だけに加算され、障害厚生年金の配偶者加給年金額には加算されない。なお、特別加算部分は振替加算の対象とはならない。

③　加給年金額の改定

加給年金額の対象者が、次のいずれかに該当したときは、該当した月の翌月から年金額が改定される。

〔増額改定〕

受給権者がその権利を取得した当時、胎児であった子が生まれたとき

〔減額改定〕

イ　死亡したとき

ロ　受給権者による生計維持の状態がやんだとき

ハ　配偶者が離婚または婚姻の取消しをしたとき

ニ　配偶者が65歳に達したとき

ホ　子が養子縁組によって受給権者の配偶者以外の者の養子となったとき

ヘ　養子縁組による子が離縁をしたとき

ト　子が婚姻をしたとき

チ　子（障害等級 1 級または 2 級に該当する障害の状態にある子を除く）が、18歳到達年度の末日が終了したとき

リ　障害等級の 1 級または 2 級に該当する障害の状態にある子（18歳到達年度の末日までにあるときを除く）について、その事情がやんだとき

ヌ　障害等級の 1 級または 2 級に該当する障害の状態にある子が20歳に達した

とき

(3)　加給年金額の支給停止

〔配偶者の加給年金額〕

　配偶者が老齢厚生年金（退職共済年金）（厚生年金保険の被保険者期間240月以上、中高齢者の特例を含む）を受ける権利があるときや障害基礎年金、障害厚生年金（障害共済年金）を受けられるときは、加給年金額は支給停止となる。

〔子の加給年金額〕

　障害基礎年金と老齢厚生年金が併給される場合であって、両制度から子の加算額が受給可能なときは、障害基礎年金に子の加算額が加算され、老齢厚生年金の子の加給年金額は支給停止となる。

Check!

●配偶者自身の老齢厚生年金等が全額支給停止となり、実際に受けられない場合は、配偶者加給年金額が加算されていたが、令和4年4月以降は全額支給停止されて実際に受けられない場合であっても、配偶者加給年金額は支給停止される。

なお、下記の①および②の要件を満たす場合については、令和4年4月以降も引き続き、配偶者加給年金額の加算を継続する経過措置が設けられている。

① 令和4年3月時点で、本人の老齢厚生年金または障害厚生年金に配偶者加給年金額が加算されているとき

② 令和4年3月時点で、加給年金の対象者である配偶者が、厚生年金保険の被保険者期間が240月以上ある老齢厚生年金等の受給権を有しており、全額支給停止されているとき

ただし、この経過措置は次のいずれかに該当したときに終了する。

・本人の老齢厚生年金または障害厚生年金の全額が支給停止になったとき

・配偶者が失業給付の受給終了により、老齢厚生年金の全額支給停止が解除されたとき（失業給付の受給により、配偶者の令和4年3月分の老齢厚生年金が全額支給停止されていた場合に限る）

・配偶者が、年金選択により他の年金の支給を受けることとなったとき

●3．(3)の「240月以上」について、配偶者が2以上の種別期間を有する場合には2以上の種別期間を合算して判定する。

> **ワンポイントアドバイス**
>
> 配偶者が繰上げ支給の老齢基礎年金を受けていても、配偶者加給年金額は支給停止されません。

第3節　老齢厚生年金の仕組み

昭和60年の改正により、老齢基礎年金の受給資格期間を満たし、厚生年金保険の被保険者期間が1ヵ月でもあれば、65歳から老齢厚生年金が支給されることとなった。

1．老齢厚生年金の受給要件

老齢厚生年金は、次の①②の要件を満たした場合に支給される。

① 　老齢基礎年金の受給資格期間を満たしていること（本編第1章第1節参照）

② 　厚生年金保険の被保険者期間が1ヵ月以上あること

2．老齢厚生年金の支給開始年齢

支給開始年齢は65歳である。

3．老齢厚生年金の失権

65歳からの老齢厚生年金の受給権は、受給権者の死亡により消滅する。

第4節　老齢厚生年金の年金額

65歳からの老齢厚生年金は、老齢基礎年金に上乗せする形で支給される。当分の間は「報酬比例部分」に「経過的加算」を加えた額に、一定の要件を満たしている場合には「加給年金額」が加算される。

> 年金額＝報酬比例部分 ＋ 経過的加算（＋加給年金額）

1．報酬比例部分の年金額

　報酬比例部分の年金額は、60歳台前半の報酬比例部分相当の老齢厚生年金と同様の計算方法であるが、65歳以降は新規裁定者および既裁定者の生年月日に応じた乗率となる（本章第2節参照）。

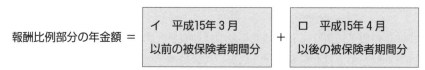

報酬比例部分の年金額 ＝ | イ　平成15年3月以前の被保険者期間分 | ＋ | ロ　平成15年4月以後の被保険者期間分 |

イ　平成15年3月以前の被保険者期間分（総報酬制導入前の期間分）

$$
\begin{array}{l}
平均標準報酬月額 \\
（令和6年再評価率）
\end{array}
\times
\left(
\frac{\overset{\text{生年月日に応じて}}{9.5\sim7.125}}{1,000}
\right)
\times
\begin{array}{l}
平成15年3月以前の \\
被保険者期間の月数
\end{array}
$$

ロ　平成15年4月以後の被保険者期間分（総報酬制導入後の期間分）

$$
\begin{array}{l}
平均標準報酬月額 \\
（令和6年再評価率）
\end{array}
\times
\left(
\frac{\overset{\text{生年月日に応じて}}{7.308\sim5.481}}{1,000}
\right)
\times
\begin{array}{l}
平成15年4月以後の \\
被保険者期間の月数
\end{array}
$$

2．経過的加算

　65歳からの年金額は、60歳台前半の老齢厚生年金の定額部分に相当するものが、老齢基礎年金となる。

　しかし、老齢基礎年金の年金額には、昭和36年4月1日前の厚生年金保険（船員保険含む）の被保険者期間や、昭和36年4月1日以後の厚生年金保険（船員保険含む）の被保険者期間のうち、20歳前と60歳以降の期間などは算入されず、また、年金額の端数処理などにより、定額部分に比べて老齢基礎年金の年金額のほうが低くなることがある。そこで、65歳に達したときに年金額が減少しないように、定額部分相当額と老齢基礎年金の額（厚生年金保険の被保険者期間のみに基づく額）との差額を経過的に加算することとしている。

　経過的加算の計算式は次のとおりである。定額部分の計算式により計算した額か

ら、厚生年金保険の被保険者期間のみに基づく老齢基礎年金の額を控除した額となる。

$$1{,}701円^{*1} \times 1.0^{*2} \times 被保険者期間の月数 \;-\;$$

$$816{,}000円^{*3} \times \frac{昭和36年 4 月以後の20歳以上60歳未満の厚生年金保険の被保険者期間の月数}{加入可能年数 \times 12月（上限480月）}$$

＊1　昭和31年 4 月 1 日以前生まれの者は1,696円。
＊2　昭和31年 4 月 1 日以前生まれの者は生年月日に応じて（1.875〜1.0）。
＊3　昭和31年 4 月 1 日以前生まれの者は813,700円。

Check!

● 2 以上の種別期間を有する者の場合、年金は種別期間ごとに計算し、各実施機関から支給されることとなる。ただし、第 2 号厚年と第 3 号厚年は「公務員厚年」として被保険者期間が通算され、最後の種別の実施機関から年金が支給されることとなる。

3．加給年金額

60歳台前半の老齢厚生年金の加給年金額と同様である（本章第 2 節参照）。

第5節　老齢厚生年金の繰上げ・繰下げ

1．老齢厚生年金の繰上げ支給

昭和28年 4 月 2 日以後生まれ（第 1 号厚年被保険者の女子は昭和33年 4 月 2 日以後生まれ）の者は、60歳台前半の老齢厚生年金（報酬比例部分）の支給開始年齢が引き上げられることから、本来の老齢厚生年金の繰上げ支給の請求をすることができる。老齢厚生年金を繰り上げることによって、老齢基礎年金も同時に繰り上げられることになり、いずれか一方のみを繰上げ請求することはできない。

⑴ 60歳台前半の老齢厚生年金の支給開始年齢が61歳から64歳（特例支給開始年齢）になる者

　昭和28年4月2日から昭和36年4月1日生まれの第1号厚年被保険者の一般男子、第2号〜第4号厚年被保険者および昭和33年4月2日から昭和41年4月1日生まれの第1号厚年被保険者の女子は60歳台前半の老齢厚生年金（報酬比例部分）の支給開始年齢が61歳から64歳になる。この60歳台前半の老齢厚生年金（報酬比例部分）が支給開始される年齢を「特例支給開始年齢」といい、特例支給開始年齢到達前であれば老齢厚生年金の繰上げ請求をすることができる。

　老齢厚生年金の繰上げ請求をした場合、繰り上げられるのは65歳からの本来の老齢厚生年金であり、繰上げ請求により60歳台前半の老齢厚生年金は支給されなくなる。65歳からの本来の老齢厚生年金は報酬比例部分と経過的加算で構成されているため、報酬比例部分も経過的加算も繰り上げられることになるが、これらの減額分は報酬比例部分から減額され、経過的加算は全額支給される。

　繰上げによる減額分は、報酬比例部分に係る減額分と経過的加算に係る減額分で計算する。報酬比例部分に係る減額分は、繰上げ請求をしなかったならば、特例支給開始年齢から報酬比例部分が支給されたことを考慮して特例支給開始年齢を基準に月あたり0.4％（昭和37年4月1日以前生まれの者は0.5％）の減額率で計算し、経過的加算に係る減額分は65歳を基準に月あたり0.4％（昭和37年4月1日以前生まれの者は0.5％）の減額率で計算する。なお、加給年金の要件を満たす場合であっても加給年金額は繰り上げられず、65歳からの加算となる。

　また、老齢基礎年金は全部繰上げとなり、65歳を基準として月あたり0.4％（昭和37年4月1日以前生まれの者は0.5％）の減額率で計算することになる。

　なお、特例支給開始年齢到達以後は老齢基礎年金のみの全部繰上げの請求が可能である。

例）昭和39年 4 月 2 日〜昭和41年 4 月 1 日生まれの第 1 号厚年被保険者の女子の場合

〜60歳に達した月に老齢厚生年金の繰上げ請求〜

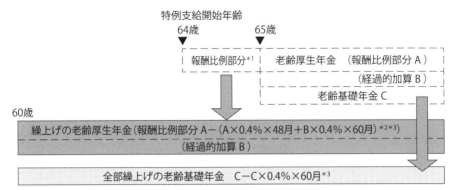

* 1　60歳台前半の老齢厚生年金（報酬比例部分）は支給されなくなる。
* 2　計算式の48月は60歳到達月（繰上げ請求月）から64歳（特例支給開始年齢）到達月の前月までの月数。
* 3　計算式の60月は60歳到達月（繰上げ請求月）から65歳到達月の前月までの月数。

60歳に達した月に老齢厚生年金の繰上げ請求をした場合の年金額

① 繰上げの老齢厚生年金

報酬比例部分＋経過的加算

報酬比例部分

$A-(A×0.4\%×48月+B×0.4\%×60月)$

60歳から減額された報酬比例部分が支給され、65歳以降も減額された年金額は変わらない。

経過的加算

60歳から経過的加算Ｂが全額支給される。

② 全部繰上げの老齢基礎年金の年金額

$C-C×0.4\%×60月$

60歳から減額された老齢基礎年金が支給され、65歳以降も減額された年金額は変わらない。

例）昭和39年4月2日～昭和41年4月1日生まれの第1号厚年被保険者の女子の場合

〜64歳に達した月に全部繰上げの請求〜

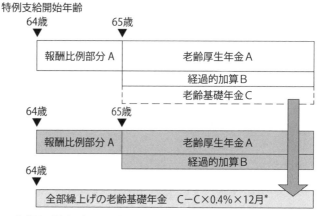

特例支給開始年齢

* 老齢基礎年金の12月は64歳（繰上げ請求月）から65歳到達月の前月までの月数。

64歳に達した月に全部繰上げの請求をした場合の年金額

① 報酬比例部分 A

　　64歳から報酬比例部分の年金額は全額支給される。

② 全部繰上げの老齢基礎年金の年金額　C－C×0.4％×12月

　　64歳から減額された全部繰上げの老齢基礎年金が支給され、65歳以降も減額

　　された年金額は変わらない。

⑵ 60歳台前半の老齢厚生年金が支給されなくなる者

　昭和36年4月2日以後生まれの第1号厚年被保険者の一般男子、第2号〜第4号厚年被保険者および昭和41年4月2日以後生まれの第1号厚年被保険者の女子は60歳台前半の老齢厚生年金が支給されなくなる。

　老齢厚生年金の繰上げ請求をした場合、老齢厚生年金は報酬比例部分と経過的加算で構成されているため、報酬比例部分も経過的加算も繰り上げられることになるが、これらの減額分は報酬比例部分から減額され、経過的加算は全額支給される。繰上げによる減額分は、報酬比例部分に係る減額分と経過的加算に係る減額分で計算することになるが、いずれに係る減額分も、65歳を基準に月あたり0.4％（昭和37年4月1日以前生まれの者は0.5％）の減額率で計算する。なお、加給年金の要

件を満たす場合であっても加給年金額は繰り上げられず、65歳からの加算となる。

　また、老齢基礎年金は全部繰上げとなり、65歳を基準として月あたり0.4％（昭和37年4月1日以前生まれの者は0.5％）の減額率で計算することになる。

　例）昭和37年4月2日以後生まれの第1号厚年被保険者の一般男子、第2号～第4号厚年被保険者（昭和41年4月2日以後生まれの第1号厚年被保険者の女子）の場合

　　　～60歳に達した月に老齢厚生年金の繰上げ請求～

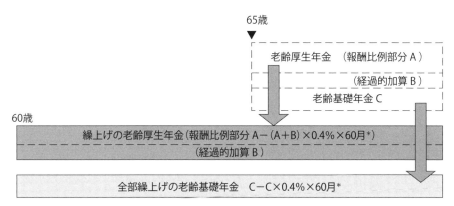

＊　計算式の60月は60歳到達月（繰上げ請求月）から65歳到達月の前月までの月数

60歳に達した月に老齢厚生年金の繰上げ請求をした場合の年金額

①　繰上げの老齢厚生年金

　　報酬比例部分＋経過的加算

　　報酬比例部分

　　　A－（A＋B）×0.4％×60月

　　60歳から減額された報酬比例部分が支給され、65歳以降も減額された年金額は変わらない。

　　経過的加算

　　　60歳から経過的加算Bが全額支給される。

②　全部繰上げの老齢基礎年金の年金額

　　　C－C×0.4％×60月

　　60歳から減額された老齢基礎年金が支給され、65歳以降も減額された年金額は変わらない。

(3)　繰上げ請求の留意点

① 　老齢厚生年金と老齢基礎年金を同時に繰り上げることになる。

② 　任意加入被保険者となることができない。

③ 　厚生年金保険の被保険者となった場合、繰上げ減額後の老齢厚生年金がさらに調整の対象となる。上記(1)に該当する者の場合、在職老齢年金の仕組みにより、65歳になる前は経過的加算も含めて調整され、65歳以降は経過的加算を除いて調整される。上記(2)に該当する者の場合、65歳になる前であっても在職老齢年金の仕組みにより経過的加算を除いて調整される。

④ 　繰上げ受給後に被保険者であった間の保険料負担分が年金額に反映されるのは、特例支給開始年齢に達したとき、65歳に達したとき、在職定時改定のときおよび退職（資格を喪失）したときである。

⑤ 　厚生年金基金の加入期間がある者は基金から支給される年金の基本部分も同時に繰り上げられるため、加入基金への届出を要する。

⑥ 　上記(1)の者が障害者・長期加入者の特例に該当する場合、定額部分が支給されるため老齢基礎年金は一部繰上げとなり、調整方法は異なる。

Check!

● 2以上の種別期間を有する者は、その2以上の老齢厚生年金について同時に繰上げ支給の請求をしなければならない。また、2以上の老齢厚生年金と老齢基礎年金を同時に受給することとなる。

2．老齢厚生年金の繰下げ支給

　平成16年の改正により、老齢厚生年金の繰下げの申出が可能となり、平成19年4月より実施されることとなった。対象者は、平成19年4月1日以後に老齢厚生年金の受給権を取得した者（一般的には昭和17年4月2日以後生まれ）である。増額された年金は申出があった日の属する月の翌月から支給される。

　なお、「年金制度改正法」の施行により、受給開始時期の上限が引き上げられた。

(1)　老齢厚生年金の繰下げ支給の要件

① 　老齢厚生年金の受給権を取得した日から起算して1年を経過する日前に老齢

厚生年金を請求していないこと

② 老齢厚生年金の受給権を取得したときに、厚生年金保険法による他の年金給付、国民年金法による年金給付（老齢基礎年金および付加年金並びに障害基礎年金を除く）または、他の被用者年金各法による年金給付（退職を支給事由とするものを除く）の受給権を有しないこと

③ 老齢厚生年金の受給権を取得した日から起算して1年を経過した日までの間に、上記②と同様、他の年金給付の受給権者になっていないこと

(2) 繰下げ支給による増額率

65歳に達した日（または受給権を取得した日）の属する月から支給の繰下げの申出をした日の属する月の前月までの月数（120月を上限とする）に0.7％を乗じた率が増額される（本編第1章第3節参照）。

なお、令和4年3月31日において、受給権取得日から起算して5年を経過している者の繰下げ月数の上限は、60月となる。

> 増額率＝受給権を取得した月から繰下げ申出月の前月までの月数(120月上限*)×0.7%

＊令和4年3月31日において、受給権取得日から起算して5年を経過している者は、60月上限。

(3) 繰下げ支給の申出があったものとみなされる場合

老齢厚生年金の受給権を取得した日から起算して1年経過後に、次の①または②に該当する者が繰下げの申出をしたときは、①または②の日において、繰下げの申出があったものとみなされる。

① 老齢厚生年金の受給権を取得した日から起算して10年*を経過した日前に他の年金給付の受給権者となった者⇒他の年金給付を支給すべき事由が生じた日

② 老齢厚生年金の受給権を取得した日から起算して10年*を経過した日後にある者（①に該当する者を除く）⇒老齢厚生年金の受給権を取得した日から起算して10年*を経過した日

＊令和4年3月31日において、受給権取得日から起算して5年を経過している者は5年。

(4)　特例的な繰下げみなし増額制度

　令和5年4月から、昭和27年4月2日以後生まれの者または老齢厚生年金の受給権取得日が平成29年4月1日以降の者を対象に「特例的な繰下げみなし増額制度」が施行されることとなった。これにより、70歳到達後（または受給権取得日から起算して5年を経過した日後）に、さかのぼって本来の年金の受給を選択した場合は、請求をした日の5年前の日に繰下げの申出をしたものとみなし、その時点まで繰り下げた（増額された）5年分の年金を一括して受給できることとなった。ただし、80歳到達日（または受給権取得日から起算して15年を経過した日）以後に請求する場合や、請求をした日の5年前の日以前に他の年金給付の受給権者であった場合は適用されない。

(5)　繰下げ申出の留意点

①　老齢厚生年金の受給権を取得した日から起算して1年経過後に、他の年金給付の受給権者となった場合には、他の年金給付の受給権者となった日に、支給繰下げの申出があったものとみなされる。

②　老齢基礎年金とは別々に繰下げ支給の申出ができる。

③　繰下げによる増額の基礎となる月数は120月（または60月）を限度とするため120月（または60月）を超えて申出をしてもさらに増額されることはない。

④　在職者の場合、在職老齢年金による支給停止後の残額が繰下げによる増額の対象となる。

Check!

●60歳台前半の老齢厚生年金については旧法から新法への移行に伴い、当分の間の措置として、支給されているものであるから繰下げ制度はない。

●2以上の種別期間を有する者は、その2以上の老齢厚生年金について同時に繰下げの申出をしなければならない。被用者年金一元化前は老齢厚生年金と退職共済年金は別々に繰下げの申出を行うことができたが、一元化後は同時に受給することとなる。なお、一元化前に老齢厚生年金と退職共済年金の受給権が発生していた者であっても、一元化後に繰下げの申出をする場合には老齢厚生年金と退職共済年金は同時に行わなければならない。

第6節 在職老齢年金

在職老齢年金とは、60歳台前半の老齢厚生年金または老齢厚生年金の受給権者が、厚生年金保険の被保険者等である場合に、その者の報酬（総報酬月額相当額）と年金月額（基本月額）に応じて、年金の全部または一部が支給停止される制度である。

支給停止の仕組みは、60歳台前半と65歳以降で異なっていたが、令和4年4月以降、60歳台前半も65歳以降と同様の仕組みで支給停止されることとなった。

1．在職老齢年金のしくみ

60歳台前半の老齢厚生年金および老齢厚生年金の受給権者が被保険者（前月以前の月に属する日から引き続き被保険者の資格を有する者に限る）である日、国会議員もしくは地方公共団体の議会の議員（前月以前の月に属する日から引き続き国会議員または地方公共団体の議会の議員である者に限る。以下、「議員」という）である日または70歳以上の使用される者（前月以前の月に属する日から引き続きその適用事業所に使用される者であって、かつ、適用除外に該当する者でない者に限る。以下、「70歳以上の使用される者」という）である日が属する月において、その者の総報酬月額相当額と基本月額の合算額が50万円を超える場合に年金の全部または一部が支給停止される。

なお、65歳以降の在職老齢年金は、平成14年4月から、厚生年金保険の適用年齢が65歳未満から70歳未満に引き上げられたことに伴い、平成14年4月1日以後に65歳になる昭和12年4月2日以後生まれの者を対象に、被保険者資格を喪失する70歳になるまでの間、適用されることとなった。また、平成19年4月から、適用事業所に使用される70歳以上の者（昭和12年4月2日以後生まれの者に限定されていたが、平成27年10月以降はすべての者）も適用対象となった。

(1) 総報酬月額相当額と基本月額

総報酬月額相当額は、その月の標準報酬月額とその月以前1年間の標準賞与額の総額を12で除して得た額の合算額である。

$$総報酬月額相当額 = \frac{その月の}{標準報酬月額} + \frac{その月以前1年間の標準賞与額の総額}{12}$$

基本月額は、加給年金額と経過的加算を除いた老齢厚生年金の年金額を12で除して得た額である。

$$基本月額（老齢厚生年金の月額）= 老齢厚生年金 \div 12$$
＊加給年金額、経過的加算を除く

⑵　在職老齢年金の支給停止額の計算

　総報酬月額相当額と基本月額（老齢厚生年金の月額）を合算して、50万円を超える場合、超えた額の2分の1が支給停止される（図表3−14）。

　なお、支給停止となるのは、老齢厚生年金のみであり、老齢基礎年金および経過的加算は全額支給される。

●図表3−14　在職老齢年金の支給停止額

総報酬月額相当額＋基本月額	支給停止額（月額）
50万円以下	—　　　（老齢厚生年金　全額支給）
50万円を超える額	（総報酬月額相当額＋基本月額−50万円）×1/2

（注1）　支給停止額が年金額を上回る場合は全額停止（加給年金額も支給停止）。
（注2）　支給停止額が年金額を下回る場合は一部停止（加給年金額は支給）。
（注3）　令和6年度の支給停止調整額は「50万円」。
　　　　　支給停止調整額「50万円」は、名目賃金変動率を基準に、当該年度の4月以降に改定される（5千円未満切捨て、5千円以上1万円未満は1万円に切上げ）。

●図表3−15　在職老齢年金の受給月額早見表（巻末資料10参照）

		基　本　月　額							
		8万円	9万円	10万円	11万円	12万円	13万円	14万円	15万円
総報酬月額相当額	30万円	8万円	9万円	10万円	11万円	12万円	13万円	14万円	15万円
	36万円	8万円	9万円	10万円	11万円	12万円	13万円	14万円	14.5万円
	38万円	8万円	9万円	10万円	11万円	12万円	12.5万円	13万円	13.5万円
	41万円	8万円	9万円	9.5万円	10万円	10.5万円	11万円	11.5万円	12万円
	50万円	4万円	4.5万円	5万円	5.5万円	6万円	6.5万円	7万円	7.5万円
	56万円	1万円	1.5万円	2万円	2.5万円	3万円	3.5万円	4万円	4.5万円
	59万円	—	—	0.5万円	1万円	1.5万円	2万円	2.5万円	3万円
	62万円	—	—	—	—	—	0.5万円	1万円	1.5万円

(3) 加給年金額が加算されている場合

老齢厚生年金（報酬比例部分）が支給停止額の対象となり、在職老齢年金の計算により、老齢厚生年金の一部が支給される場合は、加給年金額は全額支給され、全部が支給停止される場合は、加給年金額も合わせて支給停止となる。

なお、経過的加算および老齢基礎年金は、全額支給される。

●図表 3 −16　老齢厚生年金受給者の在職による支給停止の対象となる年金
（老齢厚生年金の受給権者が60歳以降も厚生年金保険に加入した場合）

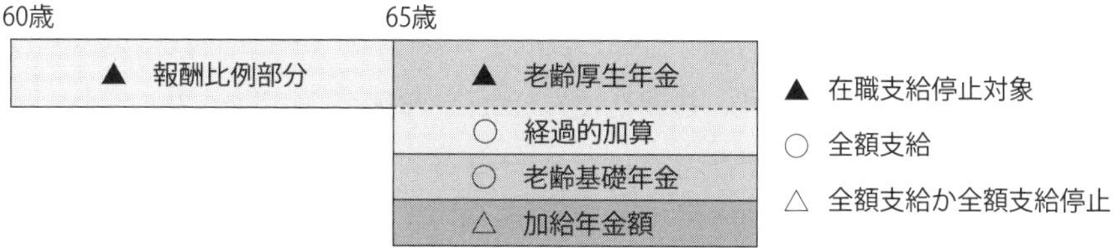

（注）加給年金額は、本体の年金が一部でも支給される場合は全額支給され、本体の年金が全額支給停止される場合は、全額支給停止となる。

Check!

● 月末退職し、翌月に再就職しない場合は、退職月までが在職老齢年金の対象とされる。

● 議員である日が属する月においては、厚生年金保険の被保険者でなくとも、在職老齢年金の規定が適用される。

● 70歳以上の使用される者は、厚生年金保険の被保険者ではないため、保険料の負担はないが、在職老齢年金と同じ計算式で、年金の全部または一部が支給停止される。なお、被用者年金一元化前は、昭和12年 4 月 2 日以後生まれの者に限定されていたが、一元化後は、生年月日に関わらず、すべての者が適用対象となった。

● 2 以上の種別期間を有する者の場合、合算基本月額に基づいて支給停止額を計算し、それぞれの基本月額で按分した額が種別ごとの支給停止額となる。

2．年金額の改定

在職中の老齢厚生年金受給者の年金額は、被保険者資格の喪失の際に改定（退職時改定）されることになるが、令和 4 年 4 月から高齢期の就労継続を早期に年金額に反映するため、65歳以上の在職者については資格喪失を待たずに年金額が毎年、

改定（在職定時改定）されることとなった。

　なお、老齢厚生年金の繰上げ受給者の場合は、特例支給開始年齢時や65歳時においても年金額の改定が行われる。

(1)　退職時改定

　①　老齢厚生年金の年金額は、受給権を取得した月の前月までの被保険者期間が年金額の計算の基礎となり、65歳未満の在職者は受給権取得後に被保険者であっても在職中に年金額の改定は行われない。

　　　在職中の保険料負担分が年金額に反映されるのは、被保険者資格を喪失して被保険者となることなく、資格を喪失した日（退職、適用除外等の事由に該当した場合はその事由に該当した日）から起算して１ヵ月を経過した日の属する月からである（退職時改定）。

　　　例：３月31日に退職し、４月に再就職しない場合→３月分まで在職老齢年金の
　　　　　支給停止→４月分から年金額の改定

　②　65歳以降70歳に達する前に退職した場合も退職時改定が行われる。

　③　70歳に達した時点で被保険者の資格を喪失するため、在職中であっても退職時改定が行われる。なお、70歳以降は在職中であっても保険料負担が生じないため退職時改定が行われることはない。

ワンポイントアドバイス

　月末に退職し、翌月に再就職しなければ、退職月の翌月から在職老齢年金の支給停止が解除され、同時に年金額の改定が行われます。

(2)　65歳以降の在職定時改定

　65歳以上70歳未満の在職中の老齢厚生年金受給者については、毎年９月１日を基準日として直近１年間（前年９月からその年の８月まで）の被保険者期間をもとに年金額が再計算され、10月分から改定される。ただし、65歳になって１年以内の場合は65歳になってからの期間で計算する。

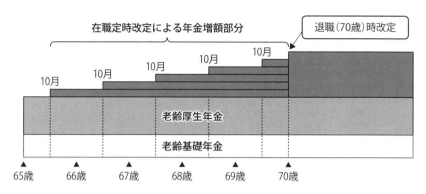

第
3
編

老齢給付

Check!

●基準日前に被保険者資格を喪失しても、1ヵ月以内に再び被保険者資格を取得すれば在職定時改定が行われ、10月分から年金額が改定される。

ワンポイントアドバイス

　在職定時改定により受け取る年金が毎年増えることになりますが、これにより在職老齢年金の支給停止調整額を超えてしまい、年金の一部または全部が支給停止となる可能性があります。

(3)　繰上げ受給者の年金額の改定

①　特例支給開始年齢時改定

老齢厚生年金の繰上げ受給者は在職中であっても特例支給開始年齢時において年金額が改定される。

②　65歳時改定

繰上げ受給者以外の者が65歳に達したときは、在職中であっても本来の老齢厚生年金の決定が行われるが、繰上げ受給者の場合は65歳からの本来の老齢厚生年金をすでに繰上げ受給しているので、65歳に達したときに年金額の改定が行われる。

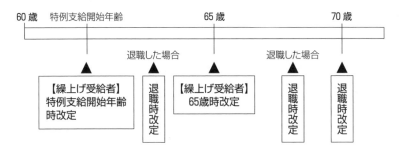

※65歳以上70歳未満の在職中は、在職定時改定が行われる。

第7節 60歳台前半の老齢厚生年金と雇用保険との調整

1. 失業給付（基本手当）との調整

⑴ 失業給付（基本手当）

　雇用保険の失業給付（基本手当）は、雇用保険の一般被保険者が、離職し、労働の意思および能力があるにもかかわらず、職業に就くことができない状態にある場合に、失業中の生活の保障を行い、就職活動を支援するために支給されるものである。

　受給要件として、離職日以前2年間（「特定受給資格者」[*1]および「特定理由離職者」[*2]は1年間）に被保険者期間が通算して12ヵ月（特定受給資格者および特定理由離職者は通算して6ヵ月）以上あることが必要とされている。

> ＊1　「特定受給資格者」とは、解雇・倒産等の事業主側の都合により、離職を余儀なくされた退職者等をいう。
>
> ＊2　「特定理由離職者」とは、有期契約労働者の雇い止め等による退職者や、離職するのに正当な理由のある自己都合退職者（例：通勤の困難な地域への転勤による離職）等をいう。特定理由離職者の所定給付日数が特定受給資格者と同様になるのは、受給資格に係る離職の日が平成21年3月31日から令和7年3月31日までの間に限られている。ただし、正当な理由のある自己都合退職者に該当する場合は、被保険者期間が12ヵ月以上（離職前2年間）ない場合に限り、特定受給資格者と同様となる。

① 所定給付日数

所定給付日数は、離職の理由、再就職の困難度、年齢、被保険者であった期間等

に応じて次のとおりである。

イ　定年退職や自己都合退職の場合

区　分＼被保険者であった期間	1 年未満	1 年以上5 年未満	5 年以上10年未満	10年以上20年未満	20年以上
全年齢（65歳未満）	—	90日		120日	150日
就職*困難者　45歳未満	150日	300日			
就職*困難者　45歳以上65歳未満	150日	360日			

＊障害者等の就職が困難な者

ロ　特定受給資格者や特定理由離職者の場合

区　分＼被保険者であった期間	1 年未満	1 年以上5 年未満	5 年以上10年未満	10年以上20年未満	20年以上
30歳未満	90日	90日	120日	180日	—
30歳以上35歳未満	90日	120日*	180日	210日	240日
35歳以上45歳未満	90日	150日*	180日	240日	270日
45歳以上60歳未満	90日	180日	240日	270日	330日
60歳以上65歳未満	90日	150日	180日	210日	240日

＊受給資格に係る離職日が平成29年 3 月31日以前の場合は90日

②　基本手当の日額

　基本手当の日額は、賃金日額（離職前最後の 6 ヵ月間の賃金の総額を180で除して得た額）に給付率（80％～45％）を乗じて得た額であるが、下限額と年齢別に上限額が設けられている。

　この賃金日額の区分や上・下限額は、毎年 8 月に自動改定され、賃金月額と基本手当の日額（離職時年齢60歳以上65歳未満の場合）は図表 3 －17のとおりとなる。

●図表 3 −17　賃金日額と基本手当の日額

【離職時年齢60歳以上65歳未満の場合】

（令和 5 年 8 月 1 日変更）

賃金日額	給付率	基本手当の日額
2,746円以上5,110円未満	80%	2,196円～4,087円
5,110円以上11,300円以下	80%～45%	4,088円～5,085円
11,300円超 16,210円以下	45%	5,085円～7,294円
16,210円（上限額）超	―	7,294円（上限額）

③　基本手当の受給の流れ

　基本手当の支給を受けようとする者は、離職後、住所地のハローワークに出頭し、離職票に本人を確認できる書類等を添えて「求職の申込み」を行わなければならない。初めてハローワークに出頭した日から起算して通算 7 日間は、待期期間として支給されない。倒産・解雇等の理由で離職した場合（特定受給資格者）は、待期期間満了後の翌日から基本手当は支給されるが、正当な理由のない自己都合退職や重責解雇などによる離職の場合は、 1 ヵ月以上 3 ヵ月以内の給付制限期間が経過した後に支給される。

　基本手当を受給するためには、決められた失業認定日（原則として 4 週間に 1 回）にハローワークに出頭し、失業認定申告書を提出し、「失業の認定」を受けなけれ

●図表 3 −18　基本手当の受給の流れ

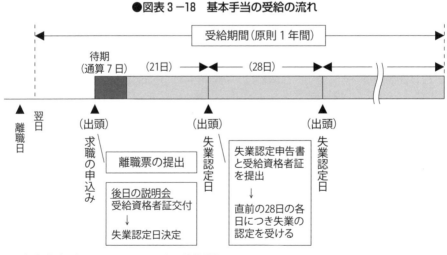

（注）離職理由によっては 1 ～ 3 ヵ月の給付制限あり。

ばならず、失業の認定を受けた日について基本手当が支給されることとなる。

　なお、基本手当を受給できる期間は、原則として離職の日の翌日から 1 年間である。これを過ぎてしまうと、所定給付日数の範囲内であっても基本手当は受給できなくなる。

(2)　失業給付（基本手当）と年金との調整

　平成10年 4 月より、60歳台前半の老齢厚生年金と雇用保険の失業給付（基本手当）は併給調整されることとなった。基本手当と老齢厚生年金を同時に受給できる場合は、基本手当を優先して支給し、その間老齢厚生年金は支給停止される。

　60歳台前半の老齢厚生年金は、ハローワークに求職の申込みを行った日の属する月の翌月から、基本手当を受けられる期間が経過するか、または所定給付日数の受給が終了する月までの間（調整対象期間）、支給が停止される。

　待期期間や離職理由による給付制限期間中は、基本手当は支給されないが、基本手当の支給を受けた日に準ずるものとして扱われ、老齢厚生年金は支給停止される。

　しかし、調整対象期間中の各月において、 1 日も基本手当を受けない月がある場合は、その月の年金は支給され、 1 日でも基本手当の支給を受けた場合は、その月の年金が停止されることになっていて、不合理なケースが生じる。そこで、調整対象期間が終了したときに、次の計算式によって事後精算をすることになっている。事後精算によって、年金停止月のうち支給停止解除月数に相当する月数分の老齢厚生年金の支給停止が解除され、直近の年金停止分から順次さかのぼって年金は支給される（図表 3 −19）。

$$\text{支給停止解除月数} = \text{年金停止月数} - \left(\frac{\text{失業給付（基本手当）の支給対象となった日数}}{30\text{日}} \right)^{*}$$

＊支給対象となった日数を30日で除して得た数に 1 未満の端数があるときは 1 に切り上げる。

●図表3-19　失業給付（基本手当）との調整（例）

失業給付受給日数	求職の申込み	25日	20日	30日	31日	10日	（計116日分）
	1月	2月	3月	4月	5月	6月	7月
年　金	支給	停止				停止	支給

事後精算

①年金停止月数：5ヵ月（2月分から6月分まで）
②失業給付の受給日数：116日／30日＝4ヵ月（1未満の端数は1に切上げ）
③年金支給停止を解除する月数①－②＝1ヵ月：事後精算として6月分の年金が支給される。

Check!

●65歳以降に離職した場合には、雇用保険からの給付は「高年齢求職者給付金」（一時金）となるため年金との調整はない。高年齢求職者給付金は、受給要件として離職日以前1年間に被保険者期間が通算して6カ月以上あることが必要とされ、受給額は被保険者であった期間が1年以上の場合で基本手当日額相当額の50日分、1年未満の場合で30日分の支給となっている。なお、雇用保険の適用拡大により、平成29年1月以降、適用要件に該当する65歳以上の労働者は「高年齢被保険者」として雇用保険の適用対象となるため、高年齢被保険者として離職した場合、受給要件を満たすごとに、高年齢求職者給付金が支給されることとなった。

●失業給付（基本手当）との調整が行われるのは60歳台前半の老齢厚生年金であり、遺族年金や障害年金は調整されることはない。

●求職の申込みを行った場合や後述の高年齢雇用継続給付を受けることとなった場合に必要とされていた「老齢厚生・退職共済年金受給権者支給停止事由該当届」は、平成25年10月1日より原則不要となった。ただし、日本年金機構に雇用保険被保険者番号の届出をしていない者等については必要である。

ワンポイントアドバイス

失業給付の受給を希望する場合であっても年金の請求はしておきましょう。

年金の受給を希望する場合には、失業給付の手続をすると、年金の支給が遅れるため、失業給付の手続は行わないようにしましょう。

２．高年齢雇用継続給付との調整

⑴　高年齢雇用継続給付

　高年齢雇用継続給付は、60歳以上65歳未満の雇用保険の一般被保険者が、原則として、60歳到達時の賃金に比べて60歳以降の賃金が75％未満に低下した状態で働いているときに、一定の要件を満たす者に支給される。

　高年齢雇用継続給付には、「高年齢雇用継続基本給付金」と「高年齢再就職給付金」がある。「高年齢雇用継続基本給付金」は、60歳到達以後も失業給付（基本手当）の支給を受けずに継続して雇用されている者を対象とする給付金であり、「高年齢再就職給付金」は失業給付（基本手当）を受給後に再就職をしたが、再就職時に基本手当の支給残日数が100日以上ある者を対象とした給付金である。

①　受給要件

　　イ　高年齢雇用継続基本給付金

- ・雇用保険の被保険者であった期間が 5 年以上ある60歳以上65歳未満の一般被保険者であること
- ・60歳到達時の賃金に比べて60歳以降の賃金が75％未満に低下したこと
- ・60歳到達時点で雇用保険の被保険者であった期間が 5 年に満たない場合は、 5 年を満たした後の賃金が75％未満に低下したこと
- ・60歳以降の賃金が支給限度額370,452円（令和 5 年 8 月 1 日～）未満であること

　　ロ　高年齢再就職給付金

- ・基本手当の所定給付日数を決定する際の被保険者であった期間が 5 年以上ある受給資格者であること
- ・基本手当受給後、60歳以降に再就職し、雇用保険の一般被保険者であること
- ・再就職後に支払われる各月の賃金が、賃金日額に30を乗じて得た額に比べて75％未満に低下したこと
- ・再就職日の前日における基本手当の支給残日数が、100日以上あること
- ・再就職後の賃金が支給限度額370,452円（令和 5 年 8 月 1 日～）未満であること

② 支給額の計算

高年齢雇用継続給付の支給額は、60歳到達時の賃金に対する60歳以降の賃金の低下に応じて次のとおりとなる。

イ　60歳到達時の賃金に対して60歳以降の賃金が61％未満のとき

➡ | 支給額＝支給対象月*の賃金×15％ |

　　*支給対象月とは、60歳到達月から65歳到達月までの期間内にある月（各暦月）で、かつ、その月の初日から末日まで引き続いて被保険者であり、かつ育児休業給付金または介護休業給付金の支給の対象となる休業をしなかった月である。

ロ　60歳到達時の賃金に対して60歳以降の賃金が61％以上75％未満のとき

➡ | 支給額＝60歳到達時賃金月額×137.25/280－支給対象月の賃金×183/280 |

ハ　支給限度額

【上限額】（支給対象月の賃金＋高年齢雇用継続給付）が、支給限度額370,452円（令和5年8月1日～）を超えるときは、（370,452円－支給対象月の賃金）が支給限度額となる。

【下限額】計算された支給額が2,196円（令和5年8月1日～）以下のときは支給されない。

③ 支給期間

イ　高年齢雇用継続基本給付金

60歳到達月（60歳到達時点で被保険者であった期間が5年に満たないときは5年を満たすこととなった月）から65歳到達月まで支給される。

ロ　高年齢再就職給付金

基本手当の支給残日数が200日以上あるときは2年間、100日以上あるときは1年間を限度に65歳到達月まで支給される。

Check!

●令和7年4月1日から新たに60歳以上となる高年齢雇用継続給付の支給対象者は、支給額が10％に縮小される（令和2年雇用保険法改正）。賃金と給付額の合計が60歳時賃金に比して、70.4％を超え75％未満のときは10％から一定の割合で逓減するよう厚生労働省令で定められた率となる。

(2) 高年齢雇用継続給付と年金との調整

① 調整の仕組み

在職老齢年金の受給者が、雇用保険法による高年齢雇用継続給付を受給する場合、在職老齢年金の支給停止に加えて、さらに標準報酬月額の6％に相当する額を上限として支給停止される。

支給対象月の賃金が、60歳到達時の賃金の61％以上75％未満の者については、賃金の増加に応じて高年齢雇用継続給付の支給率も15％から徐々に逓減していくことから、標準報酬月額の支給停止額もこれに合わせて6％から徐々に逓減させることとしている。

●図表3−20　高年齢雇用継続給付を受けることにより年金が支給停止

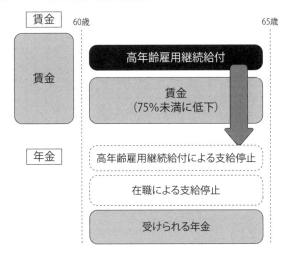

② 支給停止額の計算

在職老齢年金の支給停止額は、60歳到達時の賃金に対する60歳以降の標準報酬月額の低下に応じて次のとおりとなる。

　イ　60歳到達時の賃金に対して60歳以降の標準報酬月額が61％未満のとき

　➡　支給停止額＝標準報酬月額×6％

　ロ　60歳到達時の賃金に対して60歳以降の標準報酬月額が61％以上75％未満のとき

$$\text{支給停止額} = \text{標準報酬月額} \times \frac{13,725 - 183X}{280X} \times \frac{6}{15}$$

（注）Xは、標準報酬月額の60歳到達時賃金に対する割合（％）

ハ （標準報酬月額＋高年齢雇用継続給付）が、高年齢雇用継続給付の支給限
度額370,452円（令和5年8月1日〜）を超えるとき

（370,452円－標準報酬月額）×6／15が支給停止額となる。

●図表3-23 高年齢雇用継続給付の支給率と高年齢雇用継続給付を受給した場合の
在職老齢年金の支給停止率

（単位：％）

低下率	雇用継続給付の支給率	在職老齢年金の支給停止率	低下率	雇用継続給付の支給率	在職老齢年金の支給停止率	低下率	雇用継続給付の支給率	在職老齢年金の支給停止率
75以上	—	—	70.00	4.67	1.87	65.00	10.05	4.02
74.50	0.44	0.18	69.50	5.17	2.07	64.50	10.64	4.26
74.00	0.88	0.35	69.00	5.68	2.27	64.00	11.23	4.49
73.50	1.33	0.53	68.50	6.20	2.48	63.50	11.84	4.73
73.00	1.79	0.72	68.00	6.73	2.69	63.00	12.45	4.98
72.50	2.25	0.90	67.50	7.26	2.90	62.50	13.07	5.23
72.00	2.72	1.09	67.00	7.80	3.12	62.00	13.70	5.48
71.50	3.20	1.28	66.50	8.35	3.34	61.50	14.35	5.74
71.00	3.68	1.47	66.00	8.91	3.56	61.00	15.00	6.00
70.50	4.17	1.67	65.50	9.48	3.79	61未満	15.00	6.00

（注1）高年齢雇用継続給付の支給率の場合の低下率は、60歳到達時の賃金に対する60歳以降の賃金の割合
（注2）在職老齢年金の支給停止率の場合の低下率は、60歳到達時の賃金に対する60歳以降の標準報酬月額
の割合
（注3）60歳到達時の賃金＝(60歳到達時前6ヵ月の賃金総額÷180)×30（限度額あり）

Check!

●標準報酬月額が60歳到達時賃金の75％以上であるとき、または、標準報酬月額が高年
齢雇用継続給付の支給限度額370,452円（令和5年8月1日〜）以上であるときは、
高年齢雇用継続給付が支給されないため、調整は行われない。

ワンポイントアドバイス

高年齢雇用継続給付を受給すると、60歳台前半の老齢厚生年金は在職老齢年金の支給
停止に加えて、さらに支給停止されることになります。

第4編

障害給付

第1章 障害基礎年金

昭和60年改正により、国民共通の障害給付として国民年金から障害基礎年金が支給されることとなった。

障害基礎年金は、初診日が施行日（昭和61年4月1日）前であっても、障害認定日が施行日以後であれば現行制度の障害基礎年金（福祉年金を除く）が支給される。

なお、現行制度の施行日の前日に旧制度の障害年金（福祉年金を除く）の受給権を有している者には、障害基礎年金は支給されず、旧制度の障害年金が支給されている。

第1節 障害基礎年金の仕組み

障害基礎年金を受給するためには、原則として「初診日における要件」「障害認定日における要件」「保険料納付要件」の3つの要件を満たさなければならない。

しかし、事後に障害の程度が悪化することや他の障害が発生することもあり、さまざまな例外規定も設けられている。

1．障害基礎年金の受給要件

(1) 初診日における要件

初診日*において次のいずれかに該当することが必要である。

＊「初診日」とは、障害の原因となった病気やけがについて初めて医師の診療を受けた日である。

① 国民年金の被保険者

② 国民年金の被保険者であった60歳以上65歳未満の者で日本国内に住所を有する者

なお、②については老齢基礎年金の受給前に傷病が発生した場合を考慮して設けられている。

●図表４－１　障害等級表（１級・２級）

障害の程度		障　害　の　状　態
1級	1	次に掲げる視覚障害 イ　両眼の視力がそれぞれ0.03以下のもの ロ　一眼の視力が0.04、他眼の視力が手動弁以下のもの ハ　ゴールドマン型視野計による測定の結果、両眼の1/4視標による周辺視野角度の和がそれぞれ80度以下かつ1/2視標による両眼中心視野角度が28度以下のもの ニ　自動視野計による測定の結果、両眼開放視認点数が70点以下かつ両眼中心視野視認点数が20点以下のもの
	2	両耳の聴力レベルが100デシベル以上のもの
	3	両上肢の機能に著しい障害を有するもの
	4	両上肢の全ての指を欠くもの
	5	両上肢の全ての指の機能に著しい障害を有するもの
	6	両下肢の機能に著しい障害を有するもの
	7	両下肢を足関節以上で欠くもの
	8	体幹の機能に座っていることができない程度又は立ちあがることができない程度の障害を有するもの
	9	前各号に掲げるもののほか、身体の機能の障害又は長期にわたる安静を必要とする病状が前各号と同程度以上と認められる状態であって、日常生活の用を弁ずることを不能ならしめる程度のもの
	10	精神の障害であって、前各号と同程度以上と認められる程度のもの
	11	身体の機能の障害若しくは病状又は精神の障害が重複する場合であって、その状態が前各号と同程度以上と認められる程度のもの
2級	1	次に掲げる視覚障害 イ　両眼の視力がそれぞれ0.07以下のもの ロ　一眼の視力が0.08、他眼の視力が手動弁以下のもの ハ　ゴールドマン型視野計による測定の結果、両眼の1/4視標による周辺視野角度の和がそれぞれ80度以下かつ1/2視標による両眼中心視野角度が56度以下のもの ニ　自動視野計による測定の結果、両眼開放視認点数が70点以下かつ両眼中心視野視認点数が40点以下のもの
	2	両耳の聴力レベルが90デシベル以上のもの
	3	平衡機能に著しい障害を有するもの
	4	そしゃくの機能を欠くもの
	5	音声又は言語機能に著しい障害を有するもの
	6	両上肢のおや指及びひとさし指又は中指を欠くもの
	7	両上肢のおや指及びひとさし指又は中指の機能に著しい障害を有するもの
	8	一上肢の機能に著しい障害を有するもの
	9	一上肢の全ての指を欠くもの
	10	一上肢の全ての指の機能に著しい障害を有するもの
	11	両下肢の全ての指を欠くもの
	12	一下肢の機能に著しい障害を有するもの
	13	一下肢を足関節以上で欠くもの
	14	体幹の機能に歩くことができない程度の障害を有するもの
	15	前各号に掲げるもののほか、身体の機能の障害又は長期にわたる安静を必要とする病状が前各号と同程度以上と認められる状態であって、日常生活が著しい制限を受けるか、又は日常生活に著しい制限を加えることを必要とする程度のもの
	16	精神の障害であって、前各号と同程度以上と認められる程度のもの
	17	身体の機能の障害若しくは病状又は精神の障害が重複する場合であって、その状態が前各号と同程度以上と認められる程度のもの

（注）視力の測定は、万国式試視力表によるものとし、屈折異常があるものについては、矯正視力によって測定する。

第4編

障害給付

(2) 障害認定日における要件

障害認定日において障害等級1級または2級の状態にあることが問われる。

「障害認定日」とは、初診日から起算して1年6ヵ月を経過した日またはそれまでに治った日をいう。「治った」とは、医学的に病気・けがが治癒したと認められる場合であり、症状が固定し、治療の効果が期待できなくなった状態をいう。

障害等級1級は日常生活が困難な状態であり、2級は自力で日常生活が少々できるものの、大部分において他人の介助が必要な状態とされている。障害等級表に定められている障害等級1級および2級の障害の状態は、図表4－1のとおりである。

なお、障害厚生年金や障害共済年金では、障害等級1級から3級まで給付が行われるが、障害等級1級および2級の障害の状態は、障害基礎年金の障害の状態と同様である。

Check!

●初診日から起算して1年6ヵ月以内に次に該当する日があるときは、その日が障害認定日となる。

・人工透析療法を行っている場合は、透析を開始した日から起算して3ヵ月を経過した日
・人工骨頭または人工関節を挿入置換した場合は、挿入置換した日
・心臓ペースメーカー、植込み型除細動器（ICD）または人工弁を装着した場合は装着した日
・人工肛門の造設、尿路変更術を施術した場合は、造設または手術を施した日から起算して6ヵ月を経過した日
・新膀胱を造設した場合は、造設した日
・切断または離断による肢体の障害は、原則として切断または離断した日（障害手当金または旧法の場合は創面が治療した日）
・喉頭全摘出の場合は、全摘出した日
・在宅酸素療法を行っている場合は、在宅酸素療法を開始した日
・脳血管障害による運動機能障害の場合は6ヵ月経過日以後の症状固定日
・人口呼吸器、胃ろうを行っている場合は6ヵ月経過日以後の恒久的措置日

(3) 保険料納付要件

① 保険料納付要件の原則

初診日の前日において、初診日の属する月の前々月までの被保険者期間のうち、保険料納付済期間と保険料免除期間を合わせた期間が3分の2以上あることが必要である。つまり、全被保険者期間について保険料滞納期間が3分の1を超えなけれ

ば要件を満たすことになる。

▼資格取得			▼初診日
納付済期間＋免除期間が 3分の2以上	1月	2月	3月
◀━━━━ 1月以前の被保険者期間 ━━━━▶			

Check!

●初診日の前日における保険料納付状況を問うこととしているのは、保険料納付の逆選択（初診後の保険料納付）を防ぐためである。

●初診日の属する月の前々月（保険料納期限の到来している期間）までの被保険者期間を対象としているため、初診日の属する月の前々月までに被保険者期間がなければ保険料納付要件は問われず、他の要件を満たせば障害基礎年金が支給される。

② 保険料納付要件の特例

　初診日が令和8年4月1日前であるときは、上記①の要件を満たしていなくても、初診日の属する月の前々月までの1年間に保険料滞納期間がなければ保険料納付要件を満たすこととなる。ただし、初診日において65歳未満の者に限られる。

▼資格取得			▼初診日 ┐
納付済期間＋免除期間のみ （滞納期間がない）	2月	3月	・令和8年4月 　1日前 ・65歳未満の者
◀━━━━ 1年間 ━━━━▶			

③ 初診日が平成3年5月1日前の場合

　当時の保険料納期限との関係から、初診日の属する月の直近の基準月（1月、4月、7月および10月）の前月までの期間で保険料納付要件をみる。

2．事後重症

　障害認定日において障害等級1級または2級に該当しない場合であっても、その後障害の程度が悪化し、障害認定日後、65歳に達する日の前日までに1級または2級に該当する障害の状態になり、その期間内に請求をした場合には障害基礎年金が支給される。この事後重症による障害基礎年金は、障害認定日要件の特則に該当する。

　事後重症の場合は、請求をすることにより受給権が発生する年金（請求年金）で

あり、年金は請求月の翌月から支給されることとなるため、請求前にさかのぼって支給されることはない。

　ただし、障害基礎年金と同一の支給事由に基づく障害等級3級の障害厚生年金等の受給権者の障害の程度が増進し、1級または2級に年金額が改定された場合には、事後重症による障害基礎年金の請求があったものとみなされるため、改めて請求する必要はない。

ワンポイントアドバイス

　事後重症の場合は、請求することにより受給権が発生します。請求月の翌月分からの支給となりますので障害の程度が悪化した場合には早く請求することをおすすめします。

3．基準傷病による障害基礎年金

　障害等級1級または2級に該当しない程度の障害の状態にある者に新たな傷病（基準傷病）により1級または2級に該当しない障害（基準障害）が発生し、併合して65歳に達する日の前日までにはじめて1級または2級に該当するに至ったときは、障害基礎年金が支給される。

　この場合、後発の傷病（基準傷病＝要件をみる基準となる傷病）について初診日における要件と保険料納付要件を満たしていなければならない。また、請求は65歳以降でもよいが、請求日の属する月の翌月からの支給となる。

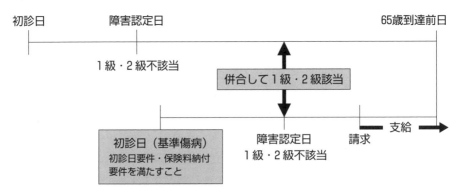

> ### ワンポイントアドバイス
>
> 　請求は65歳以降でも可能ですが、請求月の翌月分からの支給となりますので、併合して1級または2級に該当した場合には早く請求することをおすすめします。

4．20歳前の傷病による障害基礎年金

　20歳になれば国民年金の被保険者となるが、20歳前の傷病で障害者となったときには原則の要件では障害基礎年金が受給できないこととなる。旧国民年金法ではこのような場合には障害福祉年金が支給されていたが、昭和61年4月に障害福祉年金は裁定替えされて「20歳前の傷病による障害基礎年金」として支給されている。

　そもそも、20歳前の傷病による障害であることから、「初診日において被保険者である」という要件には該当せず、初診日における要件も保険料納付要件も問われない。

⑴　20歳前の傷病による障害基礎年金の支給

　20歳前の傷病による障害基礎年金は、障害認定日が20歳前のときは20歳になったとき、または障害認定日が20歳に達した日後であるときは障害認定日に、障害等級1級または2級に該当する障害の状態であれば支給される。

　また、障害認定日に障害等級に該当しなくても、65歳に達する日の前日までに障害の程度が悪化して1級または2級の障害の状態になれば、事後重症による障害基礎年金の仕組みが適用される。

⑵　20歳前の傷病による障害基礎年金の支給停止

　20歳前の傷病による障害基礎年金は、一般の障害基礎年金と同額の年金が支給されるが、初診日において被保険者ではなく、保険料も納付されていないことから、給付の多くを国庫負担（税）に依存している。よって、他の障害基礎年金の支給停止事由(本章第3節参照)に加えて、次のような特有の支給停止事由が設けられている。

①　受給権者の前年の所得が一定額を超えるとき

　(注) 前年の所得に応じて全部または2分の1が支給停止される。支給停止期間は「その年の10月から翌年9月まで」となる。ただし、風水害等により住宅等についてその価格のおおむね2分の1以上の

損害を受けたときは支給停止されない。

本人の所得　0　　　　　　　　　370.4万円*　　　　472.1万円*

1/2停止　　　　全部停止

＊　扶養親族に応じた加算がある。

② 　恩給法に基づく年金、労働者災害補償保険法による年金、国家公務員災害補償法・
　　地方公務員災害補償法等による補償を受けられるとき
③ 　刑事施設、少年院等に拘禁または収容されているとき（未決勾留中の者を除く）
④ 　日本国内に住所を有しないとき

5．併合認定

　障害基礎年金の受給権者に対して、さらに障害基礎年金を支給すべき事由が生じ
た場合には、前後の障害を併合した障害の程度による障害基礎年金が支給される。
この場合、従前の障害基礎年金の受給権は消滅する。

併合認定により受給権消滅

　先発の傷病による障害基礎年金が支給停止されている場合は、後発の傷病による
障害基礎年金が支給される。また、後発の傷病による障害基礎年金が支給停止され
ている場合は先発の傷病による障害基礎年金が支給される。

Check!

●旧法による障害年金の受給権者に対して、さらに障害基礎年金を支給すべき事由が生
　じた場合にも併合認定が行われる。ただし、この場合、従前の旧法による障害年金の
　受給権は消滅せず、旧法による障害年金と併合後の障害基礎年金のいずれかを選択す
　ることとなる。

第2節 障害基礎年金の年金額

1．障害基礎年金の年金額の計算

障害基礎年金は、保険料納付済期間の月数に関係なく、定額の支給である。

障害等級2級の障害基礎年金の年金額は、816,000円〔昭和31年4月1日以前生まれの者813,700円〕であり、1級の場合は、2級の1.25倍の1,020,000円〔昭和31年4月1日以前生まれの者1,017,125円〕である（令和6年度価格）。

⑴ 子の加算額

受給権者によって生計を維持している子があるときには、子の数に応じて加算が行われる。

加算額の対象となる子とは、18歳到達年度の末日までにある子（または、20歳未満の障害等級1級または2級の障害の状態にある子）である。

（注）生計維持の基準は、受給権者と生計を同じくし、年収850万円（年間所得655.5万円）以上の収入が得られないと認められることである。

なお、平成23年4月前までは、障害基礎年金の受給権が発生した当時に、受給権者によって生計を維持している子を有する場合に加算が行われてきたが、平成23年4月から、障害基礎年金の受給権が発生した後に、生計を維持する子を有するに至った場合にも届出によって加算が行われることとなった。

1級障害基礎年金	1,020,000円〔昭和31年4月1日以前生まれの者1,017,125円〕（2級の1.25倍）	子の加算額
2級障害基礎年金	816,000円〔昭和31年4月1日以前生まれの者813,700円〕	1人・2人目　各234,800円 3人目以降　各78,300円

⑵ 子の数の増減による年金額の改定

加算の対象となる子の数に増減があった場合には、増減があった月の翌月から年金額が改定される。

〔増額改定〕

受給権者がその権利を取得した日の翌日以後にその者によって生計を維持している子を有するに至ったとき

〔減額改定〕

イ　死亡したとき

ロ　受給権者による生計維持の状態がなくなったとき

ハ　婚姻をしたとき

ニ　受給権者の配偶者以外の者の養子となったとき

ホ　離縁によって、受給権者の子ではなくなったとき

ヘ　18歳到達年度の末日が終了したとき（障害等級1級または2級の障害の状態にあるときを除く）

ト　障害等級1級または2級に該当する子について、その事情がなくなったとき（18歳到達年度の末日までの間にあるときを除く）

チ　障害等級1級または2級に該当する子が20歳に達したとき

Check!

● 18歳到達年度の末日までに障害等級に該当すれば20歳に達するまで加算の対象となる。

● 障害基礎年金の受給権発生後に子が加算要件に該当するに至った場合には、「障害給付加算額・加給年金額加算開始事由該当届」に必要書類を添付して、市区町村（障害基礎年金のみの受給権者）または、年金事務所等（障害基礎年金と障害厚生年金の受給権者）で手続を行うことになる。

● 「年金制度改正法」の成立により、令和3年3月から児童扶養手当と障害年金の併給調整の見直しが行われた。子が障害基礎年金の加算の対象である場合、児童扶養手当の額と障害基礎年金の子の加算額との差額が児童扶養手当として支給されることとなった。

2．年金額の改定

障害基礎年金の受給権者の障害の程度が変わった場合には年金額が改定される。

(1) 厚生労働大臣による職権改定

厚生労働大臣は、障害基礎年金の受給権者について、その障害の程度を診査し、

その程度が従前の障害等級と異なると認められるときには、職権により障害基礎年金の額を改定することができる。

　障害の程度の診査は、受給権者が提出する「障害状態確認届」および医師の診断書・レントゲンフィルムなどの書類により行われる。

(2)　受給権者による改定請求

　障害基礎年金の受給権者は、厚生労働大臣に対し、障害の程度が増進したことによる障害基礎年金の額の改定を請求することができる。

　ただし、障害の程度が増進したことが明らかである場合（本編第 2 章図表 4 - 4：2 級該当者）を除いて、障害基礎年金の受給権を取得した日、または厚生労働大臣の診査を受けた日から起算して 1 年を経過した日後でなければ行うことはできない。

(3)　その他障害との併合による改定請求

　障害基礎年金の受給権者に、さらに障害等級 1 級または 2 級に該当しない程度の「その他障害」が発生し、65 歳に達する日の前日までに従前の障害とその他障害を併合して障害の程度が増進したときは、その期間内に障害基礎年金の額の改定を請求することができる。ただし、その他障害の初診日において、初診日における要件や保険料納付要件を満たしていなければならない。

　その他障害との併合による改定請求をした場合には、障害基礎年金の年金額は請求月の翌月から改定されることになる。

第 3 節　障害基礎年金の支給停止・失権

1．支給停止

障害基礎年金は次のいずれかに該当したときは支給停止される。

① 　障害の状態が 1 級または 2 級に該当しないとき

② 　同一の障害について、労働基準法の規定による障害補償が行われるとき（ 6 年間支給停止）

2．失　権

障害基礎年金の受給権は、次のいずれかに該当したときに消滅する。

① 　死亡したとき

② 　障害の程度が軽快し、障害厚生年金の3級の状態にも該当しなくなって65歳に達したとき。ただし、65歳に達した日において、3級程度の障害の状態に該当しなくなった日から起算して3年を経過していない場合は3年が経過したときに失権する。

ワンポイントアドバイス

　障害の程度が厚生年金保険の3級の状態にも該当しなくなり、そのまま3級に該当することなく、65歳に達した日または3年を経過した日のいずれか遅い日に失権します。

3．3年失権制廃止に伴う経過措置

　平成6年改正前までは、障害基礎年金は、障害厚生年金の3級の状態にも該当しなくなって3年が経過すれば失権した（3年失権制）。しかし、その後に症状が悪化することを考慮して平成6年改正で65歳失権制に改正された。

　これにより、平成6年11月9日前に失権した者の障害の程度が悪化し、平成6年11月9日以後、65歳に達する日の前日までの間に障害等級1級または2級に該当し、その期間内に請求をした場合には障害基礎年金が支給されることとなった。

　この場合、請求することにより受給権が発生し、その翌月からの支給となる。いわゆる「請求年金」である。

第2章 障害厚生年金と障害手当金

障害厚生年金には、障害基礎年金の上乗せ給付として1級および2級の障害厚生年金があり、さらに独自の3級の障害厚生年金がある。また、軽度の障害については障害手当金の制度が設けられている。

第1節 障害厚生年金の仕組み

障害厚生年金を受給するためには、障害基礎年金と同様に、原則として「初診日における要件」「障害認定日における要件」「保険料納付要件」の3つの要件を満たさなければならない。

また、障害基礎年金と同様に、事後に障害の程度が悪化することや他の障害が発生することもあり、さまざまな例外規定が設けられている。

1．障害厚生年金の受給要件

(1) 初診日における要件

初診日において厚生年金保険の被保険者（在職中）でなければならない。

> **ワンポイントアドバイス**
>
> 障害厚生年金は、厚生年金保険の被保険者である間（在職中）に初診日があることが要件となります。退職前に医師の診断を受けておくことをおすすめします。

(2) 障害認定日における要件

障害認定日において障害等級1級、2級または3級の状態にあることが必要である。

障害厚生年金の1級および2級の障害の状態は、障害基礎年金の1級および2級の障害の状態と同様の状態であり、障害厚生年金の独自給付である3級の障害の状

●図表4−2　障害厚生年金3級の障害等級表

障害の程度	障　害　の　状　態
1	次に掲げる視覚障害 イ　両眼の視力がそれぞれ0.1以下に減じたもの ロ　ゴールドマン型視野計による測定の結果、両眼の1/4視標による周辺視野角度の和がそれぞれ80度以下に減じたもの ハ　自動視野計による測定の結果、両眼開放視認点数が70点以下に減じたもの
2	両耳の聴力が、40センチメートル以上では通常の話声を解することができない程度に減じたもの
3	そしゃく又は言語の機能に相当程度の障害を残すもの
4	脊柱の機能に著しい障害を残すもの
5	一上肢の3大関節のうち、2関節の用を廃したもの
6	一下肢の3大関節のうち、2関節の用を廃したもの
7	長管状骨に偽関節を残し、運動機能に著しい障害を残すもの
8	一上肢のおや指及びひとさし指を失ったもの又はおや指若しくはひとさし指を併せ一上肢の3指以上を失ったもの
9	おや指及びひとさし指を併せ一上肢の4指の用を廃したもの
10	一下肢をリスフラン関節以上で失ったもの
11	両下肢の10趾の用を廃したもの
12	前各号に掲げるもののほか、身体の機能に、労働が著しい制限を受けるか、又は労働に著しい制限を加えることを必要とする程度の障害を残すもの
13	精神又は神経系統に、労働が著しい制限を受けるか、又は労働に著しい制限を加えることを必要とする程度の障害を残すもの
14	傷病が治らないで、身体の機能又は精神若しくは神経系統に、労働が制限を受けるか、又は労働に制限を加えることを必要とする程度の障害を有するものであって、厚生労働大臣が定めるもの

（注1）視力の測定は、万国式試視力表によるものとし、屈折異常があるものについては、矯正視力によって測定する。
（注2）指を失ったものとは、おや指は指節間関節、その他の指は近位指節間関節以上を失ったものをいう。
（注3）指の用を廃したものとは、指の末節の半分以上を失い、又は中手指節間関節若しくは近位指節間関節（おや指にあっては指節間関節）に著しい運動障害を残すものをいう。
（注4）趾の用を廃したものとは、第1趾は末節の半分以上、その他の趾は遠位趾節間関節以上を失ったもの又は中足趾節関節若しくは近位趾節間関節（第1趾にあっては趾節間関節）に著しい運動障害を残すものをいう。

態は、日常生活はできるが、労働能力喪失の状態で少なくとも半分以上の労働能力が喪失した状態とされている。障害等級表に定められている障害等級1級および2級の障害の状態は、障害基礎年金と同様（図表4−1）であり、障害等級3級の障害の状態は図表4−2のとおりである。

⑶ 保険料納付要件

障害厚生年金の保険料納付要件は、障害基礎年金の保険料納付要件と同様である。

① 保険料納付要件の原則

初診日の前日において、初診日の属する月の前々月までの被保険者期間のうち、保険料納付済期間と保険料免除期間を合わせた期間が 3 分の 2 以上あることが必要である。つまり、全被保険者期間について保険料滞納期間が 3 分の 1 を超えなければ要件を満たすことになる。

② 保険料納付要件の特例

初診日が令和 8 年 4 月 1 日前であるときは、上記①の条件を満たしていなくても、初診日の属する月の前々月までの 1 年間に保険料滞納期間がなければ保険料納付要件を満たすこととなる。ただし、初診日において65歳未満の者に限られる。

③ 初診日が平成 3 年 5 月 1 日前の場合

当時の保険料納期限との関係から、初診日の属する月の直近の基準月（1月、4月、7月および10月）の前月までの期間で保険料納付要件をみる。

Check!

- ●障害厚生年金の受給権の発生日は、原則として障害認定日であるが、後述の「2．事後重症」の場合は事後重症の請求をした日、「3．基準傷病による障害厚生年金」の場合は、はじめて 1 級または 2 級に該当するに至った日である。
- ●共済組合の組合員等は、被用者年金一元化により、第 2 号〜第 4 号厚年被保険者となったため、一元化後に初診日がある場合には障害厚生年金が支給される。ただし、初診日が一元化前の共済組合員期間中にある場合であっても、受給権の発生日が一元化後（平成27年10月以降）であれば障害厚生年金が支給される。

２．事後重症

障害認定日において障害等級 1 級、2 級または 3 級に該当しない場合であっても、その後障害の程度が悪化し、障害認定日後65歳に達する日の前日までに 1 級、2 級または 3 級に該当する障害の状態になり、その期間内に請求をした場合には障害厚生年金が支給される。この事後重症による障害厚生年金は、障害認定日要件の特則に該当する。

事後重症の場合は、請求をすることにより受給権が発生する年金（請求年金）であり、年金は請求月の翌月から支給されることとなるため、請求前にさかのぼって支給されることはない。

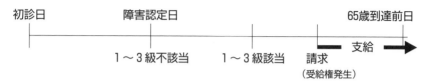

3．基準傷病による障害厚生年金

　障害等級1級または2級に該当しない程度の障害の状態にある者に新たな傷病（基準傷病）により1級または2級に該当しない障害（基準障害）が発生し、併合して65歳に達する日の前日までにはじめて1級または2級に該当するに至ったときには、1級または2級の障害厚生年金が支給される。

　この場合、後発の傷病（基準傷病）について初診日における要件と保険料納付要件を満たしていなければならない。また、請求は65歳以降でもよいが、請求日の属する月の翌月からの支給となる。

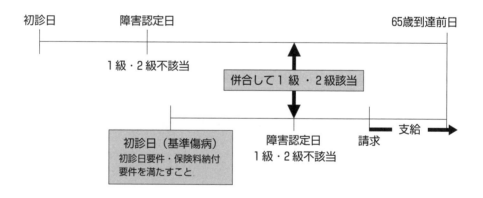

Check!

● 3級の障害厚生年金の受給権者に3級の障害が発生した場合等も、本規定が適用されることになる。

166

4．併合認定

　障害厚生年金の受給権者（障害基礎年金の受給権者に限る）が、さらに障害等級
1級または2級の障害厚生年金を支給すべき事由が生じた場合には、前後の障害を
併合した障害の程度による障害厚生年金が支給される。この場合、従前の障害厚生
年金の受給権は消滅する。

併合認定により受給権消滅

　先発の傷病による障害厚生年金が支給停止されている場合は、後発の傷病による
障害厚生年金が支給される。また、後発の傷病による障害厚生年金が支給停止され
ている場合は先発の傷病による障害厚生年金が支給される。

第2節 障害厚生年金の年金額

1．障害厚生年金の年金額の計算

　障害厚生年金は、2級は老齢厚生年金の報酬比例部分の年金額相当であり、1級
はその1.25倍である。1級および2級の障害厚生年金には配偶者にかかる加給年金
額が加算される。また、3級の障害厚生年金等には、障害基礎年金が支給されない
ことから最低保障額が設けられている。

●図表4−3　障害基礎年金・障害厚生年金の仕組みと額

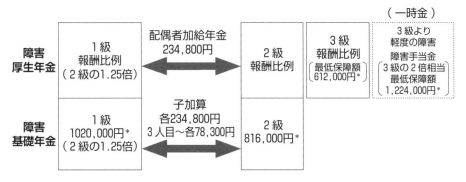

第4編 障害給付

* 昭和31年 4 月 1 日以前生まれの者は、障害基礎年金 1 級1,017,125円・ 2 級813,700円、障害厚生年金 3
級最低保障額610,300円、障害手当金最低保障額1,220,600円。

> ### ワンポイントアドバイス
>
> 　障害基礎年金では子について加算が行われ、障害厚生年金では配偶者について加給年
> 金額が加算されることになります。

(1)　障害厚生年金

> 1 級の年金額＝報酬比例部分の年金額×1.25＋配偶者加給年金額
>
> 2 級の年金額＝報酬比例部分の年金額＋配偶者加給年金額
>
> 3 級の年金額＝報酬比例部分の年金額
>
> 　　　　　　《最低保障額612,000円〔昭和31年 4 月 1 日以前生まれの者610,300円〕》

　令和 6 年度の報酬比例部分の年金額は、次のとおり、老齢厚生年金と同様に原則
として、平成16年改正による「本来水準」の計算式によるが、障害厚生年金では次
の点が異なる。

① 　生年月日による乗率の読替えはなく、固定である。

② 　被保険者期間の月数は障害認定日の属する月までが算入される。

③ 　実際の被保険者期間の月数が300月に満たない場合には300月として計算する。

$$報酬比例部分の年金額 = \boxed{\begin{array}{c}イ　平成15年 3 月\\以前の被保険者期間分\end{array}} + \boxed{\begin{array}{c}ロ　平成15年 4 月\\以後の被保険者期間分\end{array}}$$

（注）実際の被保険者期間の月数が300月に満たない場合は、（イ＋ロ）の年金額に300月を実際
　　　の被保険者期間の月数で除して得た数を乗じる。

イ　平成15年 3 月以前の被保険者期間分（総報酬制導入前の期間分）

$$\begin{array}{c}平均標準報酬月額\\（令和 6 年再評価率）\end{array} \times \frac{7.125}{1,000} \times \begin{array}{c}平成15年 3 月以前の\\被保険者期間の月数\end{array}$$

ロ　平成15年 4 月以後の被保険者期間分（総報酬制導入後の期間分）

$$\left(\begin{array}{c} 平均標準報酬額 \\ （令和 6 年再評価率） \end{array} \right) \times \frac{5.481}{1,000} \times \begin{array}{c} 平成15年 4 月以後の \\ 被保険者期間の月数 \end{array}$$

Check!

● 2 以上の種別期間を有する者の場合、種別期間ごとに年金額を計算し、その合算額が障害厚生年金の年金額となる。2 以上の種別期間の月数を合算して300月に満たない場合は、300月みなし（合算額に300月を種別期間の合算月数で除して得た数を乗じて計算）をする。年金は初診日に加入していた実施機関から他の種別期間の分も含めて支給されることとなる。なお、前述の「3．基準傷病による障害厚生年金」の場合は基準傷病の初診日に係る実施機関、「4．併合認定」による場合は後発の障害の初診日に係る実施機関から支給される。

ワンポイントアドバイス

　厚生年金保険の被保険者になって間もない傷病で、被保険者期間が300月に満たない場合であっても、300月で計算されます。

(2)　加給年金額

　障害等級 1 級および 2 級の障害厚生年金には、受給権者によって、生計を維持している65歳未満の配偶者があれば、加給年金額が加算される。

（注）生計維持の基準は、受給権者と生計を同じくし、年収850万円（年間所得655.5万円）以上の収入が得られないと認められることである。

　なお、平成23年 4 月前までは、障害厚生年金の受給権が発生した当時に、受給権者によって生計を維持している65歳未満の配偶者を有する場合に加給年金額が加算されてきたが、平成23年 4 月より、障害厚生年金の受給権が発生した後に、生計を維持する65歳未満の配偶者を有するに至った場合にも届出によって加給年金額が加算されることとなった。

　加給年金額は、234,800円であり、老齢厚生年金の配偶者加給年金額のような特別加算額は加算されない（令和 6 年度価格）。

また、老齢厚生年金の配偶者加給年金額と同様の支給停止事由が設けられている。

> ## Check!
>
> ● 最低保障額は、3級の障害厚生年金だけではなく、1級または2級であっても同一の支給事由について、障害基礎年金が支給されない場合には適用されることになっている。
> ● 障害厚生年金の受給権発生後に配偶者が加算要件に該当するに至った場合には、「障害給付加算額・加給年金額加算開始事由該当届」に必要書類を添付して、年金事務所等で手続を行うことになる。

(3)　加給年金額の改定

加給年金額の対象者である配偶者が、次のいずれかに該当したときは、該当した月の翌月から年金額が改定される。

〔増額改定〕

受給権者がその権利を取得した日の翌日以後にその者によって生計を維持している配偶者を有するに至ったとき

〔減額改定〕

イ　死亡したとき

ロ　受給権者による生計維持の状態がやんだとき

ハ　離婚または婚姻の取消しをしたとき

ニ　65歳に達したとき

(4)　加給年金額の支給停止

配偶者が老齢厚生年金・退職共済年金（月数240月以上、中高齢者の特例を含む）や障害基礎年金、障害厚生年金、障害共済年金を受けられるときは、加給年金額は支給停止となる。

２．年金額の改定

障害厚生年金の受給権者の障害の程度が変わった場合には年金額が改定される。

(1) 実施機関による職権改定

　実施機関は、障害厚生年金の受給権者について、その障害の程度を診査し、その程度が従前の障害等級と異なると認められるときには、職権により障害厚生年金の額を改定することができる。

　障害の程度の診査は、受給権者が提出する「障害状態確認届」および医師の診断書・レントゲンフィルムなどの書類により行われる。

(2) 受給権者による改定請求

　障害厚生年金の受給権者は、実施機関に対し、障害の程度が増進したことによる障害厚生年金の額の改定を請求することができる。

　ただし、障害の程度が増進したことが明らかである場合（図表4-4）を除いて、障害厚生年金の受給権を取得した日、または実施機関の診査を受けた日から起算して1年を経過した日後でなければ行うことはできない。

ワンポイントアドバイス

　障害の程度が増進した場合の改定請求には、1年の待期期間が設けられていますが、障害の程度が増進したことが明らかである場合（図表4-4）には1年を待たずに改定請求ができます。

(3) その他障害との併合による改定請求

　障害厚生年金の受給権者（障害基礎年金の受給権者に限る）に、さらに障害等級1級または2級に該当しない程度の「その他障害」が発生し、65歳に達する日の前日までに従前の障害とその他障害を併合して障害の程度が増進したときは、その期間内に障害厚生年金の額の改定を請求することができる。

　その他障害の初診日において、初診日における要件や保険料納付要件を満たしていなければならない。

　その他障害との併合による改定請求をした場合には、障害厚生年金の年金額は請求月の翌月から改定されることになる。

●図表4－4　障害の程度が増進したことが明らかである場合

	障害の状態（眼）	請求時の障害の等級
1	両眼の視力がそれぞれ0.03以下のもの	2級（3級）
2	一眼の視力が0.04、他眼の視力が手動弁以下のもの	2級（3級）
3	両眼の視力がそれぞれ0.07以下のもの	3級
4	一眼の視力が0.08、他眼の視力が手動弁以下のもの	3級
5	ゴールドマン型視野計による測定の結果、両眼のⅠ／4視標による周辺視野角度の和がそれぞれ80度以下かつⅠ／2視標による両眼中心視野角度が28度以下のもの	2級（3級）
6	自動視野計による測定の結果、両眼開放視認点数が70点以下かつ両眼中心視野視認点数が20点以下のもの	2級（3級）
7	ゴールドマン型視野計による測定の結果、両眼のⅠ／4視標による周辺視野角度の和がそれぞれ80度以下かつⅠ／2視標による両眼中心視野角度が56度以下のもの	3級
8	ゴールドマン型視野計による測定の結果、求心性視野狭窄又は輪状暗点があるものについて、Ⅰ／2視標による両眼の視野がそれぞれ5度以内のもの	3級
9	自動視野計による測定の結果、両眼開放視認点数が70点以下かつ両眼中心視野視認点数が40点以下のもの	3級

	障害の状態（聴覚・言語機能）	請求時の障害の等級
10	両耳の聴力レベルが100デシベル以上のもの	2級（3級）
11	両耳の聴力レベルが90デシベル以上のもの	3級
12	喉頭を全て摘出したもの	3級

	障害の状態（肢体）	請求時の障害の等級
13	両上肢の全ての指を欠くもの	2級（3級）
14	両下肢を足関節以上で欠くもの	2級（3級）
15	両上肢の親指および人差し指または中指を欠くもの	3級
16	一上肢の全ての指を欠くもの	3級
17	両下肢の全ての指を欠くもの	3級
18	一下肢を足関節以上で欠くもの	3級
19	四肢または手指若しくは足指が完全麻痺したもの（脳血管障害または脊髄の器質的な障害によるものについては、当該状態が6月を超えて継続している場合に限る） ※完全麻痺の範囲が広がった場合も含む	2級（3級）

	障害の状態（内部）	請求時の障害の等級
20	心臓を移植したものまたは人工心臓（補助人工心臓を含む）を装着したもの	2級（3級）
21	心臓再同期医療機器（心不全を治療するための医療機器をいう）を装着したもの	3級
22	人工透析を行うもの（3月を超えて継続して行っている場合に限る）	3級

	障害の状態（その他）	請求時の障害の等級
23	6月を超えて継続して人工肛門を使用し、かつ、人工膀胱（ストーマの処置を行わないものに限る）を使用しているもの	3級
24	人工肛門を使用し、かつ、尿路の変更処置を行ったもの（人工肛門を使用した状態および尿路の変更を行った状態が6月を超えて継続している場合に限る）	3級
25	人工肛門を使用し、かつ、排尿の機能に障害を残す状態（留置カテーテルの使用または自己導尿（カテーテルを用いて自ら排尿することをいう）を常に必要とする状態をいう）にあるもの（人工肛門を使用した状態および排尿の機能に障害を残す状態が6月を超えて継続している場合に限る）	3級
26	脳死状態（脳幹を含む全脳の機能が不可逆的に停止するに至った状態をいう）または遷延性植物状態（意識障害により昏睡した状態にあることをいい、当該状態が3月を超えて継続している場合に限る）となったもの	2級（3級）
27	人工呼吸器を装着したもの（1月を超えて常時装着している場合に限る）	2級（3級）

⑷ 障害基礎年金との併合に基づく改定

　障害厚生年金（障害基礎年金の受給権者に限る）の受給権者に新たに障害基礎年金（障害厚生年金と同一の支給事由に基づいて支給されるものを除く）の受給権が生じたときは障害厚生年金の支給事由となった障害と障害基礎年金の支給事由となった障害とを併合した障害の程度に応じて障害厚生年金の額を改定する。

　例えば、在職中に 2 級の障害厚生年金の受給権者となった者が、退職後、自営業者となって新たな障害で 2 級の障害基礎年金の受給権者となった場合で、2 つの障害基礎年金が併合され、1 級の障害基礎年金が支給されることになれば、障害厚生年金の額もそれに合わせて 1 級に改定されることになる。

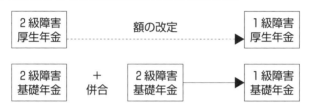

> **Check!**
> ● 3 級の障害厚生年金の受給権者（障害基礎年金の受給権がない者に限る）は、65歳以降は、年金額の改定は行われない。
> ● 「額の改定」とは、基本年金額部分（報酬比例部分）は変わらず、例えば 2 級から 1 級になればこれまで支給されていた 2 級の障害厚生年金の額が1.25倍相当になるということである。

障害厚生年金の支給停止・失権

１．支給停止

障害厚生年金は、次のいずれかに該当したときは支給停止される。

①　障害の状態が３級にも該当しなくなったとき

②　同一の障害について、労働基準法の規定による障害補償が行われるとき（６年間支給停止）

Check!

●労働者災害補償保険法による障害補償が行われるときは、障害厚生年金は全額支給され、労働者災害補償保険法による給付が減額調整される。

●障害の程度が１級または２級に該当せず、支給停止されている場合であってもその他障害との併合による障害厚生年金の支給要件を満たしたときには、支給停止が解除される。

２．失　権

障害厚生年金の受給権は、次のいずれかに該当したときに消滅する。

①　死亡したとき

②　障害の程度が軽快し、３級の状態にも該当しなくなって65歳に達したとき。
ただし、65歳に達した日において、３級程度の障害の状態に該当しなくなった日から起算して３年を経過していない場合は３年が経過したときに失権する。

ワンポイントアドバイス

障害の程度が３級の状態にも該当しなくなり、そのまま３級に該当することなく、65歳に達した日または３年を経過した日のいずれか遅い日に失権します。

3．3 年失権制廃止に伴う経過措置

　平成 6 年改正前までは、障害厚生年金は、3 級の状態にも該当しなくなって 3 年が経過すれば失権した（3 年失権制）。しかし、その後に症状が悪化することも考慮して65歳失権制に改正された。

　障害基礎年金と同様に、平成 6 年11月 9 日前に失権した者の障害の程度が悪化し、平成 6 年11月 9 日以後、65歳に達する日の前日までの間に障害等級 1 級、2 級または 3 級に該当し、その期間内に請求した場合には障害厚生年金が支給されることとなった。この場合、請求することにより受給権が発生し、その翌月からの支給となる。いわゆる「請求年金」である。

第4節　障害手当金

　障害厚生年金の 3 級より軽度の障害がある者に対して、次の要件を満たした場合に一時金として障害手当金が支給される。

1．障害手当金の受給要件

　次の①〜④のすべての要件に該当することが必要である。

① 　初診日において厚生年金保険の被保険者であること

② 　初診日から起算して 5 年を経過する日までの間に傷病が治っていること

③ 　傷病が治った日に一定の障害（図表 4 − 5 ）の状態にあること

④ 　障害厚生年金と同様に保険料納付要件を満たしていること

2．障害手当金が支給されない場合

　傷病が治った日において、次のいずれかに該当する場合には障害手当金は支給されない。

① 　厚生年金保険法、国民年金法、共済組合等の年金給付（すべての年金）の受給権者*

　　＊年金給付が障害給付である場合であって、障害等級 1 級〜 3 級に該当することなく 3 年を経過した者（現に障害等級に該当しないこと）には障害手当金が支給される。

第 4 編

障害給付

●図表4−5　障害手当金の障害等級表

障害の程度	障 害 の 状 態
1	両眼の視力がそれぞれ0.6以下に減じたもの
2	1眼の視力が0.1以下に減じたもの
3	両眼のまぶたに著しい欠損を残すもの
4	両眼による視野が2分の1以上欠損したもの、ゴールドマン型視野計による測定の結果、1/2視標による両眼中心視野角度が56度以下に減じたもの又は自動視野計による測定の結果、両眼開放視認点数が100点以下若しくは両眼中心視野視認点数が40点以下に減じたもの
5	両眼の調節機能及び輻輳機能に著しい障害を残すもの
6	1耳の聴力が、耳殻に接しなければ大声による話を解することができない程度に減じたもの
7	そしゃく又は言語の機能に障害を残すもの
8	鼻を欠損し、その機能に著しい障害を残すもの
9	脊柱の機能に障害を残すもの
10	一上肢の3大関節のうち、1関節に著しい機能障害を残すもの
11	一下肢の3大関節のうち、1関節に著しい機能障害を残すもの
12	一下肢を3センチメートル以上短縮したもの
13	長管状骨に著しい転位変形を残すもの
14	一上肢の2指以上を失ったもの
15	一上肢のひとさし指を失ったもの
16	一上肢の3指以上の用を廃したもの
17	ひとさし指を併せ一上肢の2指の用を廃したもの
18	一上肢のおや指の用を廃したもの
19	一下肢の第1趾又は他の4趾以上を失ったもの
20	一下肢の5趾の用を廃したもの
21	前各号に掲げるもののほか、身体の機能に、労働が制限を受けるか、又は労働に制限を加えることを必要とする程度の障害を残すもの
22	精神又は神経系統に、労働が制限を受けるか、又は労働に制限を加えることを必要とする程度の障害を残すもの

（注1）視力の測定は、万国式試視力表によるものとし、屈折異常があるものについては、矯正視力によって測定する。
（注2）指を失ったものとは、おや指は指節間関節、その他の指は近位指節間関節以上を失ったものをいう。
（注3）指の用を廃したものとは、指の末節の半分以上を失い、又は中手指節関節若しくは近位指節間関節（おや指にあっては指節間関節）に著しい運動障害を残すものをいう。
（注4）趾を失ったものとは、その全部を失ったものをいう。
（注5）趾の用を廃したものとは、第1趾を末節の半分以上、その他の趾は遠位趾節間関節以上を失ったもの又は中足趾節間関節若しくは近位趾節間関節（第1趾にあっては趾節間関節）に著しい運動障害を残すものをいう。

② 同一の傷病について、国家公務員災害補償法、地方公務員災害補償法、公立学校の学校医等の災害補償法、労働基準法、労働者災害補償保険法、船員保険法の給付の受給権者

3．障害手当金の額

　一時金として、障害厚生年金 3 級の 2 倍に相当する額が支給される。よって、障害厚生年金と同様に被保険者期間が300月に満たない場合には300月として計算され、最低保障額も設けられている。

> 障害手当金の額＝報酬比例の年金額× 2
> 《最低保障額1,224,000円〔昭和31年 4 月 1 日以前生まれの者1,220,600円〕》

Check!

●2 以上の種別期間を有する者の場合、種別期間ごとに障害手当金の額を計算し、その合算額が障害手当金の額となる。 2 以上の種別期間の月数を合算して300月に満たない場合は、300月みなし（合算額に300月を種別期間の合算月数で除して得た数を乗じて計算）をする。障害手当金は初診日に加入していた実施機関から他の種別期間の分も含めて支給されることとなる。

ワンポイントアドバイス

　障害手当金は一時金なので現況届は不要です。何らかの原因で症状が悪化した場合には再裁定によって年金が支給される場合がありますので年金事務所に相談をしましょう。

第 3 章

特別障害給付金

　国民年金制度の発展過程において生じた特別の事情により、障害基礎年金等を受給していない障害者に対する福祉的措置として「特別障害給付金」の制度が創設された。

1．特別障害給付金の仕組み

　国民年金が制定された当初は、専業主婦や学生は任意加入であった。そのため、任意加入していなかった間に障害者となった場合には障害基礎年金は支給されないこととなる。そこで、このような者（特定障害者）を救済するために平成17年４月１日より「特別障害給付金」の制度が実施された。

(1)　支給対象者

　次の①②のいずれかに該当する者で任意加入していなかった期間に初診日があり、現在、障害基礎年金の１級、２級相当の障害の状態にある者が対象となる。ただし、65歳に達する日の前日までに当該の障害の状態に該当し、請求しなければならない。

　　①　平成３年３月以前に、国民年金に任意加入していなかった20歳以上の学生等
　　②　昭和61年３月以前に、国民年金に任意加入していなかった被用者等の配偶者

(2)　支給されない場合

　障害基礎年金、障害厚生年金、障害共済年金を受けることができる者は対象とはならない。また、本人の所得によって支給が制限されることもあり、老齢年金、遺族年金、労災補償等を受けている場合にはその受給額分を差し引いた額が支給されることとなる。

2．特別障害給付金の額

令和 6 年度の特別障害給付金の額は、次のとおりである。

> 障害基礎年金 1 級相当に該当する者：基本月額55,350円　（2 級の1.25倍）
>
> 障害基礎年金 2 級相当に該当する者：基本月額44,280円

（注）特別障害給付金の額は、前年の消費者物価指数の変動に応じて毎年度見直される。

給付金は、請求月の翌月から支給され、原則として年 6 回（ 2 月、 4 月、 6 月、 8 月、10月、12月）、前月までの分が支払われる。

Check!

●請求の窓口は市区町村であり、審査・認定・支給にかかる事務は日本年金機構が行う。

●特定障害者が死亡した場合において、その者に支払うべき特別障害給付金でまだその者に支払っていなかったものがあるときは、その者と生計を同じくしていた配偶者、子、父母、孫、祖父母、兄弟姉妹またはこれらの者以外の三親等内の親族のうちの先順位者は、自己の名で、その未支払の特別障害給付金の支払を請求することができる。未支払の特別障害給付金を受けることができる同順位者が 2 人以上あるときは、その 1 人がした請求は、その全額について全員のためにしたものとみなし、その 1 人に対してした支払は、全員に対してしたものとみなす。

ワンポイントアドバイス

請求月の翌月分からの支給となりますので、該当する方は市区町村役場で早く手続することをおすすめします。なお、給付金の支給対象者は国民年金の保険料免除を受けることができます。

コラム　労災保険の概要
～国民年金および厚生年金保険との関係～

　労災保険（労働者災害補償保険）では、労働者の業務上の事由、複数業務要因災害または通勤による負傷、疾病、障害または死亡等について保険給付を行うとともに、社会復帰促進等事業を行っています。

　労災保険制度は、事業主が労働者に対して行わなければならない労働基準法上の災害補償を国が代わって保険給付を行う制度です。よって、労災保険の対象者は、原則として、労働基準法上の「労働者」であり、保険料は全額事業主負担となっています。つまり、厚生年金保険や健康保険とは異なり、正社員に限らず、いわゆる「アルバイト」や「パートタイマー」などであっても労災保険が適用され、従業員には保険料の負担は生じないということです。

　労災保険には、主に下表のような保険給付があります。

療養補償給付（療養給付）（複数事業労働者療養給付）
休業補償給付（休業給付）（複数事業労働者休業給付）
障害補償給付（障害給付）（複数事業労働者障害給付）
遺族補償給付（遺族給付）（複数事業労働者遺族給付）
葬祭料（葬祭給付）（複数事業労働者葬祭給付）
傷病補償年金（傷病年金）（複数事業労働者傷病年金）
介護補償給付（介護給付）（複数事業労働者介護給付）
二次健康診断等給付

　国民年金や厚生年金保険では、業務上・外の事故を問わずに障害給付や遺族給付が支給されることになっています。よって、業務上の事故の場合は、労災保険からの保険給付と合わせて、二重の保険給付が行われることになります。そこで、このような場合は、労災保険側の保険給付が減額され、国民年金や厚生年金保険の障害給付や遺族給付は全額支給されることになっています。ただし、同一の障害に基づく国民年金の20歳前の傷病による障害基礎年金や厚生年金保険の障害手当金などについては、労災保険が優先的に支給されます。

遺族給付

第 1 章

遺族基礎年金

昭和60年改正により、国民共通の遺族給付として国民年金から遺族基礎年金が支給されることとなった。

死亡日が施行日（昭和61年 4 月 1 日）以後であれば現行制度の遺族基礎年金（福祉年金を除く）が支給される。

第1節 遺族基礎年金の仕組み

遺族基礎年金は、母子や遺児への保障を行うことを目的とし、国民年金の被保険者または被保険者であった者が昭和61年 4 月 1 日以後に死亡した場合に、その者によって生計を維持されていた子のある妻または子に対して支給されてきた。

しかし、平成26年 4 月 1 日より、遺族基礎年金に係る男女差を解消し、平成26年 4 月 1 日以後に妻が死亡した場合に、「子のある夫」にも支給されることとなった。

遺族基礎年金を受給するためには、「死亡した者の要件（死亡者の範囲・保険料納付要件）」と「遺族の要件」を満たさなければならない。

1．死亡した者の要件

(1) 死亡者の範囲

遺族基礎年金は、次のいずれかに該当する者が死亡した場合に支給される。

① 国民年金の被保険者

② 国民年金の被保険者であった60歳以上65歳未満の者で日本国内に住所を有する者

③ 老齢基礎年金の受給権者（原則25年以上の受給資格期間を満たしていること）

④ 老齢基礎年金の受給資格期間を満たしている者（原則25年以上の受給資格期間を満たしていること）

　なお、①②に該当する者が死亡した場合には、死亡した者が保険料納付要件を満たしていなければならない。③④については、一定の納付実績等が認められることから保険料納付要件は問われない。

Check!

● 平成29年8月以降、老齢基礎年金の受給資格期間が短縮されることとなったが、上記③④については、平成29年8月前と同様に原則25年以上の期間を要する。

● 被保険者の死亡に関して、失踪宣告（行方不明から7年経った日）を受けた者（行方不明となった当時被保険者であった者を含む）は行方不明となった日から7年経過した日に死亡したものとみなされ、受給権が発生する。

● 船舶・航空機の事故で行方不明となった者は、生死が3ヵ月間不明であるときまたは死亡時期が不明であるときは、事故にあった日に死亡したものと推定され、受給権が発生する。

ワンポイントアドバイス

　遺族基礎年金の死亡者の要件については、受給資格期間の短縮の対象になっていないので、これまでどおり25年のままです。したがって、受給資格期間が25年に満たない老齢年金の受給者が死亡した場合には、他の要件に該当しない限り、遺族年金は支給されません。なお、25年については、生年月日により受給資格期間が短縮される特例（第3編第1章第1節参照）があります。

(2)　保険料納付要件（上記①②に該当する場合）

　上記(1)の①②に該当する者が死亡した場合の保険料納付要件は、次のとおりである。

①　保険料納付要件の原則

　死亡日の前日において、死亡日の属する月の前々月までの被保険者期間のうち、保険料納付済期間と保険料免除期間を合わせた期間が3分の2以上あることが必要である。つまり、全被保険者期間について保険料滞納期間が3分の1を超えなければ要件を満たすことになる。

▼資格取得			▼死亡日
納付済期間＋免除期間が ３分の２以上	１月	２月	３月
◄——— １月以前の被保険者期間 ———►			

Check!

● 死亡日の前日における保険料納付状況を問うこととしているのは、保険料納付の逆選択（死亡後の遺族による保険料納付）を防ぐためである。

● 死亡日の属する月の前々月（保険料納期限の到来している期間）までの被保険者期間を対象としているため、死亡日の属する月の前々月までに被保険者期間がなければ保険料納付要件は問われない。

② 保険料納付要件の特例

死亡日が令和８年４月１日前であるときは、上記①の要件を満たしていなくても、死亡日の属する月の前々月までの１年間に保険料滞納期間がなければ保険料納付要件を満たすこととなる。ただし、死亡日において65歳未満の者に限られる。

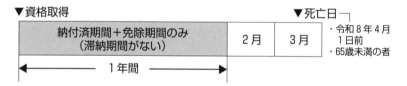

③ 死亡日が平成３年５月１日前の場合

当時の保険料納期限との関係から、死亡日の属する月の直近の基準月（１月、４月、７月および10月）の前月までの期間で保険料納付要件をみる。

２．遺族の要件

遺族基礎年金を受けられる遺族は、被保険者または被保険者であった者の死亡の当時、その者によって生計を維持されていた、①子のある配偶者、または②子である。

（注）生計維持の基準は、死亡の当時、死亡した者と生計を同じくし、年収850万円（年間所得655.5万円）以上の収入を将来にわたって得られないと認められることである。

① 子のある配偶者

死亡した者の子と生計を同じくする配偶者である。

　ただし、夫が支給対象となるのは、平成26年4月1日以後に妻が死亡した場合である。

　なお、子は下記②の要件に該当する子であり、子のない配偶者や、②に該当する子と生計を同じくしていない配偶者には遺族基礎年金は支給されない。

②　子

　死亡した者の子であって、18歳到達年度の末日までにある子、または20歳未満であって障害等級1級または2級の障害の状態にある子であり、かつ現に婚姻をしていないことが要件となる。

　なお、死亡の当時胎児であった子が生まれた場合は、将来に向かって、死亡の当時その者に生計維持されていたとみなされ、生まれたときから遺族基礎年金の受給権者となる。

第2節　遺族基礎年金の年金額

1. 遺族基礎年金の年金額の計算

　遺族基礎年金は、保険料納付済期間の月数に関係なく、定額の支給である。

　遺族基礎年金の年金額は、基本額816,000円〔昭和31年4月1日以前生まれの者813,700円〕であり、子の数に応じて加算が行われることになる（令和6年度価格）。

⑴　配偶者に支給される遺族基礎年金の額

　配偶者に支給される遺族基礎年金の額には、必ず子の加算が行われ、基本額816,000円〔昭和31年4月1日以前生まれの者813,700円〕に子2人目までは各234,800円、子3人目以降は、各78,300円を加算した額となる。

子の数	基本額	加算額	合計額
子1人の配偶者	816,000円〔813,700円〕	234,800円	1,050,800円〔1,048,500円〕
子2人の配偶者	816,000円〔813,700円〕	234,800円＋234,800円	1,285,600円〔1,283,300円〕
子3人の配偶者	816,000円〔813,700円〕	234,800円＋234,800円＋78,300円	1,363,900円〔1,361,600円〕

※〔　〕は昭和31年4月1日以前生まれの者の額である。

⑵ 子に支給される遺族基礎年金の額

受給権者が子1人の場合は基本額の816,000円である。2人以上ある場合には子の数に応じた加算が行われ、子の数で除して得た額が年金額となる。

子の数	基本額	加算額	合計額	子1人の年金額
子1人	816,000円	—	816,000円	816,000円
子2人	816,000円	234,800円	1,050,800円	525,400円
子3人	816,000円	234,800円＋78,300円	1,129,100円	376,367円

2. 年金額の改定

加算の対象となる子の数に増減があった場合には、増減があった月の翌月から年金額が改定される。なお、遺族基礎年金の受給権者が配偶者である場合、子のすべてが〔減額改定〕に該当するに至ったときは、「子のある配偶者」ではなくなるので、配偶者の遺族基礎年金の受給権は消滅する。

〔増額改定〕

受給権者がその権利を取得した当時胎児であった子が生まれたとき

〔減額改定〕

イ　死亡したとき

ロ　婚姻をしたとき（事実上の婚姻関係を含む）

ハ　配偶者以外の者の養子となったとき（事実上の養子縁組関係を含む）

ニ　離縁によって死亡した被保険者または被保険者であった者の子でなくなったとき

ホ　配偶者と生計を同じくしなくなったとき

ヘ　18歳到達年度の末日が終了したとき（障害等級1級または2級の障害の状態にあるときを除く）

ト　障害等級1級または2級に該当する子について、その事情がなくなったとき（18歳到達年度の末日までの間にあるときを除く）

チ　障害等級1級または2級に該当する子が20歳に達したとき

Check!

●子は18歳到達年度の末日までに障害等級に該当すれば20歳に達するまで加算の対象と
なる。

ワンポイントアドバイス

子のすべてが18歳到達年度の末日（障害等級１級または２級に該当する子が20歳に達
したとき）を迎えてしまうと配偶者の遺族基礎年金の受給権は消滅します。

第3節 遺族基礎年金の支給停止・失権

1．支給停止

(1) 配偶者と子の共通の支給停止事由

遺族基礎年金は、被保険者または被保険者であった者の死亡について、労働基準
法の規定による遺族補償が行われるときは、死亡日から６年間支給停止される。

Check!

●労働者災害補償保険法による遺族補償が行われるときは、遺族基礎年金は全額支給さ
れ、労働者災害補償保険法による給付が減額調整される。

(2) 配偶者のみの支給停止事由

配偶者に支給する遺族基礎年金は、配偶者の所在が１年以上明らかでないときは、
遺族基礎年金の受給権を有する子の申請によって、所在が明らかでなくなったとき
にさかのぼって支給停止される。なお、配偶者はいつでもこの支給停止の解除の申
請をすることができる。

(3) 子のみの支給停止事由

受給権者である子が次のいずれかに該当したときは支給停止される。

① 配偶者が遺族基礎年金の受給権者であるとき （配偶者と子は同順位である

が、配偶者への支給を優先するということである）

② 生計を同じくするその子の父または母があるとき

③ 遺族基礎年金の受給権を有する子が2人以上ある場合において、その子のうち1人以上の子の所在が明らかでないときは、他の子の申請によって、所在が明らかでなくなったときにさかのぼって支給停止される。なお、支給停止された子はいつでも支給停止の解除の申請をすることができる。遺族基礎年金の支給が停止または解除された場合において、支給が停止または解除された日の属する月の翌月から年金額は改定されることとなる。

> **ワンポイントアドバイス**
>
> 　子の遺族基礎年金は、受給権者となっても生計を同じくする父または母がいれば、支給停止されます。このような場合には死亡者の配偶者に対して死亡一時金が支給されることになっています。

2．失　権

　遺族基礎年金の受給権は次のいずれかの事由に該当したときに消滅する。

(1)　配偶者と子共通の失権事由

① 死亡したとき

② 婚姻をしたとき（事実上の婚姻関係を含む）

③ 直系血族または直系姻族以外の者の養子となったとき（事実上の養子縁組関係を含む）

(2)　配偶者のみの失権事由

　遺族基礎年金の子の加算の対象となっているすべての子が、減額改定事由に該当したとき

(3)　子のみの失権事由

① 離縁により死亡した者の子でなくなったとき

② 18歳到達年度の末日が終了したとき（障害等級1級または2級の障害の状態

にあるときを除く）

③　障害等級 1 級または 2 級に該当する子について、その事情がなくなったとき

（18歳到達年度の末日までの間にあるときを除く）

④　障害等級 1 級または 2 級に該当する子が20歳に達したとき

Check!

●死亡した夫が第 1 号被保険者であった場合で、一定の要件を満たせば残された妻への保障として60歳から65歳（老齢基礎年金が受給できるまで）になるまでの間、寡婦年金が支給されることになっている。また、第 1 号被保険者が死亡し、遺族基礎年金も支給されない場合には、死亡した者の保険料の掛け捨て防止として一定の要件を満たせば死亡一時金が支給されることになっている（第 6 編第 1 章第 2 節および第 3 節参照）。

ワンポイントアドバイス

　生計維持の基準となる年収は、死亡の当時で判断されるため、遺族基礎（厚生）年金の受給権を取得した後に収入が増加しても失権することはありません。

第 5 編

遺族給付

第2章 遺族厚生年金

遺族厚生年金は、厚生年金の被保険者または被保険者であった者が施行日（昭和61年4月1日）以後に死亡した場合に、一定の要件に該当すれば、その遺族に支給される。

第1節 遺族厚生年金の仕組み

遺族厚生年金を受給するためには、遺族基礎年金と同様に、「死亡した者の要件（死亡者の範囲・保険料納付要件）」と「遺族の要件」を満たさなければならない。

1. 死亡した者の要件

(1) 死亡者の範囲

遺族厚生年金は、次のいずれかに該当する者が死亡した場合に支給される。

① 厚生年金保険の被保険者の死亡（在職中に死亡）

② 厚生年金保険の被保険者であった間（在職中）に初診日がある傷病により、初診日より5年以内の死亡

③ 障害厚生年金の1級または2級の受給権者の死亡

④ 老齢厚生年金の受給権者または老齢厚生年金の受給資格期間を満たしている者の死亡（いずれも原則25年以上の受給資格期間を満たしていること）

死亡に関しては、遺族基礎年金と同様に、死亡の推定または失踪宣告による死亡も含まれる。

なお、①②に該当する者が死亡した場合には、死亡した者が保険料納付要件を満たしていなければならない。③については障害厚生年金の受給権者になる際に保険料納付要件が問われており、④については一定の納付実績等が認められることから保険料納付要件は問われない。

①②③の要件を短期要件といい、④の要件を長期要件という。短期要件に該当する者であるか、長期要件に該当する者であるかによって遺族厚生年金の計算方法が異なる。

Check!

● 平成29年8月以降、老齢基礎年金の受給資格期間が短縮されることとなったが、④については平成29年8月前と同様に原則25年以上の期間を要する。

ワンポイントアドバイス

　遺族厚生年金の長期要件については、受給資格期間の短縮の対象になっていないので、これまでどおり25年のままです。したがって、受給資格期間が25年に満たない老齢年金の受給者が死亡した場合には、他の要件に該当しない限り、遺族年金は支給されません。なお、25年については、生年月日により受給資格期間が短縮される特例（第3編第1章第1節参照）があります。

(2) 保険料納付要件（上記①②に該当する場合）

　上記(1)の①②に該当する者の保険料納付要件については、次のとおりである（本編第1章第1節参照）。

① 保険料納付要件の原則

　死亡日の前日において、死亡日の属する月の前々月までの被保険者期間のうち、保険料納付済期間と保険料免除期間を合わせた期間が3分の2以上あることが必要である。つまり、全被保険者期間について保険料滞納期間が3分の1を超えなければ要件を満たすことになる。

② 保険料納付要件の特例

　死亡日が令和8年4月1日前であるときは、上記①の要件を満たしていなくても、死亡日の属する月の前々月までの1年間に保険料滞納期間がなければ保険料納付要件を満たすこととなる。ただし、死亡日において65歳未満の者に限られる。

③ 死亡日が平成3年5月1日前の場合

　当時の保険料納期限との関係から、死亡日の属する月の直近の基準月（1月、4月、7月および10月）の前月までの期間で保険料納付要件をみる。

2．遺族の要件

(1) 遺族の範囲

遺族厚生年金を受けられる遺族は、被保険者または被保険者であった者の死亡の当時、その者によって生計を維持されていた①配偶者・子、②父母、③孫、④祖父母である。ただし、妻以外の者については、次のとおり年齢要件がある。

夫、父母、祖父母	55歳以上であること[*1]（60歳になるまで支給停止）[*2]。
子、孫	18歳到達年度の末日までの間にあること、または20歳未満であって障害等級1級または2級に該当する障害の状態にあり、かつ、現に婚姻をしていないこと。

[*1] 平成8年4月1日前に死亡した場合で夫、父母、祖父母が1級、2級の障害状態にある者は、年齢要件は問われない。

[*2] 夫が遺族基礎年金の受給権を有する場合には、60歳になる前であっても支給される。

（注）生計維持の基準は、死亡の当時、死亡した者と生計を同じくし、年収850万円（年間所得655.5万円）以上の収入を将来にわたって得られないと認められることである。

(2) 遺族の順位

①配偶者・子、②父母、③孫、④祖父母の順位となる。

遺族厚生年金には転給制度がないため、先順位者が遺族厚生年金の受給権を取得すると、後順位者は遺族厚生年金を受けられる遺族とはならない。

胎児であった子が生まれた場合は、死亡の当時生計を維持されていた子とみなされ、将来に向かって受給権者となる。父母、孫、祖父母が受給権者であるときは、子の出生によって受給権は消滅することとなる。

Check!

●配偶者と子は同順位であるが、その中でも、「子のある配偶者」、「子」、「子のない配偶者」の順で優先して支給されることとなっており、他方は支給停止となる。

ワンポイントアドバイス

遺族厚生年金では、遺族のうちで最先順位の方だけが受給権者となり、転給の制度はありません。

第2節 遺族厚生年金の年金額

１．遺族厚生年金の年金額の計算

　遺族厚生年金の年金額は、死亡した者の老齢厚生年金（報酬比例部分）の４分の
３相当額である。また中高齢寡婦加算の制度も設けられている。

　ただし、本章第１節１.(1)の「死亡者の範囲」の①②③に該当する場合は短期要
件の計算方法となり、④に該当する場合は長期要件の計算方法となる。

　なお、短期要件と長期要件のいずれにも該当する場合は、選択の申出をしない限
り、短期要件として計算される。例えば、老齢厚生年金の受給資格期間を満たして
いる被保険者が在職中に死亡した場合は短期要件と長期要件のいずれにも該当する
こととなり、申出をすることにより、長期要件で計算される。

　遺族厚生年金の年金額の計算式は、次のとおりである。

　令和６年度の報酬比例部分の年金額は、老齢厚生年金と同様に原則として平成16
年改正による「本来水準」の計算式によって計算する。

$$遺族厚生年金の年金額 = \left\{ \boxed{\begin{array}{c}イ　平成15年３月\\以前の被保険者期間分\end{array}} + \boxed{\begin{array}{c}ロ　平成15年４月\\以後の被保険者期間分\end{array}} \right\} \times \frac{3}{4}$$

(1) 短期要件の場合

　イ　平成15年３月以前の被保険者期間分（総報酬制導入前の期間分）

$$\begin{array}{c}平均標準報酬月額\\（令和６年再評価率）\end{array} \times \frac{7.125}{1,000} \times \begin{array}{c}平成15年３月以前の\\被保険者期間の月数\end{array}$$

　ロ　平成15年４月以後の被保険者期間分（総報酬制導入後の期間分）

$$\begin{array}{c}平均標準報酬額\\（令和６年再評価率）\end{array} \times \frac{5.481}{1,000} \times \begin{array}{c}平成15年４月以後の\\被保険者期間の月数\end{array}$$

　①　イの乗率7.125/1,000、ロの乗率5.481/1,000は生年月日による読替えはなく固

定である。

② 実際の被保険者期間の月数が300月に満たない場合には300月として計算する。

（注）報酬比例部分（イ＋ロ）の年金額に300月を実際の被保険者期間の月数で除して得た数を乗じる。

(2) 長期要件の場合

イ 平成15年3月以前の被保険者期間分（総報酬制導入前の期間分）

$$\text{平均標準報酬月額} \atop \text{（令和6年再評価率）} \times \left(\frac{\overset{\text{生年月日に応じて}}{9.5 \sim 7.125}}{1,000} \right) \times \text{平成15年3月以前の} \atop \text{被保険者期間の月数}$$

ロ 平成15年4月以後の被保険者期間分（総報酬制導入後の期間分）

$$\text{平均標準報酬額} \atop \text{（令和6年再評価率）} \times \left(\frac{\overset{\text{生年月日に応じて}}{7.308 \sim 5.481}}{1,000} \right) \times \text{平成15年4月以後の} \atop \text{被保険者期間の月数}$$

① 乗率は死亡した者の生年月日による読替えをする。イの乗率（9.5〜7.125/1,000）、ロの乗率（7.308〜5.481/1,000）となる。

② 被保険者期間の300月みなしはなく、実際の被保険者期間で計算する。

Check!

● 2以上の種別期間を有する者であって短期要件に該当する者の場合、種別期間ごとに年金額を計算し、その合算額が遺族厚生年金の年金額となる。2以上の種別期間の月数を合算して300月に満たない場合は、300月みなし（合算額に300月を種別期間の合算月数で除して得た数を乗じて計算）をする。年金は本章第1節1. (1)死亡者の範囲の①に該当する場合は死亡日における種別の実施機関、②に該当する場合はその傷病の初診日における種別の実施機関、③に該当する場合は障害厚生年金（複数の障害厚生年金の受給権を有する場合は後発の障害厚生年金）を支給していた実施機関から他の種別期間の分も含めて支給されることとなる。

● 2以上の種別期間を有する者であって長期要件に該当する者の場合、種別期間ごとに計算した年金額を合算し、その合算額から老齢厚生年金の年金額を控除（本章第3節1. (5)参照）して遺族厚生年金の総額を計算する。遺族厚生年金の総額を種別期間ごとの年金額に応じて按分した額がそれぞれの遺族厚生年金の額となる。年金は種別期間に応じて各実施機関から支給されることとなる。

2．中高齢寡婦加算

　遺族基礎年金は子のない妻には支給されず、また、子のある妻であっても子が18歳到達年度の末日（1・2級の障害の状態にある子が20歳に達したとき）を終了すると遺族基礎年金は支給されなくなる。その後は遺族厚生年金のみの支給となり、大幅に遺族給付が減少することになる。そこで所得保障の観点から遺族厚生年金に中高齢寡婦加算が行われることになっている。

(1)　受給要件

　遺族厚生年金の受給権者である妻が、次のいずれかに該当するとき、妻が40歳から65歳になるまでの間、加算される。

　ただし、制度の趣旨から、妻が遺族基礎年金を受給できる間は、中高齢寡婦加算は支給停止となる。

① 　夫の死亡の当時、40歳以上65歳未満であって、遺族基礎年金の加算対象となっている子がいないため遺族基礎年金を受けることができない妻（下図　例①参照）

② 　遺族基礎年金を受給できる子のある妻で、子が18歳到達年度の末日を終了したとき（1・2級の障害の状態にある子が20歳に達したとき）に、40歳以上65歳未満の妻（下図　例②参照）

　なお、中高齢寡婦加算は、死亡した夫が長期要件（例えば老齢厚生年金の受給権者等の死亡）による遺族厚生年金を受給する場合、死亡した夫の厚生年金保険の被保険者期間が240月（中高齢者の特例を含む）以上なければ、中高齢寡婦加算は行われない。

例①　夫の死亡当時の遺族：子のない妻の場合

第
5
編

遺族給付

例② 夫の死亡当時の遺族：妻と子一人の場合

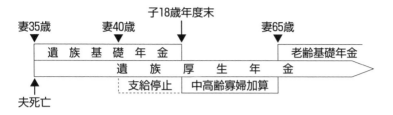

(2) 中高齢寡婦加算の額

中高齢寡婦加算の額は612,000円である（令和6年度価格）。なお、この額は遺族基礎年金額（老齢基礎年金満額）の4分の3に相当する額である。

Check!

● 2以上の種別期間を有する者であって長期要件に該当する者の場合、中高齢寡婦加算の要件として原則240月以上の被保険者期間が必要とされるが、2以上の種別期間を合算して判定する。この場合、①被保険者期間が長い種別の年金に加算され、②被保険者期間の長さが同じ場合は第1号→第2号→第3号→第4号厚年の順でいずれかの年金に加算されることとなる。

3．経過的寡婦加算

妻が65歳に達すると妻自身が老齢基礎年金を受けられるため、老齢基礎年金満額の4分の3相当額である中高齢寡婦加算は加算されなくなる。しかし、老齢基礎年金は昭和61年4月1日から実施され、20歳以上60歳未満の40年間が、保険料納付済期間である場合にその満額が受給できる制度である。昭和61年4月1日に30歳以上の者は、60歳になるまでの期間が30年未満であり、老齢基礎年金額は、満額の4分の3未満となる。老齢基礎年金の受給開始によって、かえって年金受給額が低額になるという制度上の問題を解消するために、昭和31年4月1日以前生まれの者（昭和61年4月1日に30歳以上であった者）については、65歳以降も経過的に寡婦加算が行われることとなった。

なお、経過的寡婦加算は、妻が65歳以降初めて遺族厚生年金を受給できる場合にも加算される。中高齢寡婦加算と同様、夫の死亡が短期要件に該当するか、長期要件に該当して夫の厚生年金保険の被保険者期間が240月（中高齢者の特例を含む）

●図表 5 - 1　経過的寡婦加算の加算額

(令和 6 年度価格)

妻の生年月日	乗　率	加算額
昭和 2 年 4 月 1 日以前	──	610,300円
昭和 2 年 4 月 2 日〜昭和 3 年 4 月 1 日	312分の12	579,004
昭和 3 年 4 月 2 日〜昭和 4 年 4 月 1 日	324分の24	550,026
昭和 4 年 4 月 2 日〜昭和 5 年 4 月 1 日	336分の36	523,118
昭和 5 年 4 月 2 日〜昭和 6 年 4 月 1 日	348分の48	498,066
昭和 6 年 4 月 2 日〜昭和 7 年 4 月 1 日	360分の60	474,683
昭和 7 年 4 月 2 日〜昭和 8 年 4 月 1 日	372分の72	452,810
昭和 8 年 4 月 2 日〜昭和 9 年 4 月 1 日	384分の84	432,303
昭和 9 年 4 月 2 日〜昭和10年 4 月 1 日	396分の96	413,039
昭和10年 4 月 2 日〜昭和11年 4 月 1 日	408分の108	394,909
昭和11年 4 月 2 日〜昭和12年 4 月 1 日	420分の120	377,814
昭和12年 4 月 2 日〜昭和13年 4 月 1 日	432分の132	361,669
昭和13年 4 月 2 日〜昭和14年 4 月 1 日	444分の144	346,397
昭和14年 4 月 2 日〜昭和15年 4 月 1 日	456分の156	331,929
昭和15年 4 月 2 日〜昭和16年 4 月 1 日	468分の168	318,203
昭和16年 4 月 2 日〜昭和17年 4 月 1 日	480分の180	305,162
昭和17年 4 月 2 日〜昭和18年 4 月 1 日	480分の192	284,820
昭和18年 4 月 2 日〜昭和19年 4 月 1 日	480分の204	264,477
昭和19年 4 月 2 日〜昭和20年 4 月 1 日	480分の216	244,135
昭和20年 4 月 2 日〜昭和21年 4 月 1 日	480分の228	223,792
昭和21年 4 月 2 日〜昭和22年 4 月 1 日	480分の240	203,450
昭和22年 4 月 2 日〜昭和23年 4 月 1 日	480分の252	183,107
昭和23年 4 月 2 日〜昭和24年 4 月 1 日	480分の264	162,765
昭和24年 4 月 2 日〜昭和25年 4 月 1 日	480分の276	142,422
昭和25年 4 月 2 日〜昭和26年 4 月 1 日	480分の288	122,080
昭和26年 4 月 2 日〜昭和27年 4 月 1 日	480分の300	101,737
昭和27年 4 月 2 日〜昭和28年 4 月 1 日	480分の312	81,395
昭和28年 4 月 2 日〜昭和29年 4 月 1 日	480分の324	61,052
昭和29年 4 月 2 日〜昭和30年 4 月 1 日	480分の336	40,710
昭和30年 4 月 2 日〜昭和31年 4 月 1 日	480分の348	20,367
昭和31年 4 月 2 日以降	──	──

第 5 編

遺族給付

(注) 経過的寡婦加算は65歳以降の妻の遺族厚生年金に加算される。
　加算額(1 円単位)＝610,300円－813,700円×乗率

以上ある場合に加算される。

(1) 経過的寡婦加算の対象者

次の①②の要件を満たした者に加算される。

① 昭和31年4月1日以前生まれの者

② 中高齢寡婦加算の要件を満たしていた遺族厚生年金の受給権者であって、65歳に達した者または遺族厚生年金の受給権を取得した当時65歳以上である者

(2) 加算額

経過的寡婦加算額＝中高齢寡婦加算額－老齢基礎年金満額×$\left(0 \sim \dfrac{348}{480}\right)$ *

＊妻の生年月日に応じて乗率が定められている（図表5－1）。

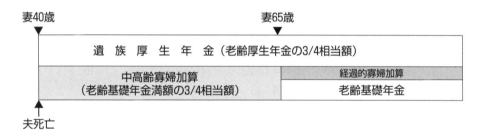

第3節 遺族厚生年金の支給停止・失権

1. 支給停止

(1) 共通の支給停止事由

遺族厚生年金は、被保険者または被保険者であった者の死亡について、労働基準法の規定による遺族補償が行われるときは、死亡日から6年間支給停止される。

Check!

●労働者災害補償保険法による遺族補償が行われるときは、遺族厚生年金は全額支給さ
れ、労働者災害補償保険法による給付が減額調整される。

(2) 夫、父母または祖父母の支給停止事由

夫、父母または祖父母に対する遺族厚生年金は、受給権者が60歳に達するまでの
間、支給停止される。ただし、夫が遺族基礎年金の受給権を有する場合には、支給
停止されない。

ワンポイントアドバイス

夫、父母、祖父母は、被保険者または被保険者であった者の死亡の当時、55歳以上で
あれば遺族厚生年金の受給権者となりますが、支給は60歳からになります。
ただし、遺族基礎年金の受給権がある夫は60歳前であっても支給されます。

(3) 子または配偶者の支給停止事由

① 子に対する遺族厚生年金

子に対する遺族厚生年金は、配偶者が遺族厚生年金の受給権を有する間は支給停
止される。ただし、配偶者による支給停止の申出が行われた場合、配偶者が遺族基
礎年金の受給権を有しない場合であって子がその遺族基礎年金の受給権がある場合
（②の場合）および配偶者が所在不明で支給停止されている場合には子に支給される。

② 配偶者に対する遺族厚生年金

配偶者に対する遺族厚生年金は、被保険者または被保険者であった者の死亡につ
いて、配偶者が遺族基礎年金の受給権がない場合であって子がその遺族基礎年金の
受給権がある場合（妻または夫と子が生計を同じくしないとき）には支給停止され
る。ただし、子が所在不明により支給停止されている場合には配偶者に支給される。

(4) 所在不明による支給停止

配偶者または子に対する遺族厚生年金は、その配偶者または子の所在が1年以上
明らかでないときは、遺族厚生年金の受給権を有する子または配偶者の申請によっ
て、その所在が明らかでなくなったときにさかのぼって支給停止される。

また、配偶者以外の者に対する遺族厚生年金の受給権者が2人以上ある場合において、受給権者のうち1人以上の所在が1年以上明らかでないときも、他の受給権者の申請によって、その所在が明らかでなくなったときにさかのぼって支給停止される。

なお、支給停止された者は、いつでもその支給停止の解除の申請ができる。

Check!

● 2以上の種別期間を有する者が長期要件に該当する場合、それぞれの種別期間ごとに遺族厚生年金が支給されるが、所在不明による支給停止の申請または支給停止解除の申請は、2以上の遺族厚生年金について同時に申請することとなる。

(5) 老齢厚生年金の受給権を有する場合の支給停止

遺族厚生年金（その受給権者が65歳に達しているものに限る）は、その受給権者が老齢厚生年金の受給権を有するときは、老齢厚生年金の額に相当する部分が支給停止される。

2. 失 権

遺族厚生年金の受給権は次のいずれかの事由に該当したときに消滅する。

(1) 共通の失権事由

① 死亡したとき

② 婚姻をしたとき（事実上の婚姻関係を含む）

③ 直系血族または直系姻族以外の者の養子となったとき（事実上の養子縁組関係を含む）

④ 離縁によって死亡した被保険者または被保険者であった者との親族関係が終了したとき

(2) 妻の失権事由

遺族厚生年金の受給権取得当時、30歳未満の子のいない妻について、受給権を取得した日から 5 年を経過したとき、または妻が30歳に達する前に子を有しなくなったときは、その日から 5 年を経過したとき。

Check!

●子のいない30歳未満の妻が受ける遺族厚生年金は生涯受給できることとなっていたが、妻自身の就労可能性を考慮して平成19年 4 月以降、 5 年間の有期年金となった。

(3) 子または孫の失権事由

① 18歳到達年度の末日が終了したとき（障害等級 1 級または 2 級の障害状態にあるときを除く）

② 障害等級 1 級または 2 級に該当する子または孫が障害等級 1 級または 2 級に該当しなくなったとき（18歳到達年度の末日までの間にあるときを除く）

③ 障害等級 1 級または 2 級に該当する子または孫が20歳に達したとき

(4) 父母、孫または祖父母の失権事由

被保険者または被保険者であった者の死亡の当時、胎児であった子が出生したとき。

第 4 節 老齢給付との併給調整

平成 6 年改正により、老齢厚生年金の受給権を有する65歳以上の配偶者が遺族厚生年金の受給権者となった場合、次の①～③うちのいずれかの組合せの選択が可能となった。

① 老齢基礎年金＋老齢厚生年金

② 老齢基礎年金＋遺族厚生年金

③ 老齢基礎年金＋老齢厚生年金1/2＋遺族厚生年金2/3（死亡した者の老齢厚生年金の1/2相当）*

　＊経過的寡婦加算額が加算される場合、遺族厚生年金2/3は、夫の老齢厚生年金（加給年金額を除く）×3/4に経過的寡婦加算額を加えた額の2/3の額となるため、夫の老齢厚生年金の1/2とは一致しない。

●図表5-2　遺族厚生年金と老齢給付の併給調整（新法）

①	②	③	
老齢厚生年金	遺族厚生年金	老齢厚生年金 （2分の1）	遺族厚生年金 （3分の2）
老齢基礎年金	老齢基礎年金	老齢基礎年金	

　平成16年改正では②または③の年金を受給できる場合において、平成19年4月か
らは、②（遺族厚生年金）と③（老齢厚生年金の2分の1と遺族厚生年金の3分の
2）のいずれか高いほうの額について老齢厚生年金が全額支給され、遺族厚生年金
は差額分が支給されることとなった（本章第3節1.(5)参照）。ただし、平成19年
4月1日以降に65歳になる者（昭和17年4月2日以後生まれの者）が対象となる。

●図表5-3　妻65歳以降の老齢厚生年金と遺族厚生年金の受け方

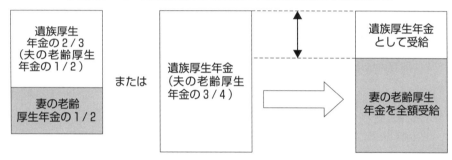

ワンポイントアドバイス

　65歳以降において、遺族厚生年金と老齢厚生年金の受給権がある場合、老齢厚生年金
が全額支給され、遺族厚生年金は差額支給となります。遺族厚生年金は非課税であり、
老齢厚生年金は雑所得として課税の対象となります。

第6編

その他の年金制度と
企業年金制度等

第1章 第1号被保険者の独自給付

第1号被保険者は、基礎年金のみの給付であり、国民年金保険料が掛け捨てになる可能性もあることから、独自給付が設けられている。第1号被保険者の独自給付には付加年金、寡婦年金、死亡一時金、脱退一時金（第2章）がある。

第1節 付加年金

付加年金は、第1号被保険者の老後の保障を手厚くするために老齢基礎年金の上乗せ給付として設けられた。

国民年金の保険料（令和6年度価額：月額16,980円）に付加保険料（月額400円）を上乗せして納めることにより、付加年金が支給される。

なお、付加保険料を納めることができる者は、第1号被保険者（保険料免除者および国民年金基金の加入員を除く）と65歳未満の任意加入被保険者に限られている（第2編第2章第3節参照）。

1．受給要件

付加年金は、付加保険料の納付済期間を有する者が、老齢基礎年金の受給権を取得したときに支給される。

常に老齢基礎年金の上乗せ給付として支給されることになる。老齢基礎年金の繰上げ請求をした場合には、付加年金も同様に繰り上げられ、同率で減額される。また、老齢基礎年金の繰下げ支給の申出をした場合には、付加年金も同様に繰り下げられ、同率で増額される。

2．付加年金の額

付加年金の額は、200円に付加保険料納付済期間の月数を乗じて得た額である。

> **付加年金の額＝200円×付加保険料納付済期間の月数**

（注）物価スライド等の適用はない。

例）付加保険料を10年間納めた場合

付加保険料　400円×120ヵ月＝48,000円

付加年金　　200円×120ヵ月＝24,000円／年

毎年の老齢基礎年金に24,000円上乗せされることになる。

ワンポイントアドバイス

付加年金は2年で元が取れる年金です。ただし、物価スライド等の適用はありません。

3．支給停止・失権

老齢基礎年金がその全額につき支給停止されているときは、付加年金も支給停止される。よって、1人1年金の原則により老齢基礎年金以外の年金を選択した場合には付加年金も支給停止されることになる。

また、付加年金の失権事由は、老齢基礎年金と同様に、死亡のみである。

Check!

●昭和61年3月までの間において、厚生年金保険の被保険者の配偶者などで国民年金に任意加入し、付加保険料を納めていた者にも付加年金が支給される。

第2節　寡婦年金

寡婦年金は、国民年金の第1号被保険者である夫が死亡したときに、①夫が支払ってきた国民年金の保険料の掛け捨て防止、②残された妻への老齢基礎年金を受けられるようになるまでの所得保障を行うことを目的としている。

1．受給要件

次の⑴⑵の要件をすべて満たすことが必要である。

⑴　死亡した夫の要件

① 死亡日の前日において、死亡日の属する月の前月までの第１号被保険者に係る保険料納付済期間と保険料免除期間を合算して10年以上ある夫が死亡

② 死亡した夫が老齢基礎年金または障害基礎年金を受けていなかったこと

Check!

● 第１号被保険者に係る保険料納付済期間には、65歳未満の任意加入被保険者としての保険料納付済期間も含まれる。

● 令和３年３月31日以前に夫が死亡し、死亡した夫が障害基礎年金の受給権者であった場合には寡婦年金は支給されない。

⑵　妻の要件

① 夫の死亡の当時、夫によって生計を維持されていたこと

（注）生計維持の基準は、死亡の当時、死亡した者と生計を同じくし、年収850万円（年間所得655.5万円）以上の収入を将来にわたって得られないと認められることである。

② 夫の死亡の当時、65歳未満の妻で、夫との婚姻関係が10年以上継続していたこと

⑶　支給期間

寡婦年金は、その妻が60歳に達した月の翌月から65歳に達した月まで支給される。夫が死亡した当時に60歳以上であった妻の場合、支給要件に該当した月の翌月から65歳に達した月までの間支給される。

なお、寡婦年金は、その妻が老齢基礎年金の受給権を取得するまでの間の所得保障として設けられているため、老齢基礎年金の支給繰上げの請求をすると、受給権は消滅し、受給要件に該当した場合であっても寡婦年金を受けることはできない。

老齢基礎年金の支給繰上げの請求をすると寡婦年金はもらえません。

2．寡婦年金の年金額

寡婦年金の年金額は、夫が受けるはずであった第1号被保険者期間の保険料納付済期間と保険料免除期間に基づいて計算した老齢基礎年金の年金額の4分の3に相当する額である。

●図表6－1　寡婦年金の年金額

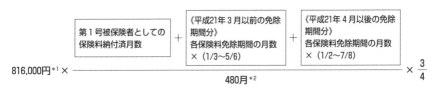

*1　昭和31年4月1日以前生まれの者は813,700円。

*2　昭和16年4月1日以前生まれの者は「加入可能年数×12ヵ月」。

　死亡した夫が付加保険料を納めていた場合であっても寡婦年金の額には反映されません。

3．支給停止

夫の死亡について、労働基準法の規定により遺族補償が受けられるときは、死亡日から6年間支給停止される。

4．失　権

受給権者が次のいずれかに該当したときは、受給権は消滅する。

① 65歳に達したとき

② 死亡したとき

③ 婚姻（事実上の婚姻関係を含む）をしたとき

④ 直系血族または直系姻族以外の者の養子となったとき（事実上の養子縁組関

第6編

その他の年金制度と企業年金制度等

係を含む）

⑤　繰上げ支給の老齢基礎年金の受給権を取得したとき

Check!

●夫の死亡により寡婦年金と死亡一時金の両方を受けることができる場合には、選択に
よりいずれか１つを受給することとなる。

第3節　死亡一時金

　死亡一時金は、第１号被保険者の保険料の掛け捨て防止策として設けられた制度
である。よって、第１号被保険者が死亡してもその者の死亡について遺族基礎年金
が支給されず、また死亡した者が老齢基礎年金または障害基礎年金のいずれも受け
ないまま死亡したときに支給される。

１．受給要件

⑴　死亡した者の要件

　次のすべての要件を満たすことが必要である。

①　死亡日の前日において死亡日の属する月の前月までの第１号被保険者期間に
係る保険料納付済期間、４分の１免除期間の４分の３、半額免除期間の２分の
１、４分の３免除期間の４分の１に相当する月数を合算した月数が36ヵ月以上
あること

②　老齢基礎年金または障害基礎年金を受けたことがないこと

Check!

●第１号被保険者に係る保険料納付済期間には、65歳未満の任意加入被保険者および特
例による65歳以上の任意加入被保険者としての保険料納付済期間も含まれる。

⑵　遺族の要件

　死亡一時金を受けることができる遺族は、死亡した者の①配偶者、②子、③父母、
④孫、⑤祖父母、⑥兄弟姉妹であって、その者の死亡の当時、死亡した者と生計を

同じくしていた者とする。死亡一時金を受けることができる者の順位は、①～⑥の順であり、このうち最先順位の者に支給される。死亡一時金は、保険料還付の性格を有する給付であることから、死亡者との生計維持関係は問われない。

　なお、同順位の遺族が2人以上いるときは、1人の行った請求は全員のために全額につき請求したものとみなされ、また、1人に対する支給は全員に対して行ったものとみなされる。

(3)　支給されない場合

①　遺族基礎年金を受けることができる者があるとき。ただし、死亡日の属する月にその遺族基礎年金の受給権が消滅した場合を除く

　例）死亡月において、遺族が子であり、その子が18歳年度末に到達した場合には、遺族基礎年金の受給権は発生するが、同時に消滅することとなる。この場合には死亡一時金は支給される。

②　死亡の当時、胎児であった子が生まれ、子または妻が遺族基礎年金を受けることができるに至ったとき。ただし、胎児が生まれた月に遺族基礎年金の受給権が消滅（その胎児の死亡等）した場合を除く

Check!

●子が遺族基礎年金の受給権を取得したときに、生計を同じくするその子の父または母があるときは、その子に支給される遺族基礎年金は支給停止され、死亡した者の配偶者に死亡一時金が支給される（第5編第1章第3節参照）。
●死亡一時金の請求は、死亡日（失踪宣告を受けた者については失踪宣告の審判の確定日）の翌日から起算して2年以内に行わなければならない。

2．死亡一時金の額

　死亡日の属する月の前月までの第1号被保険者期間に係る保険料納付済期間、4分の1免除期間の4分の3、半額免除期間の2分の1、4分の3免除期間の4分の1に相当する月数を合算した月数に応じた額となる。

　また、付加保険料を3年以上納めている場合には、一律8,500円が加算される。

●図表6-2 死亡一時金の支給額

第1号被保険者としての保険料納付済期間の月数と保険料4分の1免除期間の月数の4分の3、保険料半額免除期間の月数の2分の1、および保険料4分の3免除期間の月数の4分の1を合計した月数	支給額
36ヵ月以上180ヵ月未満	120,000円
180ヵ月以上240ヵ月未満	145,000円
240ヵ月以上300ヵ月未満	170,000円
300ヵ月以上360ヵ月未満	220,000円
360ヵ月以上420ヵ月未満	270,000円
420ヵ月以上	320,000円

3．支給の調整

　寡婦年金と死亡一時金の両方を受けることができるときは、その者の選択によりどちらか一方が支給され、他方は支給されない。

ワンポイントアドバイス

　1人1年金の原則から、残された妻が60歳になったときに受給できる年金によって、寡婦年金よりも死亡一時金を選択したほうが有利な場合があります。

その他の一時金

年金制度では、短期在留外国人に対する脱退一時金や旧法において、短期間、厚生年金保険料を負担していた者に対する経過措置として脱退手当金の制度が設けられるなど、保険料の掛け捨て防止策が図られている。

第1節 短期在留外国人の脱退一時金 (国民年金・厚生年金保険)

現在の公的年金制度においては被保険者になるための要件として国籍は問われていない。よって国民年金の第1号被保険者の要件を満たせば外国人であっても国民年金の保険料を納めなければならない。また、厚生年金保険の被保険者の要件を満たせば、外国人であっても厚生年金保険料を負担しなければならない。しかしながら、短期在留外国人の場合、保険料を納付したにもかかわらず、在日期間が短ければ受給資格を得られないこともある。

そこで、保険料の掛け捨て防止策として平成6年の法改正により、平成7年4月から国民年金および厚生年金保険(共済組合等)に脱退一時金の制度が設けられた。国際年金通算協定が結ばれるまでの経過措置としている。

1. 受給要件

次のすべての要件を満たすことが必要である。

① 国民年金の脱退一時金は、第1号被保険者（任意加入被保険者を含む）期間に係る保険料納付済期間、4分の1免除期間の4分の3、半額免除期間の2分の1、4分の3免除期間の4分の1に相当する月数を合算した月数が6ヵ月以上あること(厚生年金保険の脱退一時金は、厚生年金保険の被保険者期間が6ヵ月以上あること)

② 日本国籍を有していないこと

③　老齢基礎年金の受給資格期間を満たしていないこと

2．支給されない場合

①　国民年金の被保険者であるとき

②　日本国内に住所を有するとき

③　老齢基礎年金の受給資格を満たしているとき

④　障害基礎年金・障害厚生年金等の受給権を有したことがあるとき

⑤　最後に被保険者の資格を喪失した日から起算して2年を経過しているとき

　　ただし、資格を喪失した日に日本国内に住所を有していたときは同日後初めて日本国内に住所を有しなくなった日から起算する

⑥　国民年金法および厚生年金保険法に相当する外国の法令の適用を受ける者等であって政令で定める者であるとき

Check!

● 平成29年3月以降、転出届を市区町村に提出することにより、住民票転出（予定）日以降に日本国内での請求が可能となった。なお、この場合は請求書に添付する書類として、日本国外に転出予定である旨が記載された住民票の写し、住民票の除票等、市区町村に転出届を提出したことが確認できる書類が必要となる。

3．脱退一時金の額

(1)　国民年金の脱退一時金の額

　脱退一時金の支給額は、基準月（最後に保険料を納付した月）が属する年度の保険料額と第1号被保険者としての保険料納付済期間等の月数（保険料納付済期間の月数と保険料4分の1免除期間の月数の4分の3、保険料半額免除期間の月数の2分の1および保険料4分の3免除期間の月数の4分の1に相当する月数を合算した月数）に応じて計算する。令和3年度に支給上限年数が3年から5年に引き上げられたことにより、基準月が令和6年度の場合、50,940円～509,400円である（図表6－3）。

●図表 6 - 3　国民年金の脱退一時金の額

（基準月が令和 6 年度の場合）

保険料納付済期間等の月数	支給額計算に用いる数	支給額
6 月以上12月未満	6	50,940円
12月以上18月未満	12	101,880円
18月以上24月未満	18	152,820円
24月以上30月未満	24	203,760円
30月以上36月未満	30	254,700円
36月以上42月未満	36	305,640円
42月以上48月未満	42	356,580円
48月以上54月未満	48	407,520円
54月以上60月未満	54	458,460円
60月以上	60	509,400円

※基準月が令和 2 年度以前の場合は、36月（ 3 年）を上限として基準月の保険料額をもとに支給額が計算される。

(2)　厚生年金保険の脱退一時金の額

　厚生年金保険の脱退一時金の額は、厚生年金の被保険者期間の平均標準報酬額に支給率（図表 6 - 4 ）を乗じて得た額である。

　平均標準報酬額は、平成15年 3 月以前の被保険者期間がある場合、平成15年 3 月以前の標準報酬月額に1.3を乗じ、これと平成15年 4 月以後の標準報酬月額と標準賞与額とを合算して得た額を被保険者期間の月数で除して得た額であり、再評価は行わない。

　支給率は、対象となる保険料率に 2 分の 1 を乗じ、被保険者期間に応じた数を乗じて得た率（小数点以下第 1 位で四捨五入）である。対象となる保険料率は、資格を喪失した月の前月を「最終月」とし、最終月の属する年の前年の10月（最終月が 1 月から 8 月の場合は前々年の10月）の保険料率である。

> 脱退一時金の額＝平均標準報酬額×支給率

●図表6－4　厚生年金保険の脱退一時金の支給率

（最終月が令和6年度の場合）

被保険者であった期間	支給額計算に用いる数	支給率
6月以上12月未満	6	0.5
12月以上18月未満	12	1.1
18月以上24月未満	18	1.6
24月以上30月未満	24	2.2
30月以上36月未満	30	2.7
36月以上42月未満	36	3.3
42月以上48月未満	42	3.8
48月以上54月未満	48	4.4
54月以上60月未満	54	4.9
60月以上	60	5.5

※厚生年金保険の保険料率が18.30％の場合の支給率である。最終月が令和2年度以前の場合は、36月（3年）を上限として最終月の保険料率をもとに支給率が計算される。

Check!

●脱退一時金の額は、被保険者であった期間に応じて支給上限年数を3年としていたが、出入国管理法改正によって、期間更新に限度のある在留資格における期間の上限が5年になる（特定技能1号）こと等を踏まえ、令和3年度から支給上限年数が5年に引き上げられた。

●支払日の為替レートにより送金先の通貨に換算して支払われることになる。

●脱退一時金の計算の基礎となった期間は、被保険者でなかったものとみなされる。

●脱退一時金に関する処分に不服があるときは社会保険審査会に対して審査請求を行う。

●2以上の種別期間を有する者の場合、脱退一時金の支給要件は2以上の種別期間の月数を合算して判定する。また、脱退一時金の額を計算する際の支給率は、2以上の種別期間の月数を合算した月数によるものとし、脱退一時金の額は、種別期間ごとに計算し、それぞれを合算した額となる。

最終加入月における種別の実施機関から支給されるが、国民年金の脱退一時金を同時に請求する場合は、日本年金機構からまとめて支給される。

第 2 節 脱退手当金（厚生年金保険）

　旧厚生年金保険法では、厚生年金保険の被保険者期間が20年以上なければ老齢年金は受給できなかった。一般的に女性は、短期間だけ勤務し、受給資格を満たせず、厚生年金保険料が掛け捨てになることが多かったため、その防止策として一時金を支給することとした。これを脱退手当金という。

　しかし、昭和60年改正により、全制度を合わせて25年以上の受給資格期間を満たし、厚生年金保険の被保険者期間が 1 月以上あれば老齢厚生年金が支給されることとなり、本制度は廃止されたが、その後も経過措置として残された。

1．受給要件

　次のすべての要件を満たした者に支給される。
① 　昭和16年 4 月 1 日以前に生まれた者であること
② 　厚生年金保険の被保険者期間が 5 年以上ある者で老齢年金を受けるのに必要な被保険者期間を満たしていないこと
③ 　60歳に達した後に被保険者の資格を喪失し、または被保険者の資格を喪失した後に被保険者となることなくして60歳に達したこと

2．支給されない場合

　次に該当する場合には支給されない。
① 　障害年金の受給権者であるとき
② 　障害年金または障害手当金を受けたことがある場合においてすでに受けた障害年金または障害手当金の額が脱退手当金の額に等しいかまたはこれを超えるとき

3．脱退手当金の額

　脱退手当金の額は、厚生年金保険の被保険者期間の平均標準報酬月額に支給率（被保険者期間に応じて1.1〜5.4）を乗じて得た額である。

$$\boxed{\text{平均標準報酬月額}*\times\text{支給率}\ (1.1\sim5.4)}$$

＊平均標準報酬月額は、平成15年3月までの被保険者期間の各月の標準報酬月額と平成15年4月以降の被保険者期間の各月の標準報酬月額および標準賞与額を1.3で除して得た額を合算して得た額を全被保険者期間の月数で除して得た額である。

4．失　権

次のいずれかに該当したときは消滅する。

① 厚生年金保険の被保険者となったとき

② 老齢厚生年金、通算老齢年金もしくは障害厚生年金、障害年金の受給権者となったとき

Check!

●脱退手当金の計算の基礎となった期間は、被保険者でなかったものとみなされるが、一定の要件を満たせば合算対象期間として算入される（第3編第1章第1節参照）。

第3節 退職一時金（共済組合）

退職一時金は、共済組合において昭和54年12月31日までに退職した者に適用された制度で、原則として組合員期間が20年未満の者が退職したときに支給されていた。

退職一時金制度では、退職した時期などにより、「将来年金を受けないことを前提に、退職一時金の全額の支給を受ける場合」と「将来年金を受けることを希望して、そのための財源を差し引いた残りの額のみの支給を受ける場合」の2通りの受給方法があった。

しかし、過去に退職一時金の支給を受けた者が、その後、退職共済年金や障害共済年金を受けることになったとき、またはその遺族が遺族共済年金を受けることになったときは、原則として退職一時金として受けた額に利子（退職一時金を受けた月の翌月から退職共済年金等の年金の受給権を取得した月までの期間の利子）を加えた額を返還することになっている。

ただし、退職一時金を全額受給した（将来の年金を受けるための財源を残していない）場合であって、その退職一時金の基礎となった組合員期間とそれ以外の組合

216

員期間を合計した期間が20年未満の場合には、退職一時金の基礎となった期間は、年金額の計算の基礎となる組合員期間に算入されないため、その期間に基づいて受給した退職一時金についての返還は不要である。

~退職一時金を全額受給した場合~

組合員期間等25年以上

S61.4.1

組合員期間A　　　　　　　　　　　　　　　　組合員期間B

（退職一時金全額受給）　　　　　　　　（退職共済年金受給権発生）

組合員期間A＋組合員期間B　≧　20年　⇒　退職一時金の返還が必要

組合員期間A＋組合員期間B　＜　20年　⇒　退職一時金の返還は不要

第3章 離婚時の年金分割制度

　近年、中高齢期の離婚の件数が増加し、男女間の雇用格差等を背景に、離婚をした場合には女性の高齢期の年金が低額になるという問題が生じていた。そこで、平成16年の法改正により、離婚時において夫婦間の年金を分割できる制度が導入されることとなった。

第1節 年金分割の仕組み

　離婚時の年金分割制度には、平成19年4月施行の夫婦間の合意を必要とする「合意分割」といわれる制度と平成20年4月施行の国民年金の第3号被保険者であった者からの請求により分割される「3号分割」といわれる制度がある。いずれも離婚等（離婚、婚姻の取消し等）をした場合に夫婦間で年金記録を分割し、将来の給付に反映させる制度である。

　分割の対象となる年金は、老齢厚生年金および退職共済年金の報酬比例部分（厚生年金基金の代行部分、職域加算部分を含む）である。老齢基礎年金、厚生年金基

●図表6-5　離婚時の年金分割のイメージ

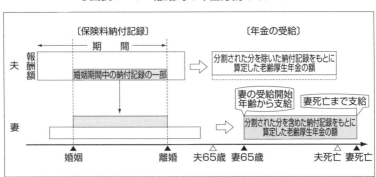

（資料）厚生労働省公表資料

金の上乗せ部分および確定給付企業年金等は分割対象とはならない。

第2節 合意分割

　合意分割は、平成19年4月1日以後に離婚等をした場合、当事者間の合意または裁判手続等により厚生年金保険の保険料納付記録の2分の1を上限に分割することができる制度である。

1. 合意分割の仕組み

　合意分割は、平成19年4月以降の離婚が対象となるが、分割対象となる期間は平成19年4月前の婚姻期間も含まれる。

　婚姻期間中の厚生年金保険加入中の期間を対象とし、報酬比例部分の2分の1の範囲内で分割することができる。

　具体的には、婚姻期間中の標準報酬の再評価したもの（対象期間標準報酬総額）が多い者が少ない者に対して標準報酬の分割を行うこととなる。分割を行う者（対象期間標準報酬総額が多い者）を「第1号改定者」といい、分割を受ける者（対象期間標準報酬総額が少ない者）を「第2号改定者」という。

　按分割合の上限は常に50％で、分割によって第2号改定者の持分が第1号改定者の持分を超えないようにされている。また、按分割合の下限は、当事者双方の対象期間標準報酬総額の合計額のうち、分割前における第2号改定者の持分とし、分割によって第2号改定者の持分が減らないようにされている。

$$\frac{\text{分割前の第2号改定者の対象期間標準報酬総額}}{\text{分割前の双方の対象期間標準報酬総額の合計額}} < \text{按分割合} \leqq 50\%$$

　当事者は、分割する按分割合について合意をしたうえで合意に関する公正証書等を添付して実施機関に分割請求を行う。合意がまとまらない場合には、当事者の一方の申立てにより、家庭裁判所が保険料納付に対する当事者の寄与の程度その他の一切の事情を考慮して、請求すべき按分割合を定めることができる。

　分割請求は、原則として離婚後2年以内に行わなければならない。

２．分割の効果

　保険料納付記録の第2号改定者（分割を受けた者）は、年金受給時において分割後の記録に基づいて老齢厚生年金の額が決定される。分割されても年金額の計算の基礎となるだけで、受給資格期間には算入されず、60歳台前半の老齢厚生年金の支給要件となる被保険者期間や加給年金額の支給要件となる被保険者期間等にも算入されない。また、第2号改定者が自身の受給資格期間を満たして支給開始年齢に達するまでは、老齢厚生年金は支給されない。

　なお、第1号改定者（分割を行った者）が死亡した場合でも第2号改定者の年金額は減額されない。

３．情報提供

　平成18年10月より、当事者の双方または一方から請求前に、分割請求となる期間、対象期間の標準報酬総額、按分割合の範囲などの情報について請求することができることとなった。情報提供を請求する場合には、請求者の年金手帳、戸籍謄本などの書類を添付していずれかの実施機関に情報提供請求書を提出する。

Check!

● 2以上の種別期間を有する者の場合、その2以上のすべての種別期間を対象にして分割される。また、夫婦の種別期間が異なる場合（例：夫は2号厚年のみ、妻は1号厚年のみ）、2以上の種別期間を有する者ではないが、2以上の種別期間を有する者とみなされて分割される。

● 2以上の種別期間を有する場合の「年金分割のための情報提供請求書」は、いずれか1つの実施機関に提出し、その後、「年金分割のための情報通知書」が送付される。

第3節　3号分割

　被扶養配偶者（第3号被保険者）に対する年金たる保険給付に関しては、被扶養配偶者を有する被保険者（第2号被保険者）が負担した保険料について、被扶養配偶者が共同して負担したものであるという認識の下に3号分割の制度が設けられた。

　3号分割は、平成20年4月1日以後の第3号被保険者であった期間について、離婚等をした場合、当事者間の合意がなくても厚生年金保険の保険料納付記録の2分の1の分割請求ができる制度である。

　具体的には、3号分割では婚姻期間（特定期間）中の第2号被保険者（特定被保険者）の保険料納付記録（標準報酬）を被扶養配偶者である第3号被保険者に対して分割を行うこととなる。特定期間における被保険者期間の各月ごとに、特定被保険者については標準報酬月額および標準賞与額が2分の1に改定され、被扶養配偶者については、特定被保険者の標準報酬月額および標準賞与額の2分の1が標準報酬月額および標準賞与額として決定されることとなる。またこの分割を受けた期間は、被扶養配偶者にとっては厚生年金保険の被保険者であった期間とみなされる。ただし、特定被保険者が障害厚生年金の受給権者である場合には、3号分割の請求は認めないこととし、この場合は合意分割が適用される。

　なお、平成20年3月までの期間については、3号分割の対象とはならないため、合意分割によって按分割合を定めることとなる。

　分割請求は、原則として離婚後2年以内に行わなければならない。また、3号分割についても合意分割と同様に情報提供の請求が可能である。

●図表6-6　合意分割と3号分割のイメージ

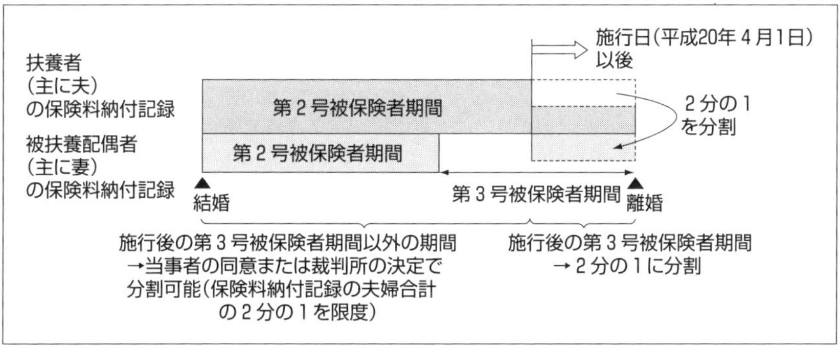

　合意分割と3号分割の主な相違点は、図表6-7のとおりである。

●図表 6 - 7　合意分割と 3 号分割の主な相違点

	合意分割（平成19年 4 月以降）	3 号分割（平成20年 4 月以降）
分割対象となる離婚時期	平成19年 4 月以降の離婚	平成20年 5 月以降の離婚＊
分割の割合	2 分の 1 の範囲内	2 分の 1 （固定）
分割割合の夫婦の合意	夫婦の合意または家庭裁判所の決定	不要（障害年金受給者からの分割はできない）
分割対象となる期間	厚生年金加入中の全婚姻期間	平成20年 4 月以後の第 3 号被保険者であった期間
年金分割手続の期限	離婚の日から 2 年以内（原則）	
効　果	分割により、老齢厚生年金（報酬比例部分）の年金額は増えるが、受給資格などの期間計算には入らない。	

＊離婚した月の前月までが分割対象となるため、平成20年 5 月以降に離婚した場合が対象となる。

第4章　年金生活者支援給付金

　年金生活者支援給付金法の成立により、年金を含めても所得が低い高齢者や障害者および遺族の生活を支援するために、年金生活者支援給付金が支給されることとなった。年金生活者支援給付金は、消費税率引き上げ分を活用し、福祉的な制度として年金に上乗せして支給するため、消費税率が10%に引き上げられた令和元年10月1日から施行されている。

第1節　高齢者への給付金

　高齢者への給付金として「老齢年金生活者支援給付金」と「補足的老齢年金生活者支援給付金」の制度が設けられている。給付金を受け取るためには、日本年金機構への認定請求の手続が必要である。

1．老齢年金生活者支援給付金

(1)　支給要件
次のすべての要件を満たすことが必要である。

①65歳以上の老齢基礎年金の受給者であること

②前年（1月～9月分は前々年）の公的年金等の収入金額*とその他の所得との合計額が老齢基礎年金満額相当の778,900円以下であること

③同一世帯の全員が市町村民税非課税であること

　*障害年金・遺族年金等の非課税収入は含まれない。

(2)　給付額
次の①と②の合計額が支給される。

①保険料納付済期間に基づく額（月額）

5,310円×保険料納付済期間（月数）/480月

②保険料免除期間に基づく額（月額）

11,333円[*]×保険料免除期間（月数）/480月

＊保険料全額免除、3/4免除、半額免除期間については、老齢基礎年金満額（月額）1/6相当の11,333円（昭
　和31年4月1日以前生まれの者は11,301円）となり、保険料1/4免除期間については、老齢基礎年金
　満額（月額）1/12相当の5,666円（昭和31年4月1日以前生まれの者は5,650円）となる。

2．補足的老齢年金生活者支援給付金

　老齢年金生活者支援給付金の所得要件（上記1．(1)②）を満たさない場合であっても、その合計額が778,900円を超え、878,900円以下の者に対しては、老齢年金生活者支援給付金を受給する者と所得総額が逆転しないように補足的老齢年金生活者支援給付金が支給される。

　給付額（月額）は「5,310円×保険料納付済期間（月数）/480月×支給率[*]」となる。

＊支給率＝(878,900円－公的年金等・所得との合計額)/(878,900円－778,900円)

3．支給されない場合

　次のいずれかの事由に該当する場合は支給されない。

①日本国内に住所を有しないとき

②年金が全額支給停止のとき

③刑事施設等に拘禁されているとき

第2節 障害者や遺族への給付金

　障害者への給付金として「障害年金生活者支援給付金」、遺族への給付金として「遺族年金生活者支援給付金」の制度が設けられている。給付金を受け取るためには、日本年金機構への認定請求の手続が必要である。

1．障害年金生活者支援給付金

(1) 支給要件

　次のすべての要件を満たすことが必要である。

①障害基礎年金の受給者であること

②前年（1月〜9月分は前々年）の所得*¹が「4,721,000円＋扶養親族の数×38万円*²」以下であること

* 1　障害年金等の非課税収入は支給判定に用いる所得には含まれない。
* 2　同一生計配偶者のうち70歳以上の者または老人扶養親族の場合は48万円、特定扶養親族または16歳以上19歳未満の扶養親族の場合は63万円となる。

⑵　給付額

　障害等級2級の者には月額5,310円、障害等級1級の者には月額6,638円が支給される。

2．遺族年金生活者支援給付金

⑴　支給要件

　次のすべての要件を満たすことが必要である。

①遺族基礎年金の受給者であること

②前年（1月〜9月分は前々年）の所得*¹が「4,721,000円＋扶養親族の数×38万円*²」以下であること

* 1　遺族年金等の非課税収入は支給判定に用いる所得には含まれない。
* 2　同一生計配偶者のうち70歳以上の者または老人扶養親族の場合は48万円、特定扶養親族または16歳以上19歳未満の扶養親族の場合は63万円となる。

⑵　給付額

　遺族である者には月額5,310円が支給される。ただし、2人以上の子が遺族基礎年金を受給している場合は、5,310円を子の数で除して得た額がそれぞれに支給される。

3．支給されない場合

　次のいずれかの事由に該当する場合は支給されない。

①日本国内に住所を有しないとき

②年金が全額支給停止のとき

③刑事施設等に拘禁または少年院等に収容されているとき

●給付金は、原則として支給要件に該当する者が認定請求をした月の翌月から、給付金を支給すべき事由が消滅した月までの間支給される。なお、基礎年金の受給権発生日から3ヵ月以内に認定請求がされたときは、基礎年金の受給権発生日に認定請求があったものとみなされ、さかのぼって支給される。

●年金と同様に、偶数月に前月分と前々月分が支払われ、年金と同じ口座、同じ日に年金とは別の振り込み（通帳には年金とは別の記載）となる。

●引き続き給付金の支給要件を満たしている場合は、翌年以降の手続は原則不要である。ただし、支給要件を満たさなくなったことにより、受け取れなくなった者が再び支給要件を満たした場合は、改めて手続が必要となる。

●給付金の支給を受けている者が死亡した場合、未支給年金（第2編第1章第2節参照）の請求者が未支払の給付金の請求も合わせて行うこととなる。

●給付額は毎年度、物価変動に応じて改定され、各給付金は非課税である。

●令和2年6月以降、支給要件に該当する可能性のある者の所得情報も取得できるようになり、その者に対しても給付金請求書が送付されることとなった。これに伴い、令和3年8月より、所得情報の切替時期（支給サイクル）が「8月～翌年7月」から「10月～翌年9月」に変更された。

ワンポイントアドバイス

　基礎年金は請求が遅れてもさかのぼって5年分が支給されますが、年金生活者支援給付金は基礎年金の受給権発生後3ヵ月を経過すると請求月の翌月分からの支給となります。

第5章

国民年金基金と企業年金

老後の保障を手厚いものとするために、公的年金を補完する年金として自営業者等を対象とした国民年金基金や民間企業に勤務する者等を対象とした厚生年金基金、確定拠出年金および確定給付企業年金などの企業年金の制度が設けられている。

第1節 国民年金基金

1．概　要

(1)　種　類

　国民年金基金は、自営業者などの第1号被保険者を対象に、老齢基礎年金の上乗せ給付を行うことを目的として平成3年4月に実施された。

　国民年金基金は、厚生労働大臣の認可を受けた公法人で、「地域型基金」と「職能型基金」の2種類がある。

地域型国民年金基金（地域型基金）	職能型国民年金基金（職能型基金）
基金の地区内に住所を有する第1号被保険者で組織する。 地区は1（吸収合併後、存続する地域型基金にあっては1以上）の都道府県の区域を全部とする。	同一の職種に従事する第1号被保険者で組織する。 それぞれの職種につき全国で1個とする。

※平成31年4月に全国47都道府県ごとの地域型基金と22の職能型基金が合併し、「全国国民年金基金」（全国基金）となった。なお、3つの職種（弁護士・歯科医師・司法書士）については、職能型基金としてそれぞれ単独で運営されている。

(2)　加入対象者

　第1号被保険者および65歳未満の任意加入被保険者は、各基金へ申し出ていずれか1つの基金に加入することができる。

　ただし、国民年金の保険料免除者（産前産後期間による免除者を除く）または農

業者年金の被保険者は加入することができない。なお、農業者年金の被保険者は、付加保険料を納付することとなっている。

(3) 資格の取得

各基金に加入の申出をした日に加入員の資格を取得する。

(4) 資格の喪失

次のいずれかに該当したときに加入員の資格を喪失する。

① 被保険者の資格を喪失した日または第2号被保険者もしくは第3号被保険者となった日

② 地域型基金の加入員が、基金の地区内に住所を有しなくなった日の翌日

③ 職能型基金の加入員がその業務に従事しなくなった日の翌日

④ 国民年金の保険料を免除（一部の免除を含む）されることとなった月の初日

⑤ 農業者年金の被保険者になった日

⑥ 加入していた基金が解散した日の翌日

Check!

- ●国民年金基金の加入員は、付加保険料を納付することができない。
- ●加入員の資格を取得した月に資格を喪失したときは基金の加入員でなかったものとみなされる。
- ●国民年金基金の加入員が国民年金保険料を滞納したまま2年が経過した場合、その滞納期間に係る基金の年金は支給されず、納付した掛金は還付される。

2. 給 付

国民年金基金が行う給付には、老齢基礎年金の上乗せ給付としての年金、死亡に関しての一時金がある。

年金給付の額は、選択した給付の型、加入口数および加入時の年齢で決まる。ただし、物価スライドの適用はない。

給付の型は、終身年金A型・B型、確定年金Ⅰ型・Ⅱ型・Ⅲ型・Ⅳ型・Ⅴ型の7種類ある。1口目は、必ず終身年金のA型（支給開始65歳・15年保証期間付）ま

●図表 6 − 8　国民年金基金の年金給付

◆ 1 口目……Ａ型、Ｂ型のいずれかを選択

〈終身年金〉※35歳誕生月までに加入する場合の年金額

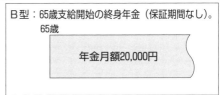

加入時の年齢	1 口目の年金月額
35歳 0 ヵ月まで	20,000円（30,000円）
35歳 1 ヵ月　〜45歳 0 ヵ月まで	15,000円（20,000円）
45歳 1 ヵ月　〜50歳 0 ヵ月まで	10,000円（10,000円）
50歳 1 ヵ月以上	加入期間による

（　）内は平成21年 3 月までの加入者

◆ 2 口目以降……終身年金（Ａ型とＢ型）、確定年金（Ⅰ型、Ⅱ型、Ⅲ型、Ⅳ型、Ⅴ型）から選択

〈終身年金〉※35歳誕生月までに加入する場合の年金額

〈確定年金〉※35歳誕生月までに加入する場合の年金額

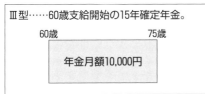

加入時の年齢	2 口目以降の年金月額
35歳 0 ヵ月まで	10,000円
35歳 1 ヵ月〜50歳 0 ヵ月まで	5,000円
50歳 1 ヵ月以上	加入期間による

たはＢ型（支給開始65歳・保証期間なし）に加入しなければならない。２口目以降は、終身年金のＡ型・Ｂ型のほか、確定年金のＩ型〜Ｖ型の中から選択する。

　なお、税制上の優遇措置として、年金給付は老齢基礎年金と同様に、公的年金等控除の対象となる。また、加入する給付の型により、加入員が亡くなった場合、遺族一時金が支給されるが、遺族一時金は非課税である。

３．掛　金

　掛金の月額は、選択した給付の型、加入口数、加入時の年齢および性別によって異なる。原則として掛金の上限は、月額68,000円である。ただし、個人型確定拠出年金にも加入している場合は、個人型確定拠出年金の掛金と合算して月額68,000円が上限となる。また、確定年金の年金額が終身年金の年金額を超える選択はできない。

　なお、税制上の優遇措置として、基金の掛金は全額社会保険料控除の対象となる。

ワンポイントアドバイス

　国民年金基金への加入は任意ですが、任意に脱退することはできません。

　また、資格喪失事由に該当して脱退することとなっても一時金は支給されず、将来、年金として受け取ることになります。

４．中途脱退者・解散基金加入員

　国民年金基金の中途脱退者や解散基金加入員に対する年金または死亡を支給事由とする一時金の支給は、国民年金基金連合会が行う。

　中途脱退者とは、国民年金基金の加入員の資格を中途で喪失した者であって、原則としてその基金の加入員期間が15年未満の者をいう。

　解散基金加入員とは、国民年金基金がその解散した日において、年金の支給に関する義務を負っていた者をいう。

第2節　厚生年金基金（存続厚生年金基金）

　厚生年金基金制度は、老齢厚生年金の報酬比例部分の一部を国に代わって支給する企業年金制度として、昭和41年10月に導入された。

しかし、近年の経済・運用環境の悪化等に伴い、国の年金の一部を代行している部分（代行部分）が積立不足となっている厚生年金基金が増加していることから、「健全化法」の成立により、厚生年金基金制度の見直しが行われることとなった（施行日：平成26年4月1日）。

健全化法では、施行日以降は厚生年金基金の新設は認めないこととされ、代行割れ基金の早期解散への対応、一定基準を下回る基金への解散命令の発動、他の企業年金制度への移行の支援などが規定され、段階的な縮小・廃止への方向性が示されている。

なお、改正前の厚生年金保険法の規定により設立され、健全化法の施行の際に現存していた厚生年金基金は、施行日以降、「存続厚生年金基金」として位置づけられているが、解散や廃止されるまで、従前に準じて業務を行うことになる。

また、改正前の厚生年金保険法の規定により設立され、健全化法の施行の際に現存していた企業年金連合会は、施行日以降、「存続連合会」として位置づけられているが、中途脱退者等またはその遺族について給付金の支給等の業務を行い、確定給付企業年金法に新たに規定された企業年金連合会が設立されたときに解散することになる。

1．厚生年金基金（存続厚生年金基金）の概要

厚生年金基金（存続厚生年金基金）（以下、「基金」という）では、老齢厚生年金の報酬比例部分の一部を代行して支給する代行部分と各基金が定める独自のプラスアルファ部分を加えた年金を支給することとしている（図表6−9）。また、基金は加入員の脱退に関して一時金の支給を行い、死亡または障害に関して年金または一時金の支給を行うことができる。

基金が設立されている企業は、代行部分の給付に必要な保険料を国に納めることが免除され、その分が基金への掛金となっている（第2編第3章第4節参照）。

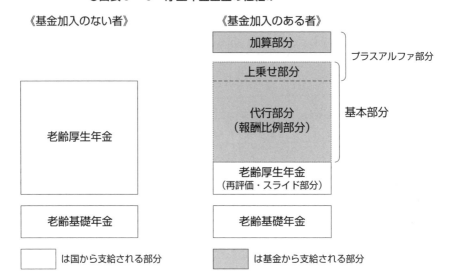

●図表6－9　厚生年金基金の仕組み

《基金加入のない者》　　　　　　　《基金加入のある者》

(1)　年金給付

　基金が支給する年金（老齢年金給付）は、基金の加入期間に相当する代行部分に基金独自のプラスアルファ部分を上乗せした額とされる。

　なお、原則として基金への加入期間が1月でもあれば、老齢基礎年金の受給資格期間を満たしていなくても基金からの年金が支給される。また、基金ごとに取扱いは異なるが、在職老齢年金や雇用保険の基本手当および高年齢雇用継続給付との併給調整などが行われない基金もある。

①　代行部分

　代行部分については、再評価前の平均標準報酬（月）額に基づいて計算された老齢厚生年金の報酬比例部分に相当する額（再評価分、物価スライド分を除く）であり、再評価分、物価スライド分は国から支給される。

②　プラスアルファ部分

　プラスアルファ部分については、各基金の独自の制度であり、基金ごとに異なる。一般的に代行型、加算型および共済型といわれる計算方法がある。

(2)　その他の給付

　基金では老齢年金給付以外に、脱退について一時金の支給を行うこととしている。

また、規約により死亡や障害について年金または一時金の給付を行うことができる。

なお、脱退については、加入期間により転職先の他の企業年金制度へ脱退一時金相当の金額を移換することもでき、厚生年金基金を平成26年 4 月 1 日前に短期間（原則10年未満）で脱退した者（中途脱退者）の年金原資は企業年金連合会に移換されている。

▶ ワンポイントアドバイス

基金に加入していた方は、国と基金（連合会）の両方に年金の請求をしてください。

基金ごとにプラスアルファ部分やその他の給付の仕組み、また在職老齢年金の支給停止、雇用保険との併給調整、繰上げ支給などの取扱いが異なるため、加入基金に確認することをおすすめします。

２．企業年金連合会（存続連合会）の業務

基金は企業を単位として設立されている企業年金制度であるため、基金を短期間（原則10年未満）で脱退した場合の「中途脱退者」や基金が解散した場合の「解散基金加入員」に対する年金給付については、企業年金連合会（存続連合会）（以下、「連合会」という）が受給者の利便や基金の事務上の便宜を図るため、支給義務を基金から引き継ぎ、一元的に行っている。

▶ Check!

●平成26年 4 月 1 日以降に基金を中途脱退した者については、連合会への基本部分の支給義務の移転はできなくなり、中途脱退者は加入していた基金から基本部分の年金給付を受けることになる。なお、加算部分（脱退一時金相当額）のみの移換は可能である。

●平成26年 4 月 1 日以降に解散した基金の代行部分は国に返還されることになり、解散基金加入員は国から年金給付を受けることになる。なお、残余財産分配金があり、年金化が可能で年金受給を希望した場合、残余財産分配金の移換は可能である。

▶ ワンポイントアドバイス

今後、加入する基金の解散や他制度への移行などが予想されますが、今後の動向については、基金の個別事情によりますので、加入基金からの情報にご留意ください。

1．概　要

　確定拠出年金（DC）は、加入者自身が運用方法を決定し、運用成果により、受け取る年金額が変動する年金制度である。公的年金の新たな上乗せ給付として「日本版401K」とも呼ばれ、平成13年10月（個人型DCは平成14年1月）に導入された。

　確定拠出年金には「企業型DC」と「個人型DC」（愛称：iDeCo）があり、それぞれ転職先等へそれまで積み立てた年金資産を持ち運びできるポータビリティ機能や税制面での優遇措置などが設けられている。

　企業型DCの加入対象者は、65歳未満の厚生年金被保険者(60歳以降は60歳前と同一事業所で継続使用されている者に限る)であるが、確定給付企業年金（DB）との整合性を図るため、令和4年5月以降は厚生年金被保険者（70歳未満）であれば加入者とすることができるようになった。掛金は、原則として企業が拠出することになるが、規約の定めによって加入者も拠出することができる。拠出限度額は既存の企業年金の有無によって決まっている。

　一方、個人型DCにおいては、平成29年1月から基本的に60歳未満のすべての者が加入対象となったが、高齢期の就労が拡大していることを踏まえ、令和4年5月からは65歳未満の国民年金の被保険者であれば加入できるようになった。掛金は、各個人が拠出することとなり、それぞれに拠出限度額が決まっている。

　確定拠出年金に加入すると、加入者自身が「運営管理機関」が提示した運用商品の中から商品を選んで運営管理機関に運用指図を行う。運営管理機関は加入者ごとの運用指図を取りまとめ、「資産管理機関」に指図を行い、資産管理機関は加入者ごとに資産を管理し、運営管理機関の指図に従って、運用商品の購入や加入者への年金の支払いを行う。

2．企業型DC

　企業型DCは、厚生年金保険の適用事業所の事業主が単独または共同で実施することができ、実施者は労使合意で定めた企業型DCに係る規約を作成し、厚生労働

●図表6-10　確定拠出年金の対象者・拠出限度額と他の年金制度への加入の関係

【現行のDC拠出限度額（2022年10月1日～）】

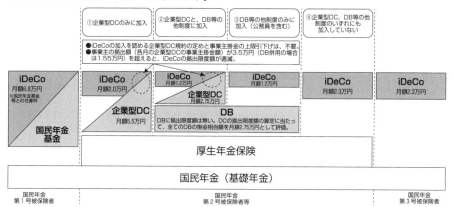

※1　月額2.0万円（DB併用の場合は1.2万円）、かつ、企業型DCの事業主掛金額との合計が月額5.5万円（DB併用の場合は2.75万円）の範囲内で、iDeCoの拠出が可能。
※2　マッチング拠出を導入している企業の企業型DC加入者は、企業型DCの事業主掛金額を超えず、かつ事業主掛金額との合計が拠出限度額（月額5.5万円（DB併用の場合は2.75万円））の範囲内で、マッチング拠出が可能。マッチング拠出かiDeCo加入かを加入者ごとに選択することが可能。
※3　DBには、厚生年金基金・私立学校教職員共済制度・石炭鉱業年金基金を含む。

【DB等の他制度掛金相当額の反映後（2024年12月1日～）】

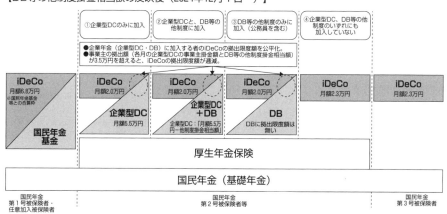

※1　企業型DCの拠出限度額は、月額5.5万円からDB等の他制度掛金相当額（仮想掛金額）を控除した額。他制度掛金相当額は、DB等の給付水準から企業型DCの事業主掛金に相当する額として算定したもので、複数の他制度に加入している場合は合計額。他制度には、DBのほか、厚生年金基金・私立学校教職員共済制度・石炭鉱業年金基金を含む。
　　施行（令和6年12月1日）の際、現に事業主が実施する企業型DCの拠出限度額については、施行の際の企業型DC規約に基づいた従前の掛金拠出を可能とする（経過措置）。ただし、施行日以後に、確定拠出年金法第3条第3項第7号に掲げる事項を変更する規約変更を行った場合、確定給付企業年

金法第4条第5号に掲げる事項を変更する規約変更を行うことによって同法第58条の規定により掛金の額を再計算した場合、DB等の他制度を実施・終了した場合等は、経過措置の適用は終了。
　マッチング拠出を導入している企業の企業型DC加入者は、企業型DCの事業主掛金額を超えず、かつ、事業主掛金額との合計が拠出限度額（月額5.5万円からDB等の他制度掛金相当額を控除した額）の範囲内で、マッチング拠出が可能。マッチング拠出かiDeCo加入かを加入者ごとに選択することが可能。
※2　企業年金（企業型DC、DB等の他制度）の加入者は、月額2.0万円、かつ、事業主の拠出額（各月の企業型DCの事業主掛金額とDB等の他制度掛金相当額）との合計が月額5.5万円の範囲内で、iDeCoの拠出が可能。公務員についても、同様に、月額2.0万円、かつ、共済掛金相当額との合計が月額5.5万円の範囲内で、iDeCoの拠出が可能。
（資料）厚生労働省「確定拠出年金の拠出限度額」

大臣の承認を受けなければならない。加入対象者は65歳未満の厚生年金被保険者（60歳以降は60歳前と同一事業所で継続使用される者に限る）であるが、令和4年5月以降は厚生年金被保険者（70歳未満）であれば加入できるようになった。

　掛金は原則として企業が拠出し、拠出限度額は次のとおりである。なお、規約の定めによって加入者の拠出も可能である。加入者拠出額は拠出限度額（企業拠出額と加入者拠出額の合算額の上限）の範囲内で企業拠出額を超えない額を規約で定めなければならず、加入者は規約に基づき、掛金額を決定し、事業主を通じて拠出することとなる。

| 他の企業年金の導入なし | 55,000円／月 |
| 他の企業年金の導入あり | 27,500円／月 |

　給付には、老齢給付金、障害給付金および死亡一時金があり、老齢給付金、障害給付金は年金または一時金として支給される。老齢給付金（年金）の受給開始時期は60歳から75歳に達するまでの間で選択できるが、60歳時点での加入期間により、次のとおり受給開始年齢が引き上げられる。60歳以降に初めて確定拠出年金に加入する場合は、加入した日から5年を経過した日以降に受給が可能となる。

60歳時点の加入期間*	8年以上10年未満	6年以上8年未満	4年以上6年未満	2年以上4年未満	1月以上2年未満
受給開始年齢	61歳	62歳	63歳	64歳	65歳

*企業型および個人型DCの加入者・指図者であった期間を通算した期間である。

　なお、確定拠出年金は、中途解約して払い戻しを受けることはできないが、一定の要件に該当する場合に限って脱退一時金を受けることができる。
　税制面では、企業が拠出する掛金は全額損金扱いとなり、加入者が拠出する掛金は全額所得控除（小規模企業共済等掛金控除）の対象となる。また、運用益は非課

●図表 6 −11　確定拠出年金（DC）制度の概要

制　度	企業型 DC	個人型 DC（iDeCo）
基本的な仕組み	掛金額を保障（給付額は運用成果により決まる）	
実施者	事業主	国民年金基金連合会
加入対象者	実施企業の従業員	国民年金第 1 号被保険者 国民年金第 2 号被保険者*1（65歳未満） 国民年金第 3 号被保険者 国民年金任意加入被保険者（65歳未満）
拠出者〔税制〕	・事業主拠出〔全額損金算入〕 ・本人拠出*2〔所得控除（小規模企業共済等掛金控除）〕	・本人拠出〔所得控除（小規模企業共済等掛金控除）〕 ・事業主拠出*3〔全額損金算入〕
拠出限度額*4	・他の企業年金導入なし*5 　5.5万円／月 ・他の企業年金導入あり*5 　2.75万円／月	・国民年金第 1 号被保険者（任意加入被保険者を含む）　6.8万円／月*6 ・企業年金の実施がない企業の従業員 　2.3万円／月 ・一定の企業年金加入者 　企業型 DC のみ加入：2.0万円／月*7 　確定給付型年金のみまたは企業型 DC と確定給付型年金の両方に加入：1.2万円／月*8 ・公務員等　1.2万円／月*8 ・国民年金第 3 号被保険者　2.3万円／月
給　付	給付の種類*9 　・老齢給付金（年金または一時金） 　・障害給付金（年金または一時金） 　・死亡一時金 税制 　老齢給付金としての年金：雑所得（公的年金等控除） 　老齢給付金としての一時金：退職所得（退職所得控除）	
積立金の移換	ポータビリティ機能あり	

＊1　企業型 DC 加入者においては、次の①～③のすべてにあてはまる場合に限る。①掛金（企業型 DC・iDeCo）が各月拠出である。② iDeCo の掛金額は、企業型 DC の事業主掛金額と合算して各月の拠出限度額を超えていない。③企業型 DC の加入者掛金を拠出していない。

＊2　規約で定めた場合であって、事業主と本人の拠出額の合算額が拠出限度額の範囲内であり、本人拠出額は事業主拠出額を超えない額であること。

＊3　中小事業主掛金納付制度（愛称：iDeCo＋）により、拠出限度額の範囲内で事業主拠出も可能である。

＊4　年単位拠出も可能であり、ルールに基づいて複数月分をまとめて拠出することができる。

＊5　令和 6 年12月以降は月額55,000円から他制度掛金相当額を控除した額が拠出限度額となる。

＊6　国民年金基金や付加保険料との合算枠である。

＊7　企業型 DC の事業主掛金額との合計額が55,000円の範囲内（上限20,000円）であること。

＊8　企業型 DC の事業主掛金額等との合計額が27,500円の範囲内であること。令和 6 年12月以降は、合計額が55,000円の範囲内（上限20,000円）となる。

＊9　一定の要件を満たした場合に限り、脱退一時金を請求できる。

税であり、積立金の課税はない（特別法人税課税は令和8年3月末まで凍結）。老齢給付金としての年金は公的年金等控除、一時金は退職所得控除の対象となる。障害給付金は非課税であり、死亡一時金は相続税の対象となる。

●図表6−12　企業型DCのイメージ図

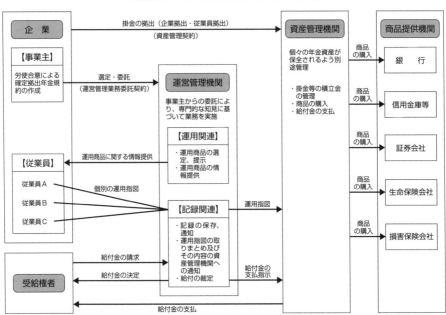

（注）運営管理機関は、資産管理機関及び商品提供機関を兼ねることが可能。また、事業主は運営管理業務を行うことが可能。
（資料）厚生労働省「確定拠出年金制度の概要」

Check!

- ●運営管理機関は平成30年 5 月以降、リスク・リターン特性の異なる 3 つ以上の運用商品を提供し、元本確保型商品については労使の合意に基づき提供することが可能となった。また、運用商品の除外について、商品選択者の全員の同意が必要であったが、商品選択者の 3 分の 2 以上の同意に見直しが行われるなど、運用商品提供数の抑制が図られた。
- ●平成30年 5 月以降、選択の失念等により運用商品を選択しない者への対応として「あらかじめ定められた指定運用方法」（デフォルト商品）の設定（任意）について、法律上の規定が整備された。
- ●確定拠出年金の導入企業が行う投資教育について、「導入時投資教育」は努力義務とされ、「継続投資教育」は配慮義務とされていたが、平成30年 5 月以降、「継続投資教育」も努力義務となった。
- ●平成30年 5 月に中小企業を対象に、企業型 DC 設立時に必要となる書類を簡素化した「簡易型確定拠出年金」（簡易型 DC）が創設された。当初、対象となる中小企業の企業規模を「従業員100人以下」としていたが、令和 2 年10月から「従業員300人以下」に拡大された。なお、簡易型 DC では運用商品数の提示は 2 つ以上でよいとされている。
- ●確定拠出年金の導入企業の事業主は、平成28年 7 月以降、企業年金連合会へ投資教育を委託することが可能となった。
- ●令和 6 年12月以降、拠出限度額が見直され、他の企業年金の導入がある場合であっても「月額55,000円－ DB 等の他制度掛金相当額」（経過措置あり）となる。

3 ．個人型 DC（iDeCo）

　個人型年金の実施者である国民年金基金連合会は、個人型年金に係る規約を作成し、厚生労働大臣の承認を受けなければならない。加入対象者は、60歳未満の国民年金の第 1 号被保険者および既存の企業年金がなく、確定拠出年金も導入しない企業の従業員であったが、平成29年 1 月から国民年金第 3 号被保険者および公務員等（第 2 号・第 3 号厚生年金被保険者）、60歳未満の一定の企業年金加入者も加入できることとなった。さらに令和 4 年 5 月以降は65歳未満の国民年金の被保険者が加入対象となり、具体的には、国民年金第 2 号被保険者や任意加入被保険者は最長で65歳になるまで加入できるようになった。

　掛金は原則として加入者個人が負担し、国民年金基金連合会に拠出する。拠出限

度額は次のとおりである。

第1号被保険者（任意加入被保険者を含む）		68,000円／月　国民年金基金等の掛金を含む	
企業年金の実施がない企業の従業員		23,000円／月	
企業年金加入者	企業型DCのみ加入		20,000円／月
	確定給付型年金のみ加入		12,000円／月
	企業型DCと確定給付型年金に加入		12,000円／月
公務員等			12,000円／月
国民年金第3号被保険者			23,000円／月

　給付には、企業型DCと同様に老齢給付金、障害給付金および死亡一時金があり、一定の要件に該当する場合に限って脱退一時金を受けることができる。

　税制面では、掛金は全額所得控除（小規模企業共済等掛金控除）の対象となる。また、運用益は非課税であり、積立金の課税はない（特別法人税課税令和8年3月末まで凍結）。老齢給付金としての年金は公的年金等控除、一時金は退職所得控除

●図表6−13　個人型DC（iDeCo）のイメージ図

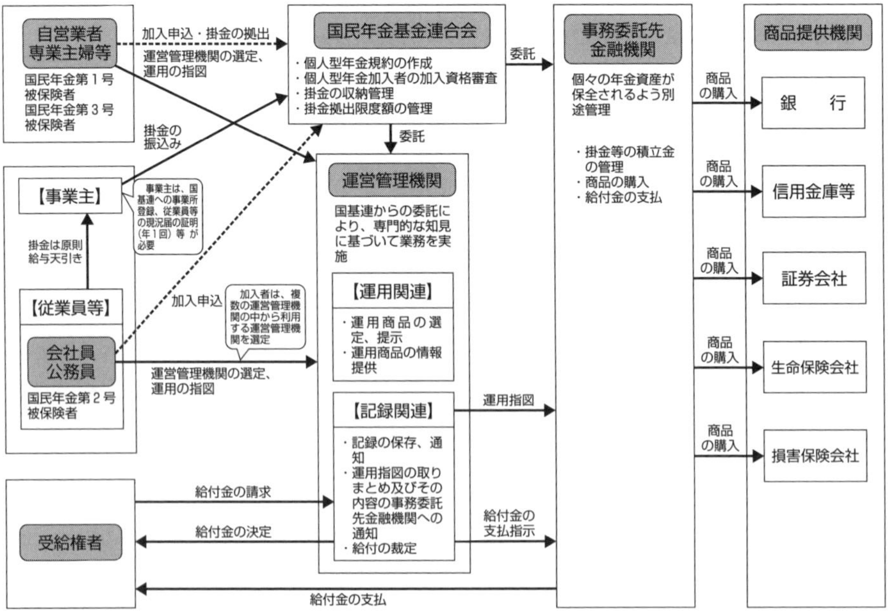

（資料）厚生労働省「確定拠出年金制度の概要」

の対象となる。障害給付金は非課税であり、死亡一時金は相続税の対象となる。

Check!

● 次の者は個人型 DC に加入することができない。

・保険料免除者（障害年金の受給権者等、産前産後期間による免除者を除く）

・農業者年金の被保険者

・国民年金基金の掛金が拠出限度額に達している者

・個人型 DC の老齢給付金を受給したことがある者

・老齢基礎年金または老齢厚生年金の繰上げ受給者

● 企業型 DC 加入者が個人型 DC に加入する場合は、企業型 DC 規約の定めや事業主掛金の上限の引下げが必要であったが、「年金制度改正法」の成立により令和 4 年10月以降は、規約の定めや事業主掛金の上限引き下げが不要となった。これにより企業型 DC の加入者は、全体の掛金拠出限度額から事業主掛金を控除した残余の範囲内かつ個人型 DC の掛金限度額以内で拠出する掛金を設定することにより個人型 DC に加入できるようになった。

● 企業型 DC において、事業主掛金に上乗せして加入者掛金を上乗せできるマッチング拠出を実施している場合、その企業型 DC の加入者はマッチング拠出しか選択肢はなく、個人型 DC に加入できないが、「年金制度改正法」の成立により、令和 4 年10月以降はマッチング拠出か個人型 DC 加入かの選択が可能となった。

● 平成30年 5 月以降、中小事業主掛金納付制度（iDeCo+）の利用により、企業型 DC や確定給付型年金を実施していない中小企業において、従業員が個人型 DC に加入している場合に従業員の同意を得て、事業主が掛金の給与天引きと合わせて追加拠出を行うことができることとなった。当初、対象となる中小企業の企業規模を「従業員100人以下」としていたが、令和 2 年10月から「従業員300人以下」に拡大された。事業主掛金は全額損金算入となり、加入者掛金を上回ることも可能であり、一定の資格ごとに掛金額を設定することもできる。

● 令和 6 年12月以降、企業年金加入者（公務員等を含む）の拠出限度額が見直され、「月額55,000円－（各月の企業型 DC の事業主掛金額＋ DB 等の他制度掛金相当額）」（上限20,000円）となる。

4．年金資産の持ち運び（ポータビリティ）

確定拠出年金の加入者が離転職する際の年金資産は、確定拠出年金への持ち運びは可能であるが、確定給付企業年金等への持ち運びはできないこととされていた。

しかし、これまでの法改正でポータビリティが拡充され、令和4年5月からは、「終了した確定給付企業年金（DB）から個人型DCへの年金資産の移換」と、「加入者の退職等に伴う企業型DCから通算企業年金*への年金資産の移換」が可能になり、さらにポータビリティが改善された（図表6－14、図表6－15）。

* 「通算企業年金」とは、DBや企業型DCが共同で設立し会員となっている企業年金連合会が、退職者等向けに運用する年金の一つである。

●図表6－14 制度間の年金資産のポータビリティ

		離転職先で導入している制度、資産移換先の制度				
		確定給付企業年金（DB）	企業型確定拠出年金（企業型DC）	個人型確定拠出年金（iDeCo）	通算企業年金	中小企業退職金共済
離転職前に加入していた制度等	DB	●（DB／個人単位）※2 ▲（DB／制度移行）※1※2	●（DB／個人単位） ▲（DB／制度移行）※1	●	●	▲※1※3
	企業型DC	●※2	●	●	●	▲※3
	iDeCo	●※2	●	－	×	×
	通算企業年金	●※2	●	●	－	×
	中小企業退職金共済	▲※2※3	▲※3	×	×	●

●：個人の申出により移換、▲：事業主の手続きにより移換、－：対象外、×：移換不可
※1 離転職前等に加入していたDB規約の定めによる。
※2 離転職先等で導入しているDB規約の定めによる。
※3 合併等の場合に限る。
（参考資料）厚生労働省 「確定拠出年金制度の概要」

●図表 6 −15　ポータビリティの改善（令和 4 年 5 月〜）

（参考資料）　厚生労働省　「2020年の制度改正」

第 4 節　確定給付企業年金（DB）

1．概　要

　企業年金は長引く不況による株価低迷などの影響で、本来予定していた運用益を得られず財政状態は悪化し、年金原資の積立不足を招き、そして約束した給付を行えないという事態が生じていた。このような情勢を踏まえ、厚生年金基金や税制適格退職年金の抱える問題を解決するため、年金受給権の保護と老後の所得保障を兼ね備えた「確定給付企業年金法」が平成13年 6 月に成立し、平成14年 4 月から実施された。確定給付企業年金（DB）には、「規約型」と「基金型」がある。

　「規約型」は、労使が合意した規約に基づき、企業と信託会社・生命保険会社等が契約を結び、母体企業の外で年金資金を管理・運用し、年金給付を行う企業年金である。

　「基金型」は、母体企業とは別の法人格を持った基金を設立したうえで、基金において年金資金を管理・運用し、年金給付を行う企業年金である。厚生年金基金とは違って、老齢厚生年金の代行給付は行わない。

2．給付等

(1)　給付の内容および支給要件

　給付は老齢給付金や脱退一時金を基本とし、障害給付金や遺族給付金の支給も行うことができる。

　将来の受取額が決まっている老齢給付金（年金給付）の支給開始は、原則60歳から70歳の範囲内で規約に定められた年齢からとなり、支給開始年齢から少なくとも

５年にわたって支給される。なお、年金給付の受給資格期間は20年を超えてはならない。

脱退一時金は、加入者が死亡以外の資格喪失事由に該当し、かつ、規約で定める要件を満たしたときに支給される。

加入者等が高度障害または死亡した場合には、それぞれ障害給付金または遺族給付金が支給される。また、本人の選択により、年金給付にかえて、一時金給付を受けることもできる。

掛金は原則として、事業主が拠出する。掛金額は、定額または一定割合を乗ずる方法を用いて合理的かつ適正な算定方法によるものとする。

(2) 税制上の取扱い

事業主が拠出する掛金は全額損金算入となり、加入者が拠出する掛金は生命保険料控除が適用される。給付金については、年金給付は公的年金等控除の対象となり、一時金は退職所得控除の対象となる。障害給付金は非課税であり、遺族給付金は相続税の対象となる。

●図表６−16　確定給付企業年金

制　度	規約型	基金型
基本的な仕組み	給付額が確定	
運営主体	企業	企業年金基金
加入対象者	実施企業に勤務する従業員	
給　付	（給付の種類） 　　・老齢給付金（年金または一時金） 　　・脱退一時金 　　・障害給付金 　　・遺族給付金 （税制） 　　老齢給付金としての年金：雑所得（公的年金等控除） 　　老齢給付金としての一時金：退職所得扱い	
掛　金	原則として事業主拠出 加入者拠出も可（同意した場合） （税制）事業主拠出分→全額損金 　　　　加入者拠出分→生命保険料控除の対象	
拠出限度額	なし	

●図表6-17 確定給付企業年金のスキーム図

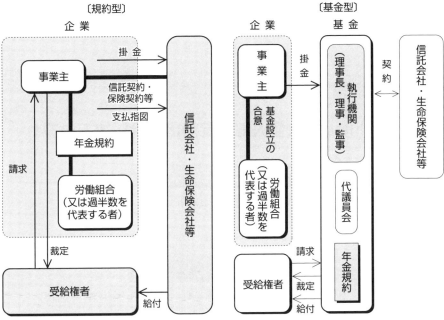

（資料）厚生労働省 「確定給付企業年金法の概要」

コラム iDeCo（個人型確定拠出年金）加入の流れ

1. 金融機関を選ぶ！

数多くの金融機関がiDeCoを取り扱っています。金融機関ごとに、取り扱う運用商品、加入時や毎月の口座管理等に掛かる手数料、サポートサービスが異なります。比較検討したうえで加入する金融機関を1社選びましょう。

2. 掛金を決める！

月額5,000円から1,000円単位で拠出限度額の範囲で掛金を設定できます。年単位拠出も可能です。掛金額の変更は年1回行うことができます。掛金の拠出の停止や再開も可能ですが、原則として60歳になるまでは引出しができないので無理のない掛金額で始めましょう。

3. 商品を選ぶ！

運用商品は、大別すると「元本確保型商品」と「投資信託」の2つに分類されます。商品の特徴をよく理解したうえで運用商品を選びましょう。選択した運用商品の変更は可能です。

● 元本確保型商品……原則として、元本が確保されている商品のことで、所定の利息が上乗せされますが、増やすことができる金額は限られています。　例：定期預金、保険商品

● 投資信託…………投資信託は株式や債券の運用を専門家に任せる商品ですが、その分手数料がかかります。組み入れ資産の種類などによってリスクの大きさも異なり、専門家に運用を任せても元本を下回ることもあります。

iDeCoの手数料

一般的に口座開設時および開設後も手数料が掛かり、給付・還付・移換・運営管理機関の変更の際にもそれぞれ事務手数料が発生します。

制度についてのお問い合わせ　「イデコダイヤル」	☎0570-086-105（ナビダイヤル） 050で始まる電話からは、03-4333-0009

年金相談の対応

年金記録は、年金事務所等に照会することもでき、また、ねんきん定期便や日本年金機構のホームページのねんきんネットを利用することによっても確認することができる。

第1節　年金記録の管理・照会

1．基礎年金番号

　平成9年1月前は、各年金制度で加入者に年金番号を付し、年金記録を管理していた。そのため、転職等によって、1人の者が複数の年金番号を持つこともあり、その番号ごとに年金記録を確認する必要があった。

　そこで、平成9年1月にすべての年金制度に共通した「基礎年金番号」が導入され、「1人一生一番号」となった。これにより、各制度間での情報交換が可能となり、記録管理が容易になった。

　平成9年1月前から国民年金および厚生年金保険に加入していた者には、切り替え時に加入していた制度の年金手帳の記号番号が基礎年金番号として付され、共済組合等に加入していた者には新たに基礎年金番号が付された。

　基礎年金番号は、10桁の番号（記号○○○○―番号○○○○○○）で構成され、年金証書では、この基礎年金番号に4桁の年金コード（基礎年金番号○○○○―○○○○○○―年金コード○○○○）が付されることになる。

●図表7－1　主な年金コード一覧

新法（国民年金・厚生年金保険）	
1150：老齢基礎・老齢厚生（一般厚年） 1120：老齢厚生（国共済厚年） 1130：老齢厚生（地共済厚年） 1140：老齢厚生（私学厚年）	1450：遺族基礎・遺族厚生（一般厚年） 1420：遺族厚生（国共済厚年） 1430：遺族厚生（地共済厚年） 1440：遺族厚生（私学厚年）
1350：障害基礎・障害厚生（一般厚年） 1320：障害厚生（国共済厚年） 1330：障害厚生（地共済厚年） 1340：障害厚生（私学厚年）	5350：障害基礎 6350：障害基礎（20歳前障害） 2650：障害基礎（障害福祉裁定替え） 6450：遺族基礎 5950：寡婦
旧法（厚生年金保険）	旧法（国民年金）
0130：老齢 0230：通算老齢 0330：障害 0430：遺族 0930：通算遺族	0120：老齢 0520：通算老齢 0420：老齢（5年年金） 0620：障害

Check!

●基礎年金番号の導入により、平成9年1月以降に年金制度に加入した者には、基礎年金番号が記載された年金手帳（青色）が交付され、導入前に年金制度に加入していた者には、平成8年12月に基礎年金番号のお知らせとして「基礎年金番号通知書」が送付された。

●異なる基礎年金番号の「基礎年金番号通知書」を複数所持している場合には重複取消しが必要であり、異なる記号番号の年金手帳を所持している場合も基礎年金番号にこれまでの加入記録が統一されているかの確認が必要である。

2．個人番号（マイナンバー）

　日本年金機構では、平成29年1月以降、個人番号（マイナンバー）を利用した年金相談や年金記録に関する照会を行うことができることとなり、基礎年金番号がわからない場合であっても、基礎年金番号に個人番号が紐付けされていれば、個人番号を伝えることで、相談・照会が可能となった。

　平成30年3月5日からは、これまで基礎年金番号で行っていた各種届出・申請についても個人番号でも行えるようになり、住所変更届や氏名変更届の届出省略も開

始された。また、これまで受給権者のみに実施していた死亡届の届出省略について、国民年金第1号被保険者および第3号被保険者も個人番号と基礎年金番号が紐付いている者については届出を省略できることとなった。

さらに、平成31年4月15日以降、日本年金機構と地方公共団体等との間で個人番号を利用した情報連携が段階的に行われており、各種手続の際の添付書類の省略が順次可能となっている。

Check!

●年金事務所の窓口で個人番号による相談・照会を行う際には、本人確認書類の原本の提示が必要である。本人確認にあたっては、個人番号が正しい番号であることの確認（番号確認）と、個人番号を提出する者が個人番号の正しい持ち主であることの確認（身元確認）が行われる。

●日本年金機構は、マイナンバー法に基づいて、地方公共団体情報システム機構（住基ネットをもとに個人番号の生成・通知を行う機関）に対して個人番号の情報の提供を求め、基礎年金番号との紐付けを行っている。個人番号の収録状況は、ねんきんネットでも確認することができる。

3．年金手帳等の変遷

これまで年金制度の加入者には被保険者資格を証する書類として、加入制度や資格取得時期によって異なる様式の「年金手帳」や「被保険者証」が交付されてきた。しかし、近年では行政手続きの簡素化や利便性向上の観点から、多くの年金手続において年金手帳でなくても基礎年金番号を明らかにする書類の添付でもよいとされ、個人番号の記載によりこれらの書類も不要とされる場合もある。こうした手続きの変化を踏まえ、年金手帳の役割や様式が見直され、令和4年4月以降は年金手帳を代替するかたちで、新たに国民年金の被保険者となった者には資格取得のお知らせとして新様式の「基礎年金番号通知書」が交付されることとなった。

<資格取得時期> S29.5〜	S35.10〜	S49.11〜	基礎年金番号の導入 H9.1〜	年金手帳の廃止 R4.4〜
国民年金	国民年金手帳	年金手帳 (オレンジ色)	年金手帳 (青色)	基礎年金番号 通知書 (新様式)
厚生年金保険	厚生年金保険被保険者証			

Check!

● 新様式の「基礎年金番号通知書」は原則として被保険者宛に送付される。

● すでに年金手帳が発行されている者には、新様式の「基礎年金番号通知書」は発行されず、令和４年４月以降も、年金手帳は基礎年金番号が確認できる書類として利用が可能である。なお、年金手帳の紛失等により、再交付を希望する場合には年金手帳に代わり、新様式の「基礎年金番号通知書」の再交付の申請をすることとなる。

第2節 ねんきん定期便

平成16年の法改正により、平成20年度から年金に関わる個人情報を加入者に通知することとした。しかし、年金記録問題の発生によりその対応策として「ねんきん特別便」が送付されることとなったため、加入者への通知は平成21年度から実施されることになった。この通知が「ねんきん定期便」である。

ねんきん定期便は毎年、誕生月（１日生まれは誕生月の前月）に国民年金および厚生年金保険の被保険者に送付されている。なお、ねんきん定期便は共済組合員期間のみの者には送付されなかったが、被用者年金一元化により、平成27年12月以降、第２号〜第４号厚年被保険者にも加入先の実施機関から送付されることとなった。

1. ねんきん定期便の種類

ねんきん定期便の内容は、大別すると「50歳未満の者」「50歳以上の者」「年金受給者であり現役被保険者」の３種類に分けられている。「ねんきん定期便」の送付が開始された平成21年度は、すべての者に詳細な情報が送られたが、平成22年度以降は節目年齢の者と節目年齢以外の者で情報量が異なる。なお、節目年齢は、平成25年度以降、「35歳・45歳・59歳」となっている。

第7編 年金相談の対応

ワンポイントアドバイス

ねんきん定期便は、誕生月に、節目年齢の方には封書で、節目年齢以外の方にはハガキ（巻末資料１）で送付されます。また、平成27年12月以降は、公務員や私学教職員等にも送付されています。

2．ねんきん定期便の情報

ねんきん定期便に記載されている情報は図表７－２のとおりである。

●図表７－２　ねんきん定期便の情報

○…記載あり

ねんきん定期便の情報	節目年齢	節目年齢以外
これまでの保険料納付額（累計額）＊1	○	
これまでの年金加入期間＊2	○	
これまでの加入実績に応じた年金額（50歳以上の者は年金見込額）	○（受給者で加入中の者を除く）	
これまでの年金加入履歴	○	—
これまでの厚生年金保険の標準報酬月額・標準賞与額と保険料納付額の月別状況	○（全期間）	○（直近13月）
これまでの国民年金保険料の納付状況	○（全期間）	○（直近13月）

（注）節目年齢とは35歳、45歳、59歳である。
＊１「これまでの保険料納付額（累計額）」には、被保険者負担分の保険料納付額が表示されている。
＊２「これまでの年金加入期間」の「合算対象期間等」の欄には、国民年金の任意加入未納期間および特定期間の合計月数が表示されている。

⑴　加入履歴の見方（節目年齢の者）

①　すべての年金加入期間が記録されているか、特に履歴の前後とその間での加入の有無を確認する必要がある。

②　「お勤め先の名称」欄が「厚生年金保険」「船員保険」と表示されている場合は、勤務先が登録されていないということであるが、年金の給付には問題はない。

③　「基金加入期間」と表示されていれば、厚生年金保険の被保険者である間で基金に加入していたことを示し、基金に加入していた場合には、原則として、国と加入基金（または企業年金連合会）の両方に年金の請求をしなければならない。

(2) 年金額の見方

　50歳未満の者には、加入記録に基づく年金額が記載されている。

　50歳以上の者には、年金見込額が記載される（図表7－3）。年金見込額を見る際は、次の点に注意する必要がある。

　①　年金見込額は、現在の加入状況が60歳になるまで継続したものと仮定して計算されている。

　②　加給年金額および振替加算額については含まれていない。

　③　厚生年金基金に加入していた場合、基金から報酬比例部分の一部（代行部分）が支給されるが、一般厚生年金期間の報酬比例部分に含めて記載されている。

　④　付加保険料を納めていた場合、付加年金が支給されるが、付加年金の額は老齢基礎年金の額に含めて記載されている。

　なお、受給者で加入中の者には、受給時点で年金額が通知されていることから見込額は記載されない。

●図表7－3　「老齢年金の種類と見込額」

受給開始年齢	歳〜	歳〜	歳〜	歳〜
(1) 基礎年金				老齢基礎年金 円
(2) 厚生年金	特別支給の老齢厚生年金	特別支給の老齢厚生年金	特別支給の老齢厚生年金	老齢厚生年金
一般厚生年金期間		（報酬比例部分）円 （定額部分）円	（報酬比例部分）円 （定額部分）円	（報酬比例部分）円 （経過的加算部分）円
公務員厚生年金期間	（報酬比例部分）円 （定額部分）円 （経過的職域加算額）（共済年金）円	（報酬比例部分）円 （定額部分）円 （経過的職域加算額）（共済年金）円	（報酬比例部分）円 （定額部分）円 （経過的職域加算額）（共済年金）円	（報酬比例部分）円 （経過的加算部分）円 （経過的職域加算額）（共済年金）円
私学共済厚生年金期間	（報酬比例部分）円 （定額部分）円 （経過的職域加算額）（共済年金）円	（報酬比例部分）円 （定額部分）円 （経過的職域加算額）（共済年金）円	（報酬比例部分）円 （定額部分）円 （経過的職域加算額）（共済年金）円	（報酬比例部分）円 （経過的加算部分）円 （経過的職域加算額）（共済年金）円
(1)と(2)の合計	円	円	円	円

（注）令和6年4月以降、日本年金機構から50歳以上（59歳を除く）の者に送付される様式である。

第7編　年金相談の対応

ワンポイントアドバイス

　「年金見込額」には、加給年金額および振替加算額は含まれていません。要件に該当する場合には、これらの額が加算されることになります。

第3節　ねんきんネット

1. ねんきんネットの利用登録

　平成23年2月28日から、加入者や受給者が、いつでも自分の年金加入記録等をインターネットで確認することができる「ねんきんネット」が開始されることとなった。その後、機能も充実し、平成24年度からは電子版「ねんきん定期便」もはじまり、郵送版「ねんきん定期便」の送付の意向も登録できるようになった。

　ねんきんネットを利用するには、下記①②のいずれかの方法によりユーザIDの発行を申し込み、利用登録の際は基礎年金番号等が必要となる。また、スマートフォンでも利用登録ができ、年金記録の確認や年金見込額の試算等が可能である。

①　「ねんきん定期便」に記載のアクセスキー（有効期間：作成月から5ヵ月）➤	利用登録
②　日本年金機構のホームページ上の申込み ➤ ユーザIDが郵送される ➤	

　なお、マイナポータルとの連携手続（ねんきんネットのユーザIDの取得は不要）により、直接、ねんきんネットにアクセスすることも可能である。

２．ねんきんネットのメリット

① 24時間いつでも、「ねんきん定期便」よりも新しい年金記録（毎日更新）が確認できる。また、「ねんきん定期便」が送付されない年金受給者も利用できる。

② 未加入期間や標準報酬月額の大きな変動などの確認を要する記録がわかりやすく表示されていて、「もれ」や「誤り」の発見が容易になる。

③ 「私の履歴整理表」が自宅で簡単に作成でき、年金記録の確認に役立つ。

④ 将来の年金額*の試算ができる。

　＊50歳以上の者は、在職老齢年金や繰上げ・繰下げ受給の年金額の試算ができ、50歳未満の者は退職年齢まで働いた場合の試算が可能となっている。

⑤ 国民年金の紙台帳とコンピュータ記録の間に不一致がある死亡者の記録の検索ができる。

⑥ 電子版「ねんきん定期便」が閲覧できる。

⑦ 持ち主不明記録の検索ができる。

⑧ 年金の支払いに関する通知書の内容の確認や再交付申請もできる。

⑨ 追納の可能月数と納付額の確認ができる。

⑩ 届書の作成・印刷ができる（電子申請不可）。

ワンポイントアドバイス

　電子版「ねんきん定期便」では毎日更新された年金記録をいつでも確認することができます。また、すべての期間の記録が記載されていて、手元に残しておきたい内容はいつでもダウンロードして保存できます。

　郵送版「ねんきん定期便」では年１回の年金記録の確認となり、節目年齢以外の方は直近13月分のみの記録の記載となっています。

第7編
年金相談の対応

第4節　年金記録問題への対応

　平成19年２月に5,095万件に及ぶ基礎年金番号に未統合の記録の存在が報告されたのを契機に年金記録管理の実態が明らかになった（年金記録問題）。この年金記録問題に対応するために、平成19年以降、さまざまな対策が講じられている。

1．年金記録の訂正手続

　保険料を納付した記憶があるにもかかわらず、領収証などの物的証拠がないといった事例について、年金記録の訂正に関し、本人の立場に立って公正な判断を示すため、総務省に「年金記録確認中央第三者委員会」、都道府県庁所在地等に「年金記録確認地方第三者委員会」（「第三者委員会」）が設置されていた。しかし、総務省への年金記録の「確認申立て」は、年金記録問題に対処するために平成19年6月に臨時に設けられたものであったため、恒常的な記録の訂正手続を整備することが求められ、厚生労働省に対して年金記録の訂正手続ができる制度（図表7－4）が創設された。

> ### Check!
>
> ● 厚生労働省への年金記録の訂正請求手続は、年金事務所経由（受付）で行うこととなり、記録の確認調査により、年金事務所で訂正ができる場合もある。なお、訂正請求には請求期限がない。
>
> ● 訂正（不訂正）決定に不服があるときは、行政不服審査法に基づき、厚生労働大臣に審査請求をすることができる。また、地方厚生（支）局長の決定の取消を求めて、厚生労働大臣への審査請求を経ずに、直接、裁判所に訴訟を提起することもできる。

●図表7-4　年金記録の訂正手続の流れ

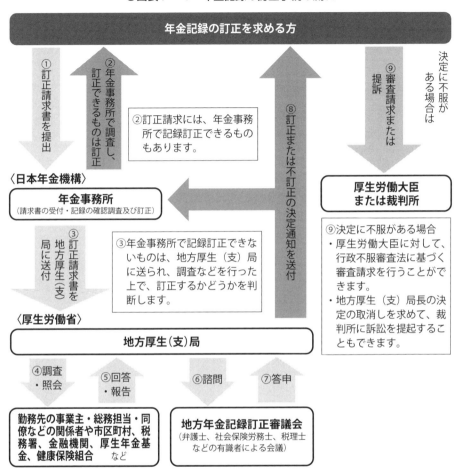

（資料）厚生労働省「年金記録の訂正請求手続」

2．年金時効特例法

「年金時効特例法」は、年金記録問題に対応するため、年金記録の訂正に伴う年金の増額分のうち、時効により消滅する部分の回復を図ることを目的として、平成19年7月6日に施行された。

特例法の施行前は、2ヵ月ごとに年金の支払を受ける権利の発生から5年を経過すると、時効消滅する取扱いがなされてきた。

特例法の施行によって、年金記録の訂正が行われたうえで裁定（決定）された場合および再裁定（年金額の再計算）が行われた場合は、その時点で 5 年の消滅時効が完成している場合においても、年金記録の訂正にかかる部分の年金額が遡及して支払われることになった。

Check!

●記録の訂正により、受給資格を満たせば、時効消滅分の年金も合わせて支給される。また、受給権者本人が死亡している場合であっても未支給年金の時効消滅分が支払われる。

●年金時効特例法が適用されるのは、年金記録に「もれ」や「誤り」があり、記録が訂正された場合に限られるので裁定請求（決定請求）の手続が遅れた場合や第 3 号被保険者の特例届出による記録訂正については、特例法は適用されない。

3. 厚生年金特例法

「厚生年金特例法」は、厚生年金保険制度に対する国民の信頼を確保することを目的として、平成19年12月19日に施行された。

特例法の施行前は厚生年金保険料が給与から天引きされていても事業主による納付や届出が行われていなかった場合、保険料の徴収権の時効消滅となる 2 年を経過していたときは、その記録は年金額には反映されなかった。

特例法の施行によって、給与天引きの事実が確認されたときは、年金の記録が訂正され、年金額にも反映されることとなった。

この場合、事業主は保険料の徴収権の時効消滅となる 2 年を経過した後であっても保険料の納付ができ、厚生労働大臣は事業主に対して納付を勧奨し、納付しない場合には、事業主や役員の氏名が公表されることになっている。公表しても納付しなかった場合には、国が保険料を負担し、その後も事業主への請求等が行われる。

4. 延滞金の軽減

事業主等の経済的負担の軽減に資するため、「延滞金軽減法」が平成22年 1 月 1 日に施行され、社会保険の保険料等に係る延滞金の割合を一定期間、軽減する措置が講じられた。

さらに、「年金事業運営改善法」の成立により、新たな軽減措置が平成27年1月1日から施行されることとなった。

新たな軽減措置では、納期限の翌日から3ヵ月を経過する日までの期間については年7.3％または各年の租税特別措置法による特例基準割合＊に年1％の割合を加算した割合のどちらか低い割合が適用され、それ以降の期間については特例基準割合に年7.3％の割合を加算した割合が適用されることとなった。

令和6年における特例基準割合は年1.4％であり、延滞金の割合は納期限の翌日から3ヵ月を経過する日までの期間については年2.4％、それ以降の期間については年8.7％となる。

＊特例基準割合とは、各年の前々年の10月から前年の9月までの各月における銀行の短期貸出約定平均金利の合計を12で除して得た割合として、各年の前年の12月15日までに財務大臣が告示する割合に年1％の割合を加算した割合である。

5．遅延加算金法

「遅延加算金法」は、年金記録の訂正がなされたうえで受給権に係る裁定（決定）が行われた場合において、本来の支給日より大幅に遅れて支払われる年金給付の額について、その現在価値に見合う額になるよう、物価上昇相当分を遅延加算金として支給するために平成22年4月30日に施行された。

遅延加算金の支払対象者は5年を超える未払い期間があり、年金記録を訂正した受給者である。ただし、直近5年間分には加算されない。

未払いの年金をすでに受け取った者も、請求すれば遅延加算金を受け取ることができる。また、一定の要件を満たす遺族も受け取ることができる。

第7編

年金相談の対応

第2章 年金の手続

年金の手続は、受給するための請求手続のほかに、受給後もさまざまな届出が必要となる。

なお、被用者年金一元化（平成27年10月）により、手続や相談等については日本年金機構（年金事務所）または各共済組合等の実施機関のどの窓口でも受け付けられるワンストップサービスが実施されている。

第1節 実施機関

公的年金制度の運営業務は、下記の実施機関によって行われている。

1．日本年金機構

公的年金制度の運営業務は、かつて社会保険庁（国）が行っていたが、適正な事

●図表7-5　日本年金機構の位置づけ

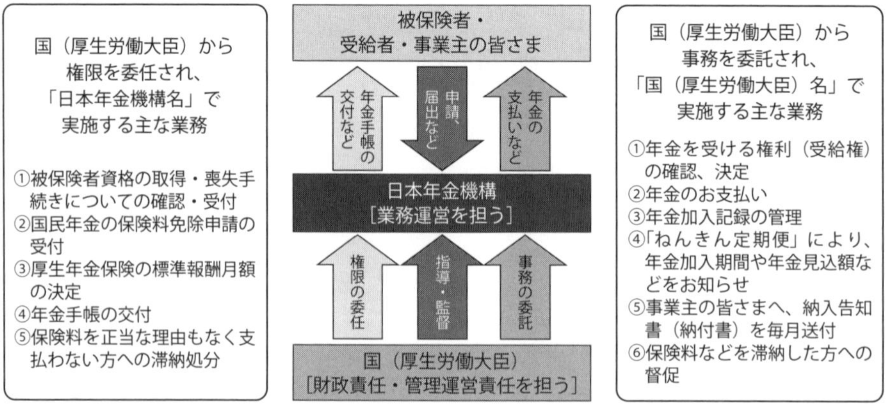

（注）一部は、厚生労働大臣から委任を受けた厚生労働省の職員の名で実施
（資料）日本年金機構「日本年金機構の位置づけ」

務運営と国の信頼を確保するため、平成22年１月からは日本年金機構が行っている。同時に、社会保険事務所は「年金事務所」に名称が変更され、運営されている。

　現在、日本年金機構では、国民年金や厚生年金保険（第１号厚生年金被保険者）に係る被保険者資格の管理、保険料の徴収や年金額の決定、支払いなどに係る業務を行っている。

Check!

●年金相談窓口として、年金事務所のほかに、街角の年金相談センター（日本年金機構の委託を受けた全国社会保険労務士会連合会が運営）も設置されている。

２．厚生年金被保険者の種別ごとの実施機関

　被用者年金一元化以降、被保険者等の事務（被保険者資格の管理、保険料の徴収、年金額の決定、支払いなど）に関しては、日本年金機構に加えて、効率的な事務処理を行う観点からこれまでの共済組合等も活用され、厚生年金被保険者の種別に応じて次の実施機関（図表７－６）が行うこととされている。

●図表７－６　厚生年金被保険者の種別ごとの実施機関

被保険者の種別	実　施　機　関
第１号厚生年金被保険者	厚生労働大臣（日本年金機構）
第２号厚生年金被保険者	国家公務員共済組合および国家公務員共済組合連合会
第３号厚生年金被保険者	地方公務員共済組合、全国市町村職員共済組合連合会および地方公務員共済組合連合会
第４号厚生年金被保険者	日本私立学校振興・共済事業団

３．ワンストップサービス

　被用者年金一元化により、厚生年金保険の届出・手続や相談などは、原則として、日本年金機構（年金事務所）または各共済組合等の実施機関のどの窓口でも受け付けられる「ワンストップサービス」が実施されることとなった。

　ただし、一元化前の共済組合等の加入期間がある者については、一元化後に年金を受ける権利が発生する被保険者および受給権者に限られる。

第７編　年金相談の対応

ワンストップサービスの対象となる主な届出等
・国民年金・厚生年金保険の老齢給付の年金請求書
・遺族厚生年金の請求書
・共済組合等の経過的職域加算（退職共済年金・遺族共済年金）
・離婚分割のための情報提供請求書、標準報酬改定請求書
・年金受給者の住所変更届
・金融機関の受取機関変更届
・氏名変更届
・死亡届
・未支給年金請求書　　など

ワンストップサービスの対象とならない主な届出等
・一元化前に権利が発生した共済年金に関する各種届書等
・単一共済組合等のみの加入者に関する年金請求書
・障害年金請求書
・特定警察職員・特定消防職員の特別支給の老齢厚生年金の請求書
・共済組合等の退職等年金給付
・公的年金等の受給者の扶養親族等申告書（ハガキ）
・現況届（ハガキ）
・脱退一時金請求書　　など

　なお、国民年金の第3号被保険者期間のみの者の年金請求書の提出先は、最寄りの年金事務所であり、国民年金の第1号被保険者期間のみの者は市区町村役場である。

Check!

●ワンストップサービスの実施により、2以上の種別期間を有する者の年金請求手続は、すべての実施機関で統一された請求書により、1ヵ所の実施機関の窓口への提出が可能となった。ただし、単一共済組合のみの加入者の年金請求書、障害年金請求書、特定警察職員・特定消防職員の特別支給の老齢厚生年金の請求書などは、ワンストップサービスの対象外である。

第2節　年金の請求

　給付を受ける権利（受給権）は、すべての要件を満たしたときに事実上発生するが、年金の支給は、要件を満たしていることの事実の確認を受けることによって始

まる。よって、受給要件を満たした者は、その確認を受けるための年金請求書を実施機関に提出しなければならない。この手続は、「裁定請求」*といわれていたが、国民にわかりやすくするために現在では「決定請求」と呼んでいる。

*国が年金の受給権の存在を確認することを国民年金法や厚生年金保険法では「裁定」と規定している。

> **ワンポイントアドバイス**
>
> 年金は請求できるようになったときから5年を過ぎると、5年を過ぎた分については時効により受け取れなくなります。早めに手続をしましょう。

第3節　老齢給付の年金請求

1．年金請求書の事前送付

老齢厚生年金または老齢基礎年金を受けられる者には、加入中または最終加入先の種別の実施機関から支給開始年齢に到達する3ヵ月前に、年金加入記録等が印字された「年金請求書（国民年金・厚生年金保険老齢給付）」（事前送付用）（巻末資料2）（以下、「年金請求書」という）が事前に送付される。

(1)　事前送付等の時期

事前送付の時期は次のとおりである。

① 　60歳到達により60歳台前半の老齢厚生年金の受給権が発生する者

　60歳に到達する3ヵ月前に年金請求書が送付される。

② 　61歳以降に60歳台前半の老齢厚生年金の受給権が発生する者

　受給開始年齢に到達する3ヵ月前に年金請求書が送付される。

③ 　65歳到達により年金の受給権が発生する者

　60歳に到達する3ヵ月前に「年金に関するお知らせ」（ハガキ）が送付され、65歳に到達する3ヵ月前に年金請求書が送付される。

(2)　年金請求書が事前送付されない者

年金請求書は、次の者には事前送付されない。

① 受給資格期間が満たせていない者

② 合算対象期間を合算しなければ受給資格期間が満たせない者

③ 住所変更等により、送達不能の者

(3) 日本年金機構から「年金に関するお知らせ」が送付される者

① 65歳到達により年金の受給権が発生する者

　65歳に到達する3ヵ月前に年金請求書が送付されるが、60歳に到達する3ヵ月前に、年金加入期間の確認や任意加入制度を知らせるための「老齢年金のご案内」（ハガキ）が送付される。

② 受給資格期間が確認できない者

　受給資格期間が確認できない者には年金請求書は送付されないが、合算対象期間の算入などにより受給資格が得られる可能性もあることから、60歳に到達する3ヵ月前に、年金加入期間の確認を促すとともに年金請求手続きなどを知らせるための「年金加入期間確認のお願い」（ハガキ）が送付される。

　また、その後も受給資格期間が確認できない場合には、65歳に到達する3ヵ月前に「年金加入期間確認のお願い」（ハガキ）が再度送付される。

　なお、受給権があるにもかかわらず、年金請求書が事前送付されない場合には年金事務所等に備えられている年金請求書(様式第101号)で請求することとなる。

Check!

● 2以上の種別期間を有する者の場合、加入中または最終加入先の種別の実施機関から年金請求書が送付され、いずれか1つの実施機関で手続を行う。年金の決定および支払いは種別期間ごとに各実施機関が行う。

● 年金請求書は、送達不能や紛失・毀損した場合であっても再送付されない。この場合、年金事務所等に備えられている年金請求書（様式第101号）で手続をすることになる。

● 60歳台前半の老齢厚生年金の受給権が発生しているにもかかわらず、請求手続をしていない者には、65歳に到達する3ヵ月前に「年金請求手続きのご案内（未請求用）」と年金加入記録等が印字された年金請求書が日本年金機構から送付される。

● 令和6年6月3日より、一定の条件を満たす者は、「老齢年金請求書」を電子申請により提出することが可能となった。

２．60歳台前半の老齢厚生年金の年金請求

(1) 年金請求時の添付書類

　60歳台前半の老齢厚生年金は、送付された年金請求書の印字内容を確認のうえ、必要事項を記入し提出する。添付書類の基本的なものは図表７－７のとおりである。

　なお、個人番号を記入すること（収録済みを含む）により、生年月日に関する書類（住民票等）の添付が原則不要となる。個人番号を記入する場合は、番号確認および身元確認の書類が必要となるが、事前送付された年金請求書で手続を行う場合は、身元確認の書類の提出は不要である。

●図表７－７　年金請求書（老齢給付）の主な添付書類等

年金手帳（基礎年金番号通知書）または個人番号がわかるもの	配偶者の所得証明書 （加給年金額対象者がいる場合）
雇用保険被保険者証の写しまたは未添付理由書	本人の所得証明書（振替加算対象者である場合）
配偶者の年金手帳または基礎年金番号通知書	合算対象期間を証明できる書類 （合算対象期間を必要とする場合）
戸籍謄本（または戸籍抄本）	
住民票（加給年金対象者がいる場合や振替加算対象者である場合は世帯全員）	年金振込を希望する預貯金通帳等または写し （金融機関の証明がない場合や公金受取口座を利用しない場合）

※個人番号を利用した情報連携の実施により、加給年金対象者がいる場合や振替加算対象者である場合に必要とされる生計維持確認の書類（世帯全員の住民票・所得証明書）の省略が可能である。

ワンポイントアドバイス

　加給年金額対象者の有無や加入履歴など個別事情により添付書類は異なり、個人番号を記入することで省略できる書類もあります。事前に年金事務所等に確認することをおすすめします。

(2) 繰上げ支給の老齢基礎年金を受けるとき

　繰上げ支給の老齢基礎年金を受けるときは、年金請求書に「国民年金・老齢基礎年金支給繰上げ請求書」を添付して前記(1)の書類とともに提出する。

(3) 65歳到達時の年金請求（ハガキ形式による65歳時の請求）

　60歳台前半の老齢厚生年金を受けていた者は、65歳に到達すれば受給権は消滅し、

老齢基礎年金と老齢厚生年金の受給権が発生するため、あらためて請求手続が必要となり、種別期間ごとに各実施機関から年金請求書が送付され、各実施機関へ返送することとなる。

第1号厚年被保険者期間がある者の場合、日本年金機構から年金請求書（ハガキ）（巻末資料3）は65歳到達月の初旬に送付され、65歳到達月の末日までに日本年金機構に返送しなければならない。諸変更の決定が行われると、受給権者に対して「国民年金・厚生年金保険決定通知書・支給額変更通知書」が送付されるが、新たに年金証書は発行されない。

(4) 繰下げ支給の老齢基礎年金と老齢厚生年金を受けるとき

65歳から支給される老齢基礎年金または老齢厚生年金の支給の繰下げを希望する場合には、支給繰下げの申出をする際に「老齢基礎年金・老齢厚生年金支給繰下げ請求書」（様式第235号）（以下、「繰下げ請求書」という）を提出する。

60歳台前半の老齢厚生年金を受けていた者に送付されるハガキ形式の年金請求書には、65歳から受給を希望する年金の「受取方法欄」が設けられている。この受取方法欄にチェックを入れ、ハガキ形式の年金請求書を提出する。支給繰下げを希望する場合、その後支給繰下げの申出をする際に、「繰下げ請求書」を提出する。

老齢基礎年金と老齢厚生年金の両方の繰下げを希望し、同時または異なった時期に申出をする場合にはハガキ形式の年金請求書の提出はせず、支給繰下げの申出をする際に、「繰下げ請求書」を提出する。

Check!

● 2以上の種別期間を有する者が老齢厚生年金の繰下げの申出を行う場合、他の種別の老齢厚生年金と同時に行わなければならない。

3. 65歳到達によって受給権が発生する者の年金請求

60歳台前半の老齢厚生年金の受給権がなく、65歳到達によって、はじめて老齢厚生年金および老齢基礎年金を受けられることになった者は、65歳に到達する3ヵ月前に送付される年金請求書によって請求することになる。

なお、65歳到達前に厚生年金保険の被保険者期間が12ヵ月以上となった場合は、

年金事務所等に備えられている年金請求書（様式第101号）で請求することになる。

4．年金証書と年金額の通知

　年金請求の 1 ～ 2 ヵ月後に受給権があることを証し、その内容を示す「年金証書・年金決定通知書」が種別期間ごとの実施機関から送付される。初回の年金が支払われるのは、年金証書の送付の 1 ～ 2 ヵ月後であり、その後、年金は原則として偶数月の15日（土日・祝日のときは直前の平日）に支払われる。

　「年金振込通知書」は毎年 6 月に送付され、 1 年間の年金振込日がまとめて記載されている。ただし、支給額の変更があれば、改めて年金振込通知書が送付され、介護保険料などの年金からの天引きされる額が変わった場合なども通知される。

●図表 7 − 8　年金受給と手続の流れ

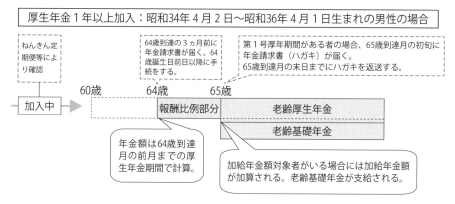

厚生年金 1 年以上加入：昭和34年 4 月 2 日～昭和36年 4 月 1 日生まれの男性の場合

ねんきん定期便等により確認

64歳到達の 3 ヵ月前に年金請求書が届く。64歳誕生日前日以降に手続をする。

第 1 号厚年期間がある者の場合、65歳到達月の初旬に年金請求書（ハガキ）が届く。65歳到達月の末日までにハガキを返送する。

60歳　　64歳　　65歳

加入中　　報酬比例部分　　老齢厚生年金　　老齢基礎年金

年金額は64歳到達月の前月までの厚生年金期間で計算。

加給年金額対象者がいる場合には加給年金額が加算される。老齢基礎年金が支給される。

Check!

● 初回の年金は奇数月であっても支払われることがある。

● もらい忘れの年金が受給中に加算されたときは、新たに年金証書が交付される。

● 年金証書の再交付を申請すると再交付時点での新しい内容の証書が交付される。

● 「年金振込通知書」と「年金額改定通知書」を統合した通知書（ハガキ）が発送されることもある。

5．受給資格期間の短縮により平成29年 8 月 1 日に受給権が発生した者への対応

　平成29年 8 月 1 日前に受給開始年齢に到達していた者であって、受給資格期間の

10年への短縮に伴い、平成29年8月1日（施行日）に受給権が発生した者には、施行日前に年金請求書（短縮用）が送付された。請求手続によりその翌月分（9月分）以降の年金が支払われることとなった。

> ## Check!
>
> ● 短縮用の年金請求書は、黄色の用紙で「短縮」と記載されており、黄色の封筒で平成29年2月から同7月までの間に送付された。ただし、受給権が発生している者であっても、基礎年金番号が交付されていない者、氏名または住所が正しく登録されていない者、年金記録が統合されていない者には年金請求書が送付されておらず、年金事務所等に備え付けの年金請求書（様式第101号）によって請求手続をすることになる。
> ● 社会保障協定を締結している国に在留していた場合、通算制度により受給資格期間を満たせることがある。

6．受給資格期間が確認できない者への対応

受給資格期間が確認できない者には、年金請求書は送付されない。しかし、受給資格期間が確認できない者であっても、合算対象期間や社会保障協定に該当する期間などを含めることにより年金が受け取れる場合がある。

合算対象期間の有無については、日本年金機構では基本的に把握できないため、合算対象期間を有することを証明し、年金事務所等に備え付けの年金請求書（様式第101号）によって手続をすることとなる。

なお、受給開始年齢到達時において受給資格期間が満たせていない者であっても、その後の任意加入や後納などの保険料納付により年金を受給できる可能性もある。

●図表 7 － 9　主な合算対象期間の証明書類

主な合算対象期間	書類
1．国民年金に任意加入できたが、任意加入しなかった期間 　（昭和36年 4 月から昭和61年 3 月までの20歳以上60歳未満の期間）	
①被用者年金制度の加入者の配偶者であった期間	戸籍謄本、改製原戸籍、配偶者の年金手帳、年金証書等
②被用者年金制度の老齢（退職）年金受給権者等・障害年金受給権者やその配偶者および遺族年金受給権者であった期間	
③学生（夜間・通信制を除く）であった期間（平成 3 年 3 月までの期間）	在籍期間証明書
2．在外邦人であった期間（昭和36年 4 月以後、20歳以上60歳未満の期間）	戸籍の附票、居住証明書、在留資格証明書、パスポート、出帰国証明等
3．退職一時金等の計算の基礎になった期間（昭和36年 4 月以後の期間）	年金加入期間確認通知書（共済組合）
4．共済組合の組合員であった期間のうち、昭和36年 3 月以前の期間（昭和36年 4 月前後で引き続き 1 年以上の共済組合員期間がある場合）	
5．国会議員（60歳未満）であった期間のうち、昭和36年 4 月から昭和55年 3 月までの期間および昭和61年 3 月までの任意加入であった期間	国会議員であったことがわかる公的書類
6．地方議員（60歳未満）であった期間のうち、昭和37年12月から昭和61年 3 月までの期間	地方議員であったことがわかる公的書類
7．昭和36年 5 月以後、20歳以上65歳未満である間に日本国籍を取得（永住許可を含む）した期間（20歳以上60歳未満の期間）	
①日本に住所を有していた期間のうち、昭和36年 4 月から昭和56年12月までの期間	〔国籍取得の場合〕戸籍謄本 〔永住許可の場合〕パスポート、外国人登録原票証明書等、在留資格証明書、永住許可書
②日本に住所を有しなかった期間のうち、昭和36年 4 月から日本国籍を取得（永住許可を含む）した日の前日までの期間	
8．脱退手当金の計算の基礎になった期間であって、昭和36年 4 月から昭和61年 3 月までの期間（昭和61年 4 月以後に保険料納付済期間または免除期間がある場合）	（日本年金機構の記録により確認）
9．国民年金に任意加入したが、保険料を納付しなかった期間（20歳以上60歳未満の期間）	
10．学生納付特例期間及び保険料納付猶予期間で保険料を納付しなかった期間	
11．国民年金第 3 号被保険者不整合期間の特定期間で保険料を納付しなかった期間	

第 7 編　年金相談の対応

> ### ワンポイントアドバイス
>
> 　加入期間が10年未満であっても、合算対象期間等を含めることにより、年金を受け取れる場合があります。また、今後、70歳になるまで任意加入、後納制度などを利用することにより受給資格期間を満たせる可能性があります。加入期間が10年未満の方は年金事務所等にご相談ください。

第4節　障害給付の年金請求

　障害給付の年金請求は、「年金請求書（国民年金・厚生年金保険障害給付）」（様式第104号）（巻末資料4）により行う。年金請求書は初診日に加入していた実施機関へ提出することとなり、ワンストップサービスの対象外である。

　障害基礎年金のみの請求については、「年金請求書（国民年金障害基礎年金）」（様式第107号）での請求となる。

　基本的な添付書類は、図表7－10のとおりであるが、必要な書類は、個別事情や個人番号の記入等により異なることがある。

　また、診断書は傷病により様式が異なっている。障害の認定が困難な場合は、実地調査を行うことがあるものの、基本的には診断書で支給決定されるので、診断書の記載内容はきわめて重要である。

●図表7－10　年金請求書（障害給付）の主な添付書類

①　本人と配偶者の基礎年金番号通知書または年金手帳（その他の年金手帳、被保険者証を含む） ②　住民票および戸籍謄本または戸籍抄本 ③　診断書（所定の様式） ④　病歴・就労状況等申立書 ⑤　配偶者の所得証明書（障害厚生年金で加給年金額対象者がいる場合）

※個人番号を利用した情報連携の実施により、所得証明書・住民票などの添付書類の省略が可能である。

ワンポイントアドバイス

　障害年金の支給は、基本的に「診断書」の内容で決まります。診断書の内容に不備がないかよく確認をしてください。

第 5 節　遺族給付の年金請求

　遺族給付の年金請求は、「年金請求書（国民年金・厚生年金保険遺族給付）」（様式第105号）（巻末資料5）と別紙（様式第106号）により行う。年金請求書は、いずれの実施機関に提出してもよいが、短期要件に該当する者の場合、死亡日に加入していた実施機関から年金が支給され、長期要件に該当する者の場合、種別期間に応じて各実施機関から支給されることとなる。

　遺族基礎年金のみの請求については、「年金請求書（国民年金遺族基礎年金）」（様式第108号）と別紙（様式第110号）での請求となる。

　基本的な添付書類は、図表7－11のとおりであるが、必要な書類は個別事情や個人番号の記入等により異なることがある。

●図表7－11　年金請求書 (遺族給付) の主な添付書類

① 　死亡した者と請求者の基礎年金番号通知書または年金手帳（その他の年金手帳、被保険者証を含む）
② 　戸籍謄本または戸籍抄本
③ 　住民票、除住民票
④ 　死亡診断書等の写し
⑤ 　所得証明書　（請求者）
⑥ 　死亡した者と請求者（他の年金を受けている場合）の年金証書の写し

※個人番号を利用した情報連携の実施により、所得証明書・住民票などの添付書類の省略が可能である。

第 7 編

年金相談の対応

271

第3章

年金受給者の手続

年金受給者となっても様々な届出が必要である。共通の届出と給付の種類による
届出があり、それぞれ提出期限が設けられている。

第1節 年金受給者が行う届出

1. 年金受給者の現況確認

年金受給者の現況確認については、受給者からの「年金受給権者現況届」（ハガキ）
によって行うこととしている。現況届は、毎年誕生月の初め頃に本人に送付され、
誕生月の末日までに返送することとなり、期限までに提出しなかった場合には、年
金の支払いが一時差し止められる。

しかし、手続の簡素化および事務処理の効率化を図るため、平成18年10月から住
民基本台帳ネットワークシステムを活用して現況確認を行うこととなり、平成29年
2月送付分からは個人番号により行うこととなった。

年金請求書に個人番号を記入した場合は現況届が不要となり、現況届が送付され
た場合には個人番号を記入することにより翌年以降の現況届や住所変更届等が原則
不要となる。

なお、次の者についてはこれまでの現況届と同様、各実施機関から送付される届
書により届出が必要となる。

① **加給年金額等が加算されている者**

加給年金額等対象者の生計を維持していることを確認する必要があり、「生計
維持確認届」の提出が必要となる。届出をしなかった場合には加給年金額等が一
時差し止められる。

② 障害年金等受給者で障害の程度の確認を要する者

「障害状態確認届」と医師等による「診断書」の提出が必要となる。届出をしなかった場合には年金が一時差し止められる。

Check!

● 「一時差し止め」とは、必要な届出をしない場合に一時的に支給が止められることをいうが、届出をすれば、差し止められた時点にさかのぼって支給される。

● 日本年金機構から送付された現況届に個人番号を記入する場合は番号確認の書類を添付する。年金事務所等に備え付けの現況届に個人番号を記入する場合は番号確認および身元確認の書類が必要となる。

● 障害状態確認届は誕生月の 3 ヵ月前の月末に送付され、提出日前 3 ヵ月以内の障害の状態を記入した診断書を添え、誕生月の末日までに提出する。

● 平成26年 4 月より、年金受給者の所在が 1 ヵ月以上確認できない場合、その受給者の世帯の世帯員等に対して、所在不明である旨の届出が義務化されることとなった。届出後は年金事務所において生存の事実確認を行い、確認できない場合には年金が一時差し止められる。

2．年金受給者共通の届出

年金受給者に共通する主な届出は、図表 7 －12のとおりである。なお、個人番号を利用した情報連携の実施により、添付書類等の一部が順次省略できる予定である。

●図表 7 －12　年金受給者共通の主な届出

提出を必要とするとき	届書の名称	添付書類等	提出期限
誕生月がきたとき	年金受給権者現況届*	—	毎年誕生月の末日
	生計維持確認届	—	
	障害状態確認届	診断書など	
氏名を変更したとき	年金受給権者氏名変更届*	年金証書	厚年10日以内 国年14日以内
住所を変更するとき	年金受給権者住所変更届*	—	厚年10日以内 国年14日以内
年金受給者が死亡したとき	年金受給権者死亡届*	年金証書、死亡を証する書類	厚年10日以内 国年14日以内

死亡した者の未支給の年金等を受けようとするとき	未支給（年金・保険給付）請求書	年金証書、死亡者との続柄が分かる戸籍謄本、死亡者と生計同一であったことを証する書類	すみやかに
年金証書を紛失・毀損したとき	年金証書再交付申請書	汚したり破れたときはその年金証書	その都度
2つ以上の年金が受けられるようになったとき	年金受給選択申出書	2以上の種別期間を有する場合改定通知書など	すみやかに
年金（年金生活者支援給付金を含む）の受取先を変更するとき	年金受給権者受取機関変更届（巻末資料6）	―	年金支払日の1ヵ月以上前まで

＊日本年金機構に個人番号が収録されている場合、届出は原則不要である。

3．給付の種類による届出

　給付の種類によって、次のような届出が必要となる。なお、個人番号を利用した情報連携の実施により、添付書類等の一部の省略が可能である。

① 老齢給付受給者の主な届出

提出を必要とするとき	届書の名称	添付書類等	提出期限
胎児であった子が生まれたとき	障害基礎・老齢厚生・退職共済年金受給権者胎児出生届	子の戸籍抄本	厚年10日以内国年14日以内
加算額・加給年金額の対象者の死亡等	加算額・加給年金額対象者不該当届		厚年10日以内国年14日以内
老齢厚生年金に加給年金額が加算されるとき	老齢厚生年金・退職共済年金加給年金額加算開始事由該当届	戸籍抄本または謄本世帯全員の住民票写し対象者の所得証明書など	すみやかに
年金受給者が65歳になったとき	年金請求書（国・厚老齢給付）（ハガキ）		65歳到達月の末日
配偶者加給年金額の対象者が老齢・障害年金が受けられなくなったとき	老齢・障害給付加給年金額支給停止事由消滅届	戸籍抄本または市区町村長の証明書	すみやかに

② 障害給付受給者の主な届出

提出を必要とするとき	届書の名称	添付書類等	提出期限
障害の程度が軽度になり年金受給に該当しなくなったとき	障害給付受給権者障害不該当届		すみやかに
障害の程度が再び重くなり年金受給に該当したとき	老齢・障害給付受給権者支給停止事由消滅届	診断書など	すみやかに
障害の程度が重くなったとき	障害給付額改定請求書	診断書など	すみやかに
労働基準法による障害補償が受けられるとき	障害基礎・障害厚生年金受給権者業務上障害補償の該当届		厚年10日以内 国年すみやかに
受給権取得後に加算事由に該当する配偶者や子を有するに至ったとき	障害給付加算額・加給年金額加算開始事由該当届	戸籍抄本、世帯全員の住民票、所得証明書など	厚年10日以内 国年14日以内
業務上災害による支給停止の期間が満了したとき	老齢・障害給付受給権者支給停止事由消滅届	診断書、戸籍抄本、生存に関する市区町村長の証明書	すみやかに
加給年金額の対象者である配偶者が老齢・障害年金を受けられるとき	老齢・障害給付加給年金額支給停止事由該当届		すみやかに
加算額・加給年金額の対象者が死亡・離縁したとき	加算額・加給年金額対象者不該当届		厚年10日以内 国年14日以内

③ 遺族給付受給者の主な届出

提出を必要とするとき	届書の名称	添付書類等	提出期限
死亡の当時、胎児であった子が出生したとき	遺族基礎・厚生年金額改定請求書	戸籍抄本など	厚年10日以内 国年14日以内
遺族給付の受給者が婚姻したとき	遺族年金失権届	年金証書	厚年10日以内 国年14日以内
加算額の対象者が死亡・離縁等したとき	加算額・加給年金額対象者不該当届		厚年10日以内 国年14日以内
18歳年度末までの間にある子孫が障害に該当したとき	遺族給付受給権者の障害該当届	診断書など	すみやかに
遺族給付の支給停止事由がなくなったとき	遺族年金受給権者支給停止事由消滅届	戸籍抄本または市区町村長の証明書	すみやかに

第7編 年金相談の対応

受給権者が1年以上所在不明のとき	遺族基礎・厚生年金受給権者の所在不明による支給停止・支給停止解除申請書	行方不明となって1年以上経過していることのわかる書類	すみやかに
遺族基礎年金の受給権者の子が父または母と生計を同じくするとき	遺族基礎年金受給権者支給停止事由該当届		すみやかに

第2節 公的年金に係る税金

　老齢および退職を支給事由とする年金収入のある者が、公的年金等控除額等を超えて年金を受給している場合、その超えた分については、雑所得として課税されることになる。なお、公的年金であっても、障害給付や遺族給付は非課税である。

1．源泉徴収

　年金の支払者である各実施機関は、年金を支払う際に所得税、復興特別所得税を源泉徴収する。よって受給者が源泉徴収の際に所得控除を受けるためには、あらかじめ「公的年金等の受給者の扶養親族等申告書」（以下、「扶養親族等申告書」という）を各実施機関に提出しなければならない。

　「扶養親族等申告書」は、支払年金額が108万円（65歳以上は原則158万円）以上の者に対して、実施機関から毎年送付される。

　「扶養親族等申告書」を実施機関へ提出した場合、源泉徴収の際に、公的年金等控除のほか、扶養控除、配偶者控除、配偶者特別控除、寡婦（夫）控除、特別寡婦控除などの人的控除や基礎控除を受けることができる。なお、「扶養親族等申告書」が送付されても受給者本人が障害者や寡婦（寡夫）等に該当せず、控除対象となる配偶者または扶養親族がいない場合は、提出する必要はない。

　「扶養親族等申告書」を提出した者の年金額が、図表7－14の公的年金等控除額を超える場合は、次の計算式で算出した額が源泉徴収される。

> 源泉徴収税額 ＝（年金支給額－社会保険料－各種控除額）× 5.105%＊
>
> ＊復興特別所得税を含む

「扶養親族等申告書」を提出しなかった場合、次の計算式で算出した額が源泉徴収される。

$$源泉徴収税額 ＝ （年金支給額－社会保険料－基礎控除）×5.105\%^*$$

*復興特別所得税を含む

●図表 7 −13　年金と税金

| 108万円以上（65歳以上の方は、原則158万円以上）の年金を受けている？ | →YES | 毎年、実施機関から「扶養親族等申告書」が送付されるので、提出する。（各種控除に該当しない方は提出不要） | →YES | （年金支給額－社会保険料－各種控除額）×5.105%*が源泉徴収される。
*復興特別所得税を含む |
| | →NO | | | 年金から税金は源泉徴収されない。 |

●図表 7 −14　公的年金等控除額

受給者の区分	公的年金等の収入金額（A）	公的年金等控除額		
		公的年金等に係る雑所得以外の所得に係る合計所得金額		
		1,000万円以下	1,000万円超 2,000万円以下	2,000万円超
65歳未満	130万円以下	60万円	50万円	40万円
	130万円超 410万円以下	(A)×25%＋27.5万円	(A)×25%＋17.5万円	(A)×25%＋7.5万円
	410万円超 770万円以下	(A)×15%＋68.5万円	(A)×15%＋58.5万円	(A)×15%＋48.5万円
	770万円超 1,000万円以下	(A)×5%＋145.5万円	(A)×5%＋135.5万円	(A)×5%＋125.5万円
	1,000万円超	195.5万円	185.5万円	175.5万円
65歳以上	330万円以下	110万円	100万円	90万円
	330万円超 410万円以下	(A)×25%＋27.5万円	(A)×25%＋17.5万円	(A)×25%＋7.5万円
	410万円超 770万円以下	(A)×15%＋68.5万円	(A)×15%＋58.5万円	(A)×15%＋48.5万円
	770万円超 1,000万円以下	(A)×5%＋145.5万円	(A)×5%＋135.5万円	(A)×5%＋125.5万円
	1,000万円超	195.5万円	185.5万円	175.5万円

（注）受給者の年齢はその年の12月31日の年齢による。

第7編　年金相談の対応

Check!

●税制改正に伴い、令和 2 年分以降の扶養親族等申告書については提出した場合と提出しなかった場合で、所得税率に差がなくなった。そのため、各種控除に該当しない者は扶養親族等申告書の提出は不要である。

●会社に勤務し、給与から所得税、復興特別所得税が源泉徴収されている者等が、給与に係る申告書で扶養親族等に関する内容を申告する場合、年金に係る申告書には扶養親族等に関する内容を記入せずに提出する。

2．申 告

　源泉徴収は年金支払者ごとに行われるので、年金支払者の異なる複数の公的年金等の受給者、年金以外の他の所得がある者＊、また医療費控除等の諸控除を受ける場合には確定申告をする必要がある。

＊公的年金等の収入金額が400万円以下かつ年金以外の所得金額が20万円以下の場合、所得税の申告は不要。

　確定申告の際には、毎年 1 月に実施機関から送付される「公的年金等の源泉徴収票」を添付する。

第4章 退職後の医療保険・介護保険と退職金に係る税金

退職によって、これまで加入していた医療保険の被保険者資格を喪失するため、あらたに加入する医療保険制度を選択しなければならない。また、65歳以上の者については、介護保険制度に第1号被保険者として加入し、原則として介護保険料が年金から天引きされることになる。

退職金に係る税金にはさまざまな優遇措置が設けられている。

第1節 退職後の医療保険

会社を退職すると、これまで加入していた医療保険制度の被保険者の資格は喪失し、退職後は、図表7-15の①～③の制度の中から選択し、加入することになる。

●図表7-15　退職後の医療保険

	加入条件	保険料		医療の自己負担	手続先
①健康保険等の任意継続被保険者	退職前の加入期間が継続して2ヵ月以上あること。退職後20日以内に手続をすること。加入期間は2年。	全額本人負担	退職前の標準報酬月額と加入団体の標準報酬月額の平均の低い方に保険料率を乗じる。	・70歳未満→3割負担・70歳～75歳未満→2割負担現役並み所得者は3割負担	住所地管轄の全国健康保険協会都道府県支部または健康保険組合
②国民健康保険の被保険者	他の制度に加入していないこと。	全額本人負担	前年の所得などをもとに計算。市区町村ごとに異なる。		住所地の市区町村
③家族の被扶養者	国内居住者（原則）で、60歳以上の者または障害者は年収*1 180万円未満（60歳未満の者は年収130万円未満）であり、被保険者の年収の2分の1未満などの要件を満たすこと。*2	なし	―		家族が加入する健康保険または共済組合

＊1　年収には年金、失業給付等を含む。　＊2　被用者保険の被保険者となる者を除く。

なお、75歳以上の者については後期高齢者医療制度に加入することになる。

1. 健康保険等の任意継続被保険者

　資格喪失日の前日までに2月以上継続して被保険者であった者が、資格喪失日（退職日の翌日）から20日以内に申出をした場合は、原則として2年間任意継続被保険者となることができる。被扶養者も在職中と同様に保険料負担なしで健康保険の保険給付が受けられる。

　保険料は退職時の標準報酬月額に保険料率を乗じて得た額である。

　全国健康保険協会（協会けんぽ）の場合は、30万円（令和6年度）と退職時の標準報酬月額とを比較して低いほうの額に保険料率を乗じて得た額となる。健康保険組合の場合は、各健康保険組合の組合員の標準報酬月額の平均をもとにして計算される。

　協会けんぽの場合、全国の平均保険料率は10.00％（令和6年度）であり、保険料率は支部単位（都道府県ごと）で設定されている。

　また、40歳以上65歳未満の者については、介護保険料を上乗せして負担することになる。協会けんぽの場合、介護保険料は標準報酬月額に介護保険料率1.60％（全国一律：令和6年度）を乗じて得た額である。

　任意継続被保険者は、在職中とは違って、保険料は全額自己負担であり、原則として、その月の10日までに納付しなければならない。保険料を納期限までに納めなかった場合には、任意継続被保険者の資格は喪失する。

ワンポイントアドバイス

　任意継続被保険者になるためには退職後20日以内に手続をしなければなりません。
　なお、任意継続被保険者は保険料を前納することができます。

2. 国民健康保険の被保険者

　国民健康保険の保険者は、市区町村と都道府県＊であり、市区町村ごとに保険給付や保険料は異なる。

＊平成30年度より国民健康保険の運営が広域化され、都道府県が財政運営の主体となった。

　これまでの医療保険改正により、保険給付については、健康保険の任意継続被保

険者と国民健康保険の被保険者は、ほぼ同様の内容になっていることから、一般的には保険料を比較して選択することになる。

国民健康保険の保険料は、保険料方式と保険税方式があり、それぞれの算定方法も市区町村ごとに異なる。保険料計算の基礎の１つに「所得割」があり、前年の所得を基準に算定することとなる。所得割のほかに「資産割」「均等割」「世帯割」などがあり、これらをもとに保険料が算定されるが、上限額が定められている。

また、40歳以上65歳未満の者については、介護保険料を合わせて納付することとなり、介護保険料の算定方法や上限額も市区町村ごとに異なる。

Check!

● 国民健康保険制度については、平成30年度から財政運営の責任主体が都道府県となり、都道府県は市町村ごとの標準保険料率を算定・公表し、市町村では、これを参考に平成30年度からの保険料（税）の算定方式を定めることとなった。

● 厚生労働大臣の認可を受けた特定の健康保険組合の組合員であった者については、その健康保険組合に20年以上または40歳以降に10年以上加入していた者で老齢厚生年金の受給者は、特例退職被保険者として加入できる。

ワンポイントアドバイス

退職１年目については国民健康保険の保険料は、前年の所得が基準になるため、任意継続被保険者の保険料に比べて高くなることが多いようです。

３．被扶養者

健康保険の被扶養者として認定されれば、保険料の負担は要しない。

被扶養者になるためには、図表７−16のとおり、被保険者との続柄による同居の要件や生計維持要件が問われる。

４．後期高齢者医療制度

後期高齢者医療制度は、平成20年４月から実施され、都道府県後期高齢者医療広域連合（以下、「広域連合」という）によって運営されている。

後期高齢者医療制度の加入対象者は75歳以上の者である。ただし、65歳以上75歳

第7編 年金相談の対応

未満の者でも一定の障害があると広域連合で認められた場合には加入することができる。

75歳になった段階ですべての者が自動的に加入するため何ら手続は要しない。

個人単位で加入することとなり、保険料は原則として年金からの天引き（特別徴収）となっている。ただし、年金年額が18万円未満の者については納付書または口座振替により支払うことになる（普通徴収）。なお、平成21年度より原則として、口座振替と年金天引きのいずれかが選択できることとなった。

保険料額については、広域連合ごとに異なり、低所得者や制度加入前に被扶養者であった者（元被扶養者）には保険料軽減措置が設けられているが、平成29年度以降、元被扶養者に対する保険料軽減措置の見直しが行われている。

医療費の自己負担割合は、1割負担（一定以上の所得者2割負担、現役並み所得者3割負担）となっている。

●図表7−16　被扶養者になるための要件

被保険者との続柄	被保険者との同居要件	生計維持要件
直系尊属 配偶者(事実婚を含む) 子、孫、兄弟姉妹	不要	原則として、60歳以上または障害者の者は年収180万円未満(60歳未満は年収130万円未満)であって、被保険者の年収の2分の1未満であること。
上記を除く3親等内の親族 事実婚の配偶者の父母および子 (事実婚配偶者死亡後を含む)	要	

●図表7−17　医療費の自己負担の割合

義務教育就学前	70歳		75歳
			後期高齢者医療制度
2割負担	3割負担	現役並み所得者　3割負担 一般　　　　　　2割負担	現役並み所得者　3割負担 一定以上の所得者　2割負担 一般　　　　　1割負担

第2節 介護保険

　介護保険制度は、社会保険方式により社会全体で介護を支える制度として平成12年4月に実施された。

1．介護保険制度の概要

　保険者は市区町村であり、介護保険の被保険者は、第1号被保険者（市区町村に住所を有する65歳以上の者）と第2号被保険者（40歳以上65歳未満の医療保険加入者）である。

　介護保険の給付に要する費用の2分の1は、国、都道府県、市区町村が負担し、残りの2分の1を被保険者からの保険料で賄うことになっている。

　保険料の算定方法は市区町村によって異なり、保険料の徴収は第1号被保険者については年金からの徴収（特別徴収）とし、第2号被保険者については加入する医療保険制度から徴収を行うこととしている。

　保険料の特別徴収の対象になるのは、第1号被保険者のうち、その年の4月1日の現況において年額18万円以上の老齢・退職年金の受給者である。また、平成18年10月からは、障害年金および遺族年金からも特別徴収されることになった。

	加入者	保険料	給付対象者	自己負担	手続先
第1号被保険者	65歳以上の者	市区町村ごとに算定（年金年額18万円以上の者は年金からの天引き）	要介護者要支援者	介護サービスに対して1割負担（原則）*	市区町村
第2号被保険者	40歳以上65歳未満の医療保険加入者	医療保険の保険料に上乗せ	加齢に伴う一定の疾病により介護・支援を要する者		

＊65歳以上の者で一定以上の所得者は2割負担、現役並みの所得者は3割負担となる（上限あり）。

２．介護サービス利用までの流れ

　介護サービスは介護給付と予防給付に分類される。介護給付は要介護認定を受けた場合に利用でき、予防給付は要支援認定を受けた場合に利用できる。サービス利用の流れは次のとおりである。

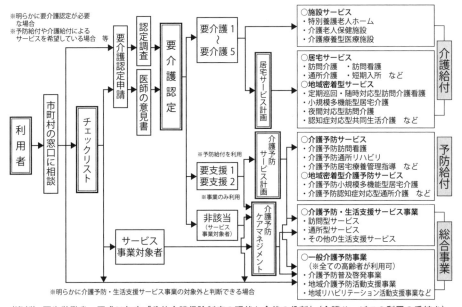

（資料）厚生労働省　平成30年度「公的介護保険制度の現状と今後の役割」（介護サービスの利用の手続き）

第3節 退職金に係る税金

　退職金は、所得税・住民税の課税対象となるが、①分離課税である、②退職所得控除がある、③退職所得控除後の2分の1に課税されるなどの優遇措置が設けられている。

1．退職所得の計算

　退職金から退職所得控除額を差し引いた額の2分の1が課税対象となり、他の所得と分離して税額を計算することとなる。

退職所得＝（退職金－退職所得控除額）×1/2

退職所得控除額の計算は次のとおりであり、勤続年数によって異なる。

勤続年数	退職所得控除額
20年以下	40万円×勤続年数 （80万円に満たない場合には、80万円）
20年超	800万円＋70万円×（勤続年数－20年）

（注1）勤続年数に1年未満の端数がある場合は、たとえ1日の勤務でも1年として計算する。
（注2）前年以前に退職金を受け取ったことがあるときまたは同一年中に2ヵ所以上から退職金を受け取るときなどは、控除額の計算が異なることがある。

2．申　告

　退職金等の受給の際に「退職所得の受給に関する申告書」を提出している場合は、退職金等の支払者が所得税額を計算し、その退職金等の支払の際、所得税の源泉徴収が行われるため、原則として確定申告は不要である。

　「退職所得の受給に関する申告書」の提出がなかった場合は、退職金等の額の20.42％（復興特別所得税を含む）が源泉徴収されるが、この税額の精算は、退職金等の受給者本人が確定申告をすることにより行う。また、年の途中で退職した場合は、年末調整を受けていないので確定申告をすることとなる。

年金相談の事例

本編は令和 6 年度価格（本来水準）をもとにした事例です。

事例 1 老齢基礎年金：自営業者世帯

A男さん（昭和35年4月15日生まれ）は、飲食店を営んでいる自営業者です。

昭和56年4月から平成20年3月まで国民年金保険料を納付していましたが、平成20年4月から平成27年3月まで保険料半額免除期間があります。その後は60歳になるまで国民年金保険料を納付しています。

A男さんの妻（昭和40年10月5日生まれ）は、昭和62年10月から平成20年3月まで国民年金保険料を納付していましたが、平成20年4月から平成27年3月まで保険料半額免除期間があります。その後、60歳になるまで国民年金保険料を納付する予定です。

A男さん夫婦は、いくらの年金を受給できるのでしょうか。

【相談者の条件】

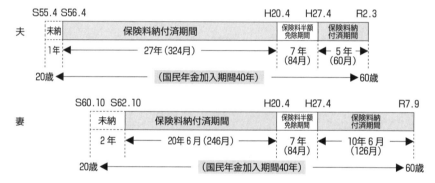

1．受給要件の確認

● A男さんの場合

20歳から60歳になるまでの保険料納付済期間および保険料免除期間は、

保険料納付済期間（27年＋5年）＋ 保険料半額免除期間（7年）＝ 39年

となり、受給要件である10年以上の受給資格期間を満たしているので、65歳から老齢基礎年金を受給することができます（第3編第1章第1節参照）。

●妻の場合

60歳になるまでの保険料納付済期間および保険料免除期間は、

保険料納付済期間（20年6月＋10年6月）＋ 保険料半額免除期間（7年）＝ 38年

となり、受給要件である10年以上の受給資格期間を満たしているので、65歳から老齢基礎年金を受給することができます。

2．夫婦の年金見込額（令和6年度価格）

令和6年度の老齢基礎年金の満額は816,000円ですが、未納期間と免除期間がある場合は年金額が減額されることになります（第3編第1章第2節参照）。

● A男さんの年金見込額

A男さんは1年間の保険料未納期間と7年間の保険料半額免除期間があることから、老齢基礎年金は満額支給されず、次の算式になります。

$$816,000円 \times \frac{384月+(12月\times2/3+72月\times3/4)}{480} ≒ 758,200円$$

(注) 1年間の未納期間は年金額には反映されず、7年間の保険料半額免除期間については、平成21年3月以前の期間は2/3、平成21年4月以降の期間は3/4として年金額に反映されます。

〈A男さんの年金見込額〉

65歳以降の年金額	老齢基礎年金	758,200円

●妻の年金見込額

妻は2年間の保険料未納期間と7年間の保険料半額免除期間があることから、老齢基礎年金は満額支給されず、次の算式になります。

$$816{,}000円 \times \frac{372月+(12月\times2/3+72月\times3/4)}{480} \fallingdotseq \textbf{737{,}800円}$$

（注）　2 年間の未納期間は年金額には反映されず、7 年間の保険料半額免除期間については、平成21年 3 月以前の期間は2/3、平成21年 4 月以降の期間は3/4として年金額に反映されます。

〈妻の年金見込額〉

65歳以降の年金額	老齢基礎年金	737,800円

【夫婦の年金の図】

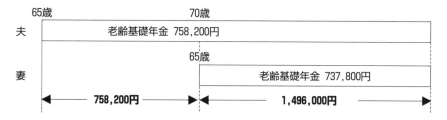

アドバイス

★年金額の増額を希望する場合

○追納をする方法

　A 男さんと妻には 7 年間の保険料半額免除期間があり、直近10年以内の期間について追納することができます。令和 6 年 4 月時点であれば、平成26年 4 月から平成27年 3 月までの 1 年分のみ追納が可能ですが、平成20年 4 月から平成26年 3 月までの 6 年分は追納することはできません（第 2 編第 2 章第 3 節参照）。

○任意加入をする方法

　夫婦ともに、それぞれ65歳に達するまでの間で任意加入をすることによって老齢基礎年金額を増やすことができます（第 2 編第 2 章第 2 節参照）。また、同時に付加保険料を納めることによって付加年金を上乗せすることができます（第 6 編第 1 章第 1 節参照）。

○繰下げ申出をする方法

　夫婦ともに、それぞれ66歳以降75歳になるまでの希望するときに老齢基礎年金

の繰下げの申出をすることにより、増額された年金を受給することができます（第3編第1章第3節参照）。

★早期の受給を希望する場合

○繰上げ請求をする方法

　夫婦ともに、それぞれ65歳に達する前に老齢基礎年金の繰上げの請求をすることにより、早期に年金を受給することもできます。ただし、一生涯、減額されること、原則として障害年金が受けられなくなること、追納や任意加入ができなくなること、A男さんが死亡した場合に妻は寡婦年金が受けられなくなることなど留意しなければならない点があります（第3編第1章第3節参照）。

事例 II 老齢基礎年金と老齢厚生年金： サラリーマン世帯

B男さん（昭和36年3月20日生まれ）は、昭和58年4月1日から甲社に就職し、厚生年金保険に加入していましたが、60歳に達した日に退職しました。

B男さんの妻（昭和38年4月18日生まれ）は、昭和58年4月に甲社に就職し、厚生年金保険に加入していましたが、昭和60年4月に結婚し、退職しました。退職後は専業主婦であり、昭和61年4月から国民年金に加入しています。

B男さんが年金事務所に照会したところ、平均標準報酬月額は360,000円、平均標準報酬額は500,000円、B男さんの妻の平均標準報酬月額は180,000円でした。

B男さん夫婦は、いくらの年金を受給できるのでしょうか。

【相談者の条件】

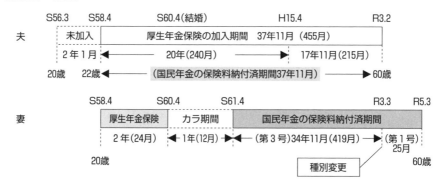

解説

1．受給要件の確認

●B男さんの場合

60歳で退職するまでの37年11月間は厚生年金保険の被保険者であることから、保険料納付済期間37年11月（厚生年金保険37年11月）となり、受給要件である10年以上の受給資格期間を満たすことになります（第3編第1章第1節参照）。

また、B男さんは厚生年金保険の加入期間が1年以上あり、昭和36年3月20日生まれであることから、60歳台前半の老齢厚生年金を受給することができ、報酬

292

比例部分のみの年金が64歳から支給されます。（第3編第2章第1節参照）。65歳からは、老齢基礎年金と老齢厚生年金を受給することができ、妻の厚生年金保険の加入期間が20年未満であり、妻を生計維持（生計同一、妻の年収が850万円未満）していることから配偶者加給年金額が加算されます。

（注）65歳からの老齢厚生年金には配偶者加給年金額が加算されますが、報酬比例部分のみの60歳台前半の老齢厚生年金には、配偶者加給年金額は加算されません。

●妻の場合

　20歳から退職するまでの2年間は、厚生年金保険の被保険者となります。退職後、昭和61年3月までの専業主婦であった1年間は、国民年金に任意加入できましたが、加入していなかったため、受給資格期間には算入されますが、年金額には反映されない合算対象期間（カラ期間）となります（第3編第1章第1節参照）。昭和61年4月からは、サラリーマンの妻で専業主婦（第2号被保険者の被扶養配偶者）であったことから国民年金の第3号被保険者となり、この期間は保険料納付済期間となります。しかし、B男さんの退職により妻は第3号被保険者ではなくなり、令和3年3月以降、60歳になるまでの間は、国民年金の第1号被保険者として保険料を納付することになります。

　妻の20歳から60歳になるまでの加入期間は、保険料納付済期間39年（厚生年金保険2年＋国民年金37年）となり、合算対象期間を合算しなくても受給要件である10年以上の受給資格期間を満たすことになります。

　また、妻は厚生年金保険の加入期間が1年以上あり、昭和38年4月18日生まれであることから、60歳台前半の老齢厚生年金を受給することができ、報酬比例部分のみの年金が63歳から支給されます。65歳からは、老齢基礎年金と老齢厚生年金を受給することができ、65歳になった時点で、B男さんに加算されていた配偶者加給年金額は加算されなくなり、妻の老齢基礎年金に振替加算が加算されることになります（第3編第1章第2節参照）。

2. 夫婦の年金見込額（令和6年度価格）

● B男さんの年金見込額

① 60歳台前半の老齢厚生年金の額（報酬比例部分の年金額）（第3編第2章第2節参照）

64歳から65歳になるまでの間は、報酬比例部分のみの年金額となります。

（平成15年3月以前の被保険者期間分）　　（平成15年4月以後の被保険者期間分）

$$360,000円 \times \frac{7.125}{1,000} \times 240月 \quad + \quad 500,000円 \times \frac{5.481}{1,000} \times 215月$$

≒ **1,204,808円**

② 老齢基礎年金の額

$$816,000円 \times \frac{455月}{480月} ≒ \textbf{773,500円}$$

③ 老齢厚生年金の額（第3編第2章第4節参照）

◆報酬比例部分の年金額（①と同様）

（平成15年3月以前の被保険者期間分）　　（平成15年4月以後の被保険者期間分）

$$360,000円 \times \frac{7.125}{1,000} \times 240月 \quad + \quad 500,000円 \times \frac{5.481}{1,000} \times 215月$$

≒ **1,204,808円**

◆経過的加算

（定額部分）　　　　　　（厚生年金の被保険者期間のみの老齢基礎年金）

$$1,701円 \times 1.0 \times 455月 \quad - \quad 816,000円 \times \frac{455月}{480月}$$

≒ **455円**

$$1,204,808円 + 455円 = \textbf{1,205,263円}$$

◆配偶者の加給年金額（第3編第2章第2節参照）

234,800円（加給年金額）＋ 173,300円（特別加算）＝ **408,100円**

〈B 男さんの年金見込額〉

64歳～65歳未満の年金額	報酬比例部分	①1,204,808円
65歳以降の年金額	老齢基礎年金	②773,500円
	老齢厚生年金	③1,205,263円（1,204,808円＋455円）＋ 408,100円 ＝1,613,363円

●妻の年金見込額

① 60歳台前半の老齢厚生年金の額（報酬比例部分の年金額）

63歳から65歳になるまでの間は、報酬比例部分のみの年金額が支給されます。

（平成15年3月以前の被保険者期間分）

$$180,000円 \times \frac{7.125}{1,000} \times 24月 = \mathbf{30,780円}$$

② 老齢基礎年金の額

$$816,000円 \times \frac{468月}{480月} = \mathbf{795,600円}$$

③ 振替加算

15,732円（第3編第1章第2節「図表3－4」参照）

④ 老齢厚生年金の額

◆報酬比例部分の年金額（①と同様）

（平成15年3月以前の被保険者期間分）

$$180,000円 \times \frac{7.125}{1,000} \times 24月 = \mathbf{30,780円}$$

◆経過的加算

（定額部分） （厚生年金の被保険者期間のみの老齢基礎年金）

$$1,701円 \times 1.0 \times 24月 - 816,000円 \times \frac{24月}{480月} = \mathbf{24円}$$

30,780円 ＋ 24円 ＝ **30,804円**

〈妻の年金見込額〉

63歳～65歳未満の年金額	報酬比例部分	①30,780円
65歳以降の年金額	老齢基礎年金	811,332円（②795,600円＋③15,732円）
	老齢厚生年金	④30,804円（30,780円＋24円）

【夫婦の年金の図】

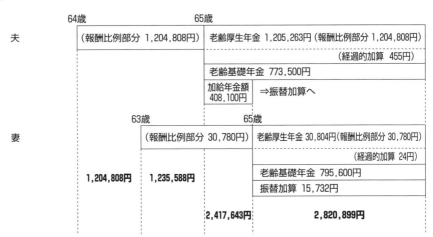

アドバイス

★年金額の増額を希望する場合

○任意加入をする方法

　夫婦ともに、老齢基礎年金を満額受給することができないので、それぞれ60歳以降65歳に達するまでの間、任意加入をすることによって老齢基礎年金額を増やすことができます（第2編第2章第2節参照）。また、同時に付加保険料を納めることによって付加年金を上乗せすることができます（第6編第1章第1節参照）。

○繰下げ申出をする方法

　夫婦ともに、それぞれ66歳以降の希望するときに老齢基礎年金および老齢厚生年金の支給繰下げの申出をすることにより、増額された年金を受給することができます。支給繰下げの申出については、老齢基礎年金と老齢厚生年金を別々に行うことができます（第3編第1章第3節、同編第2章第5節参照）。

　なお、60歳台前半の老齢厚生年金については繰下げ受給することはできません。

★早期に年金の受給を希望する場合

○繰上げ請求をする方法

夫婦ともに、老齢基礎年金と老齢厚生年金を同時に繰上げ請求をすることができます。ただし、老齢基礎年金と老齢厚生年金の両方が、一生涯、減額されるなど留意しなければならない点があります。

B男さんは、64歳（妻は63歳）になるまでの間、老齢厚生年金と老齢基礎年金を同時に繰上げ請求をすることができます。また、B男さんは64歳（妻は63歳）から65歳になるまでの間であれば、老齢基礎年金の繰上げ請求をすることもできます（第3編第2章第5節参照）。

★妻の保険料

B男さんが退職したことによって、妻は国民年金の第3号被保険者から第1号被保険者となり、60歳になるまで国民年金保険料を支払うことになります（第2編第2章第2節参照）。

事例 Ⅲ 老齢厚生年金の繰上げ

C男さん（昭和39年4月18日生まれ）は、38年間厚生年金保険に加入し、60歳に達した日に退職しました。C男さんは現在、専業主婦の妻（昭和41年6月21日生まれ）と2人暮らしです。年金事務所に年金見込額を照会したところ、報酬比例部分が1,320,872円、経過的加算が456円、老齢基礎年金が775,200円、加給年金額は408,100円とのことでした。

C男さんは、62歳に達した月に老齢厚生年金の繰上げ請求をしようと考えています。繰上げ請求をした場合、どのような年金をいくら受給できるのでしょうか？

解説

1．繰上げ支給の老齢厚生年金と老齢基礎年金

C男さんの場合は老齢厚生年金の繰上げ請求をすることができ、老齢基礎年金も同時に繰り上げられることになります。

C男さんが62歳に達した月に繰上げ請求をした場合、本来の老齢厚生年金が繰り上げられ、本来の老齢厚生年金は報酬比例部分と経過的加算で構成されているため、報酬比例部分と経過的加算が減額されますが、これらの繰上げ減額分は報酬比例部分から減額されることになります。また、老齢基礎年金も減額されることになります。

なお、C男さんは昭和37年4月2日以後生まれであることから、減額率は月あたり0.4％となります。

2．C男さんの本来の年金見込額（令和6年度価格）

C男さんの本来の年金額は次のとおりです。

◆C男さんの本来の年金

65歳

老齢厚生年金1,321,328円 （報酬比例部分1,320,872円）	
（経過的加算456円）	
老齢基礎年金　　　775,200円	
加給年金額 408,100円	**2,096,528円**
2,504,628円	

3．C男さんの繰上げ受給の年金見込額（令和6年度価格）

　C男さんが62歳に達した月に老齢厚生年金の繰上げ請求をした場合の年金額は次のとおりです（第3編第2章第5節参照）。

①　繰上げの老齢厚生年金の額

◆報酬比例部分の繰上げ減額分

　繰上げ月数は、62歳に達した月から65歳に達した月の前月までの36月になります。月あたり0.4％減額されることから、本来の報酬比例部分の14.4％（0.4％×36月）が減額されることになります。

※昭和37年4月2日以後生まれの者は、月あたり0.4％の減額率となります。

$$1,320,872円 × 0.4\% × 36月 ≒ \textbf{190,206円}$$

◆経過的加算の繰上げ減額分

　繰上げ月数は、報酬比例部分の繰上げ減額分と同様に36月となります。

$$456円 × 0.4\% × 36月 ≒ \textbf{66円}$$

◆62歳からの報酬比例部分の年金額

　本来の報酬比例部分から報酬比例部分と経過的加算の繰上げ減額分が減額されます。

$$1,320,872円 − 190,206円 − 66円 = \textbf{1,130,600円}$$

◆経過的加算

　経過的加算の繰上げ減額分は本来の報酬比例部分から減額されるため、経過的加算は全額支給されます。

456円

　　　　1,130,600円＋456円＝**1,131,056円**

②　繰上げの老齢基礎年金の額

　老齢厚生年金の繰上げ請求をすると、老齢基礎年金も同時に全部繰上げの請求となります。

　繰上げ月数は、繰上げ請求をした月から65歳に達する月の前月までの36月となり、本来の老齢基礎年金から14.4％減額された額を受給することになります。

$$775{,}200円 - 775{,}200円 \times 0.4\% \times 36月 ≒ \textbf{663{,}571円}$$

③　65歳以降の老齢厚生年金の額

◆配偶者の加給年金額

　65歳から加給年金額が加算されます。

408,100円

　　　　1,131,056円＋408,100円＝**1,539,156円**

〈C男さんの年金見込額〉

62歳〜65歳未満の年金額	老齢厚生年金	①1,131,056円（1,130,600円＋456円）
	老齢基礎年金	②663,571円
65歳以降の年金額	老齢厚生年金	③1,131,056円＋408,100円＝1,539,156円
	老齢基礎年金	②663,571円

【62歳に達した月に老齢厚生年金の繰上げ請求をした場合】

62歳　　　　　　　　　　　65歳

繰上げの老齢厚生年金1,131,056円（報酬比例部分1,130,600円）	
（経過的加算456円）	
全部繰上げの老齢基礎年金663,571円	

1,794,627円　　　　　　加給年金額 408,100円　　　　　　1,794,627円

2,202,727円

アドバイス

★繰上げ請求の時期

　C男さんが老齢厚生年金の繰上げ請求ができるのは、65歳になるまでであり、同時に老齢基礎年金も繰上げ請求をすることとなります。いずれか一方のみの繰上げ請求はできません。

★減額率

　C男さんが繰上げ請求をした月によって老齢厚生年金と老齢基礎年金の一生涯の減額率が決まります。昭和37年4月2日以降生まれであることから、減額率は月あたり0.4％で計算します。なお、繰上げ請求をしても加給年金額が加算されるのは65歳からとなり、加給年金額は減額されることはありません。

★繰上げの留意点

　C男さんは、繰上げ請求をすると一生涯減額されるだけでなく、万一、障害者になっても原則として障害年金は支給されず、国民年金に任意加入することもできなくなります。いったん繰上げ請求をすると取消しや変更はできません。

第8編

年金相談の事例

301

事例Ⅳ 在職老齢年金と雇用保険の 高年齢雇用継続給付の併給調整

> D男さん（昭和35年 8 月10日生まれ）は、昭和58年 4 月 1 日に乙社に就職し、入社以来、厚生年金保険や雇用保険に加入し、60歳に達した日に定年退職しました。引続き65歳に達する日まで継続雇用される予定です。現在、専業主婦の妻と 2 人暮らしです。
>
> 定年退職の日以前 1 年間の賃金の月額は、550,000円（標準報酬月額560,000円）、賞与は、令和元年12月に800,000円、令和 2 年 6 月に600,000円支払われました。
>
> 定年退職後の賃金の月額は、定額の330,000円（標準報酬月額340,000円）、賞与は、毎年 6 月と12月に48万円ずつ支払われています。
>
> D男さんの64歳からの年金見込額は、1,500,000円です。
>
> D男さんが、雇用保険の高年齢雇用継続給付の支給を受けながら勤務を継続していく場合、令和 6 年10月の年金の受給についてはどのようになるのでしょうか。

この事例は、D男さんが、60歳の定年退職後も65歳に達するまで高年齢雇用継続給付を受給しながら継続勤務する場合の相談です。厚生年金保険の被保険者である場合は、「在職老齢年金」の仕組みにより、年金の一部が支給停止され、さらに「高年齢雇用継続給付」の受給による支給停止が行われることになります。

解説

1．在職老齢年金

老齢厚生年金の受給権者が、厚生年金保険の被保険者であり、総報酬月額相当額と基本月額の合算額が支給停止調整額（令和 6 年度：50万円）を超える場合は、年金の全部または一部が支給停止されます（第 3 編第 2 章第 6 節参照）。

●令和6年10月の総報酬月額相当額と基本月額

① 総報酬月額相当額

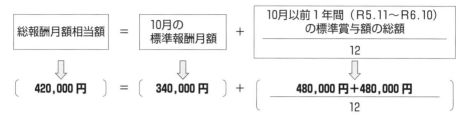

② 基本月額

基本月額（年金月額）＝ 老齢厚生年金（報酬比例部分）÷ 12
＊加給年金額を除く

●在職老齢年金の計算

　　令和6年10月の総報酬月額相当額（420,000円）と基本月額（125,000円）の合算額は、545,000円であり、50万円を超えることから、在職老齢年金の仕組みによる支給停止が行われることになります。

総報酬月額相当額と基本月額の合算額	支給停止額（月額）
50万円超	（総報酬月額相当額＋基本月額－50万円）×1/2

　　支給停止額 ⇒ （420,000円＋125,000円－500,000円）× 1/2 ＝ **22,500円**

　　在職老齢年金 ⇒ 125,000円－22,500円 ＝ **102,500円**

（第3編第2章第6節参照）

┃2．高年齢雇用継続給付との併給調整

●高年齢雇用継続給付

　　D男さんは、定年退職後も雇用が継続され、賃金が次のとおり低下していることから高年齢雇用継続給付（高年齢雇用継続基本給付金）の支給対象者であり、支給額は次のとおりです。

① 60歳到達時の賃金月額と賃金の低下率*

　60歳到達時の賃金月額　{(550,000円×6ヵ月)÷180}×30 ＝ 550,000円

　60歳以降の賃金の低下率　330,000円÷550,000円 ＝ 60.00% ＜ 61%

　　＊低下率とは、60歳到達時の賃金月額に対する60歳以降の賃金額の割合をいう。

② 高年齢雇用継続給付の支給額

　60歳以降の賃金の低下率は、61％未満であることから、

> 330,000円（支給対象月の賃金）× 15% ＝ **49,500円**

が支給対象月ごとに支給されます。

●高年齢雇用継続給付と在職老齢年金の併給調整

　　高年齢雇用継続給付の受給者が、在職老齢年金を受給する場合には、高年齢雇用継続給付は全額受給できますが、老齢厚生年金については、在職老齢年金の支給停止額のほかに、さらに標準報酬月額の6％に相当する額を上限として支給停止されます（第3編第2章第7節参照）。

① 高年齢雇用継続給付の受給による支給停止額

　標準報酬月額が60歳到達時の賃金月額の61％未満であることから、在職老齢年金について、標準報酬月額の6％が支給停止されます。

　　したがって、

> 340,000円（標準報酬月額）× 6% ＝ **20,400円**

が支給停止されることになります。

② 在職老齢年金の額

　年金月額（基本月額）から、在職老齢年金による支給停止額を控除し、さらに高年齢雇用継続給付の受給による支給停止額を控除した額が支給されることになります。

$$(125,000円 - 22,500円) - 20,400円 = \mathbf{82,100円}$$

〈D男さんの在職老齢年金と高年齢雇用継続給付の受給額〉

年金月額	125,000円
在職老齢年金による支給停止額	▲ 22,500円
高年齢雇用継続給付の受給による支給停止額	▲ 20,400円
在職老齢年金	82,100円

+

高年齢雇用継続給付	49,500円

アドバイス

★在職老齢年金の額の改定

　今後、D男さんの標準報酬月額や標準賞与額に変動があれば、総報酬月額相当額は変更されるため、在職老齢年金の額も改定されることになります。

★高年齢雇用継続給付との併給調整による改定

　高年齢雇用継続給付の額は、D男さんに支給される賃金の額によって変更されます。それに伴い、在職老齢年金の額も改定されます。

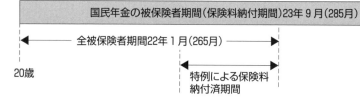

事例Ⅴ | 障害基礎年金

　E男さん（昭和56年8月20日生まれ）は、飲食店を営む自営業者です。

　平成13年8月から国民年金に加入しています（保険料納付済）。令和5年10月15日に事故に遭い、病院に搬送されました。現在も治療中ですが、医師の話では2級程度の障害が残るとのことです。

　現在、飲食店を手伝っている妻（41歳）と、長男（17歳、健常者）長女（15歳、2級障害者）の4人暮らしです。

　E男さんが障害等級2級に該当した場合、どのような障害給付が受けられるのでしょうか。

【相談者の条件】

H13.8		R4.9	R5.8 （前々月）	R5.10 （初診月）	R7.4 （障害認定月）

国民年金の被保険者期間（保険料納付期間）23年9月（285月）

全被保険者期間22年1月（265月）

20歳

特例による保険料納付済期間

解説

1．受給要件の確認

　障害基礎年金を受給するためには、原則として「初診日における要件」「障害認定日における要件」「保険料納付要件」の3つの要件を満たさなければなりません（第4編第1章第1節参照）。

●初診日における要件

　E男さんは、初診日の令和5年10月15日に国民年金の第1号被保険者であったことから、初診日における要件は満たしています。

●障害認定日における要件

　障害認定日は令和7年4月15日であり、障害等級2級程度の障害の状態にあれば障害認定日における要件は満たしています。

(注) 初診日 (令和5年10月15日) から起算して1年6ヵ月を経過した日が障害認定日となります。

●保険料納付要件

　初診日の前日において、初診日の属する月 (令和5年10月) の前々月 (令和5年8月) までの全被保険者期間 (265月) のうち、保険料納付済期間と保険料免除期間を合わせた期間が3分の2以上あることが必要ですが、E男さんは、すべての期間において保険料を納付していることから保険料納付要件も満たします。

　なお、仮にこの要件を満たせない場合でも、初診日が令和8年4月1日前であり、初診日において65歳未満であること、初診日の属する月の前々月までの1年間 (令和4年9月～令和5年8月) に保険料滞納期間がないので保険料納付要件の特例も満たすことになります。

　E男さんは、3つの受給要件をすべて満たしているので、2級の障害基礎年金を受給することができます。

▎2．年金額の計算（令和6年度価格）

　障害基礎年金の額は定額であり、障害等級によって次のとおりとなります（第4編第1章第2節参照）。

1級障害基礎年金	1,020,000円 （2級の1.25倍）	子の加算額 1人・2人目　各234,800円
2級障害基礎年金	816,000円	3人目以降　　各78,300円

　E男さんの場合、17歳と15歳の2人の子を生計維持していることから受給できる障害基礎年金額は、次のとおりとなります。

〈障害基礎年金の受給額〉

2級の障害基礎年金額	816,000円
子の加算（2人分）	234,800円×2人＝　469,600円
受　　給　　額	**1,285,600円**

【2級障害基礎年金の受給額と受給期間】

長男18歳年度末

子の加算　長男234,800円	長女20歳到達	
子の加算　長女234,800円		
障害基礎年金（2級）　816,000円		
1,285,600円	1,050,800円	816,000円

アドバイス

★障害の程度が重くなった場合

　　E男さんは、障害基礎年金の額の改定請求をすることができます。万一、他の障害が発生した場合には、併合認定されるケースもあります。

★障害の程度が軽くなった場合

　　E男さんの障害の程度が軽くなって2級に該当しなくなった場合、障害基礎年金は支給停止されますが、その後、障害の程度がどんなに軽くなっても65歳になるまでは失権することはありません。また、65歳になっても、障害厚生年金の3級程度の状態に該当しなくなって3年を経過していない場合には3年を経過するまでは失権しません（第4編第1章第3節参照）。

★国民年金保険料の免除

　　E男さんが障害基礎年金の受給権者になると、国民年金の保険料は届出により法定免除となります（第2編第2章第3節参照）。

事例VI | 障害基礎年金と障害厚生年金

F男さん（昭和53年6月7日生まれ）は、丙社に勤務する会社員です。

平成13年4月から厚生年金保険に加入しています。令和5年12月5日に旅行先で事故に遭い、病院に搬送されました。現在も療養中で、医師の話では2級程度の障害が残るとのことです。

現在、F男さんは専業主婦の妻（41歳）と、長女（15歳、健常者）、長男（12歳、健常者）の4人暮らしです。

F男さんが障害等級2級に該当した場合、どのような障害給付が受けられるのでしょうか。

F男さんの平均標準報酬月額は300,000円で、平均標準報酬額は440,000円です。

【相談者の条件】

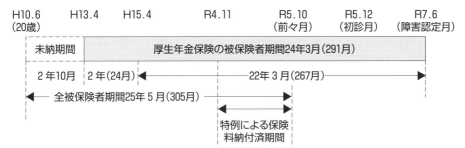

1. 受給要件の確認

障害厚生年金を受給するためには、障害基礎年金と同様に、原則として「初診日における要件」「障害認定日における要件」「保険料納付要件」の3つの要件を満たさなければなりません（第4編第2章第1節参照）。

●初診日における要件

初診日の令和5年12月5日にF男さんは厚生年金保険の被保険者であり、同時に国民年金の第2号被保険者であったことから、障害厚生年金と障害基礎年金の

第8編　年金相談の事例

初診日における要件は満たしています。

●障害認定日における要件

障害認定日は令和7年6月5日であり、障害等級2級程度の障害の状態にあれば障害認定日における要件は満たしています。

(注) 初診日（令和5年12月5日）から起算して1年6月経過した日が障害認定日となります。

●保険料納付要件

初診日の前日において、初診日の属する月（令和5年12月）の前々月（令和5年10月）までの全被保険者期間（305月）のうち、保険料納付済期間と保険料免除期間を合わせた期間が3分の2以上あることが必要ですが、F男さんの保険料納付済期間（平成13年4月～令和5年10月）は271月あり、3分の2以上あるため、この要件も満たします。

なお、仮にこの要件を満たせない場合でも、初診日が令和8年4月1日前であり、初診日において65歳未満であること、初診日の属する月の前々月までの1年間（令和4年11月～令和5年10月）に保険料滞納期間がないことから、保険料納付要件の特例も満たすことになります。

F男さんは、障害基礎年金と障害厚生年金の3つの受給要件をすべて満たしているので、2級の障害基礎年金と2級の障害厚生年金を受給することができます。

┃2．年金額の計算（令和6年度価格）

●障害基礎年金の額

F男さんの受けられる2級の障害基礎年金の額は、次のとおりとなります。

〈障害基礎年金の受給額〉

2級の障害基礎年金額	816,000円
子の加算（2人分）	234,800円×2人＝　469,600円
受　給　額	1,285,600円

●**障害厚生年金の額**（第 4 編第 2 章第 2 節参照）

① 報酬比例部分の計算式

　F 男さんの実際の被保険者期間の月数は、障害認定日の属する月までが算入され、291月（平成13年 4 月から令和 7 年 6 月まで）であり、300月未満となります。この場合は「300月みなし」が適用され、次のように計算されます。

（平成15年 3 月以前の被保険者期間分）　（平成15年 4 月以後の被保険者期間分）

$$\left\{ 300{,}000円\times\frac{7.125}{1{,}000}\times24月 \;+\; 440{,}000円\times\frac{5.481}{1{,}000}\times267月 \right\}$$

$$\times\frac{300}{291}\fallingdotseq \textbf{716,709円}$$

② 配偶者加給年金額

234,800円

＜障害厚生年金の受給額＞

2 級の障害厚生年金額	716,709円
配偶者加給年金額	234,800円
受　給　額	**951,509円**

【2級の障害基礎年金・障害厚生年金の受給額と受給期間】

障害厚生年金（2級）	716,709円		
配偶者加給年金額	234,800円		妻65歳到達まで
長女18歳年度末			
子の加算　長女　234,800円		長男18歳年度末	
子の加算　長男　234,800円			
障害基礎年金（2級）　816,000円			
2,237,109円	2,002,309円	1,767,509円	

アドバイス

★障害の程度が重くなった場合

　F男さんは、障害厚生年金の額の改定請求をすることができます。万一、他の障害が発生した場合には、併合認定されるケースもあります。

★障害の程度が軽くなった場合

　F男さんの障害の程度が軽くなって2級に該当しなくなった場合、障害基礎年金は支給停止されますが、障害厚生年金の3級に該当すれば障害厚生年金は支給されます。さらに、軽くなって3級にも該当しなくなれば障害厚生年金は支給停止されますが、その後、障害の程度がどんなに軽くなっても65歳になるまでは失権することはありません。また、65歳になっても、障害厚生年金の3級程度の状態に該当しなくなって3年を経過していない場合には3年を経過するまでは失権しません（第4編第2章第3節参照）。

事例Ⅶ｜遺族基礎年金：自営業者世帯

> G子さんの夫（昭和52年11月5日生まれ）は、小売業を営む自営業者で、平成9年11月から国民年金に加入していました。病気のため入院していましたが、令和6年5月5日に治療の甲斐もなく亡くなりました。
>
> G子さんは現在44歳で、平成15年6月に結婚し、その後は専業主婦です。G子さんは、長男（17歳、健常者）と長女（13歳、健常者）と3人で暮らしています。
>
> G子さんの夫は、死亡するまでの間、国民年金の保険料は納付していました。残されたG子さんはどのような遺族給付が受けられるのでしょうか。

【相談者の条件】

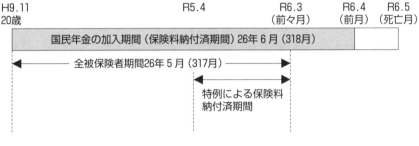

1．受給要件の確認

遺族基礎年金を受給するためには、死亡した者の要件（死亡者の範囲・保険料納付要件）および遺族の要件を満たさなければなりません（第5編第1章第1節参照）。

●死亡者の範囲

G子さんの夫は、国民年金の被保険者である間の死亡であること、また、国民年金の被保険者期間が25年以上あり、老齢基礎年金の受給資格期間を満たした者の死亡であるという2つの要件に該当します。

●保険料納付要件

　G子さんの夫は、老齢基礎年金の25年以上の受給資格期間を満たした者であるため、保険料納付要件は問われません。なお、仮に保険料納付要件が問われる場合でも、保険料滞納期間がないことから保険料納付要件を満たすことになります。

●遺族の要件

　G子さんは、専業主婦であったこと、また、17歳の長男と13歳の長女の2人の子と生計を同じくしていることから、G子さんと2人の子は、遺族基礎年金の遺族の要件に該当します。G子さんと2人の子が受給権者となりますが、この場合、2人の子の遺族基礎年金は支給停止となり、G子さんが遺族基礎年金を受給することになります。

2．年金額の計算（令和6年度価格）

　遺族基礎年金の額は、基本額816,000円であり、子のある配偶者が受給権者である場合は、子の数に応じて加算が行われます。

　G子さんの場合は、2人の子がいることから遺族基礎年金が支給されますが、その子のすべてが18歳到達年度の末日を迎えてしまうと、遺族基礎年金は支給されなくなります。

子の数	基本額	加算額	合計額
子1人の配偶者	816,000円	234,800円	1,050,800円
子2人の配偶者	816,000円	234,800円＋234,800円	1,285,600円
子3人の配偶者	816,000円	234,800円＋234,800円＋78,300円	1,363,900円

〈G子さんの遺族基礎年金の受給額〉

遺族基礎年金（基本額）		816,000円
子の加算（2人分）	234,800円×2人＝	469,600円
受　給　額		1,285,600円

【遺族基礎年金の受給額と受給期間】

3. 寡婦年金

　G子さんの遺族基礎年金の受給権は、子のすべてが18歳到達年度の末日を迎えると失権し、1,050,800円が支給されなくなります。

　しかし、G子さんは、亡くなった夫が国民年金の第1号被保険者としての保険料納付済期間と保険料免除期間を合算して10年以上あり、婚姻関係が10年以上継続していたことから、60歳から65歳（老齢基礎年金が受給できるまで）になるまでの間、寡婦年金405,450円（816,000円×318月／480月×3/4）を受給することができます（第6編第1章第2節参照）。

アドバイス

★遺族基礎年金の失権と寡婦年金

　遺族基礎年金は、子のある配偶者に支給されるため、G子さんの場合、長男と長女が子の要件に該当しなくなったときは、遺族基礎年金の受給権は失権します。

　その後、60歳から65歳になるまでの間、寡婦年金を受給することができます。なお、寡婦年金は老齢基礎年金の繰上げ請求をすると支給されなくなります。

事例Ⅷ　遺族厚生年金と老齢厚生年金：サラリーマン世帯

H子さんの夫（昭和35年6月25日生まれ）は、昭和57年5月から丁社に勤務しており、厚生年金保険に加入していました。60歳で定年退職した後、引き続き再雇用され勤務していましたが、自宅で倒れて入院し、令和6年3月5日に治療の甲斐もなく亡くなりました。

H子さん（昭和36年3月10日生まれ）は、昭和56年3月から丁社に勤務しており、厚生年金保険に加入していました。昭和60年9月末日に退職し、昭和60年10月に結婚しました。退職後は専業主婦で昭和61年4月からは国民年金に加入（第3号被保険者）していました。子はすでに結婚しています。

H子さんの夫の平均標準報酬月額は380,000円、平均標準報酬額は530,000円です。また、H子さんの平均標準報酬月額は220,000円です。

H子さんは、どのような遺族給付が受けられるのでしょうか。

【相談者の条件】

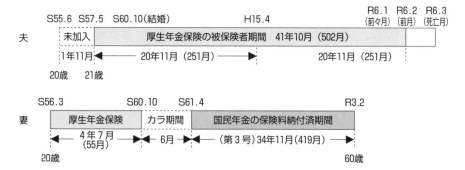

1．受給要件の確認

遺族厚生年金の受給要件も、遺族基礎年金と同様に、死亡した者の要件（死亡者の範囲・保険料納付要件）と遺族の要件を満たさなければなりません（第5編第2章第1節参照）。

316

●死亡者の範囲

H子さんの夫は、在職中に死亡したため、死亡の当時、厚生年金保険の被保険者（短期要件）であり、同時に老齢厚生年金の受給資格期間（25年以上）を満たした者（長期要件）の死亡であるため要件は満たしています。

●保険料納付要件

H子さんの夫は、厚生年金保険の加入期間が41年10月（昭和57年5月〜令和6年2月）あり、老齢厚生年金の受給資格期間を満たしていることから、保険料納付要件は問われません。

●遺族の要件

H子さんは子が婚姻をしているため、遺族基礎年金は受給できません。

遺族厚生年金を受けられる遺族は、被保険者または被保険者であった者の死亡の当時、その者によって生計を維持されていた①配偶者・子　②父母　③孫　④祖父母（妻以外の者は年齢要件あり）であり、H子さんは遺族の要件に該当し、遺族厚生年金を受給することができます。

▌2．年金額の計算（令和6年度価格）

遺族厚生年金の年金額は、死亡した者の老齢厚生年金（報酬比例部分）の4分の3相当額です。ただし、遺族厚生年金の年金額の計算式には、短期要件と長期要件の計算方法があり、短期要件と長期要件のいずれにも該当する場合は、選択の申出をしない限り、短期要件として計算されます。

H子さんの夫の場合は、短期要件と長期要件のいずれにも該当することとなり、遺族厚生年金の年金額の計算式は次のとおりとなります（第5編第2章第2節参照）。

● 遺族厚生年金の年金額の計算

① 短期要件の年金額の計算

（イ　平成15年3月以前の被保険者期間分）（ロ　平成15年4月以後の被保険者期間分）

$$\left\{ 380{,}000円 \times \frac{7.125}{1{,}000} \times 251月 \ + \ 530{,}000円 \times \frac{5.481}{1{,}000} \times 251月 \right\} \times 3/4$$

≒ **1,056,540円**

（注1）イの乗率7.125/1,000、ロの乗率5.481/1,000は生年月日による読替えはなく固定です。

（注2）実際の被保険者期間の月数が300月に満たない場合には300月として計算します。

（注3）（注2）に該当する場合、報酬比例部分（イ＋ロ）の年金額に300月を実際の被保険者期間の月数で除して得た数を乗じます。

② 長期要件の年金額の計算

（イ　平成15年3月以前の被保険者期間分）（ロ　平成15年4月以後の被保険者期間分）

$$\left\{ 380{,}000円 \times \frac{7.125}{1{,}000} \times 251月 \ + \ 530{,}000円 \times \frac{5.481}{1{,}000} \times 251月 \right\} \times 3/4$$

≒ **1,056,540円**

（注1）乗率は死亡した者の生年月日による読替えをします。イの乗率（9.5〜7.125/1,000）、ロの乗率（7.308〜5.481/1,000）となります。

（注2）被保険者期間の300月みなしはなく、実際の被保険者期間で計算します。

　H子さんは、上記①または②のいずれか金額の高いほうを選択することになります。しかし、厚生年金保険の被保険者期間が300月以上あり、短期要件でも「300月みなし」の適用はされず、短期要件と長期要件の計算の乗率が同率になるため、結果的に年金額も同額となります。

● 中高齢寡婦加算等

① 中高齢寡婦加算

　夫の死亡の当時、40歳以上であって、遺族基礎年金の加算対象となっている子がいないため遺族基礎年金を受けることができない妻に、40歳から65歳になるまでの間、遺族厚生年金に中高齢寡婦加算として612,000円が加算されます。

　H子さんの場合は、夫の死亡当時63歳であり、65歳に達するまで中高齢寡婦加

算が加算されることになります（第 5 編第 2 章第 2 節参照）。

② 経過的寡婦加算

　妻が65歳に達すると妻自身が老齢基礎年金を受けられるため、中高齢寡婦加算は加算されなくなります。しかし、中高齢寡婦加算が加算されていた昭和31年 4 月 1 日以前生まれの者の65歳以降の遺族厚生年金には、生年月日に応じた経過的寡婦加算が加算されます。

　H子さんの場合は、昭和36年 3 月10日生まれのため、経過的寡婦加算は加算されません（第 5 編第 2 章第 2 節　図表 5 － 1 参照）。

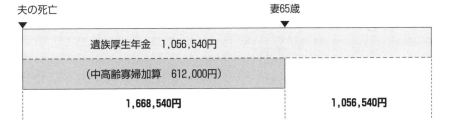

3．併給調整

　H子さんは、65歳になるまでの間、60歳台前半の老齢厚生年金と遺族厚生年金は併給されず、いずれかを選択することになります。

　65歳以降は、老齢基礎年金、老齢厚生年金および遺族厚生年金との併給が可能になります。

●H子さんの年金受給額

① 60歳台前半の老齢厚生年金の額（報酬比例部分の年金額）

（平成15年3月以前の被保険者期間分）

$$220,000円 \times \frac{7.125}{1,000} \times 55月 \fallingdotseq 86,213円$$

② 老齢基礎年金の額

$$816,000円 \times \frac{474月（39年 6 月）}{480月} = 805,800円$$

③　老齢厚生年金の額

◆報酬比例部分の年金額（①と同様）

（平成15年3月以前の被保険者期間分）

$$220{,}000円 \times \frac{7.125}{1{,}000} \times 55月 \fallingdotseq \mathbf{86{,}213円}$$

◆経過的加算

（定額部分）　　　　　（厚生年金の被保険者期間のみの老齢基礎年金）

$$1{,}701円 \times 1.0 \times 55月 \quad - \quad 816{,}000円 \times \frac{55月}{480月}$$

$$\fallingdotseq \mathbf{55円}$$

86,213円＋55円＝**86,268円**

【H子さんの老齢給付】

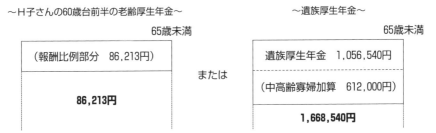

62歳 / 65歳

（報酬比例部分 86,213円）	老齢厚生年金 86,268円（報酬比例部分 86,213円）
	（経過的加算 55円）
86,213円	老齢基礎年金 805,800円
	892,068円

●遺族厚生年金と老齢給付の選択

① 65歳未満の併給の調整

　65歳未満の場合は、H子さんの60歳台前半の老齢厚生年金と夫の遺族厚生年金（中高齢寡婦加算を含む）のいずれかを選択することになります。

〜H子さんの60歳台前半の老齢厚生年金〜 / 〜遺族厚生年金〜

65歳未満

（報酬比例部分　86,213円）
86,213円

または

65歳未満

遺族厚生年金　1,056,540円
（中高齢寡婦加算　612,000円）
1,668,540円

　H子さんは、遺族厚生年金の年金額のほうが高くなるため、遺族厚生年金を選択することになります。

② 65歳以降の併給調整（第5編第2章第4節参照）

　65歳以降は、A：遺族厚生年金（経過的寡婦加算を含む）の額またはB：老齢厚生年金の2分の1と遺族厚生年金（経過的寡婦加算を含む）の3分の2の合算額のいずれか高いほうに相当する額を受けることができ、その額について、老齢厚生年金の全額が支給され、差額が遺族厚生年金として支給されることになります。なお、H子さんは昭和36年3月10日生まれのため、遺族厚生年金に経過的寡婦加算は加算されません。H子さんの場合は、

A：1,056,540円

B：86,213円×½＋1,056,540円×⅔＝747,467円

A＞Bとなるため、遺族厚生年金に相当する額を受けることとなり、H子さんには、65歳以降、次のような年金が支給されることになります。

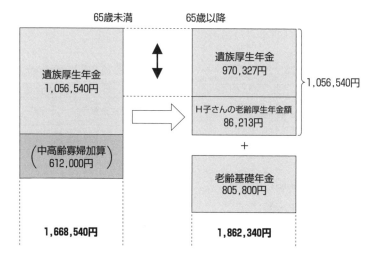

アドバイス

★H子さんの65歳以降の年金

　65歳以降はH子さん自身の老齢厚生年金が全額支給され、遺族厚生年金は本来の遺族厚生年金と老齢厚生年金との差額が支給されることになるため、65歳未満の間に支給されていた遺族厚生年金の額と比較すると少なくなります。

★H子さんの年金に係る税金

　遺族厚生年金は非課税ですが、老齢厚生年金と老齢基礎年金は雑所得として課税の対象となります（第2編第1章第2節参照）。

巻末資料

●巻末資料 1　令和 6 年度「ねんきん定期便」〔50歳以上（59歳を除く）〕令和 6 年 4 月〜

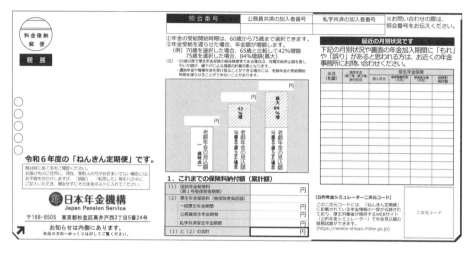

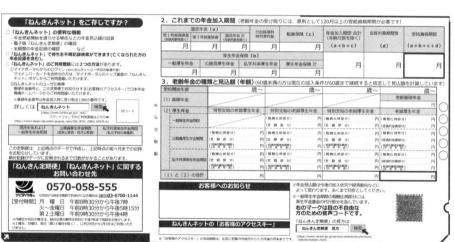

324

●巻末資料２　老齢給付の年金請求書（事前送付用）　〜抜粋〜

【送付実施機関：日本年金機構】

年金請求書（国民年金・厚生年金保険老齢給付）

● この年金請求書には、日本年金機構でお預かりしている情報をあらかじめ印字しています。
印字内容が異なっている場合は、二重線を引いて訂正してください。
（訂正した箇所については別途手続きが必要ですので、年金事務所等にご連絡ください）

● 記入する箇所は 　　　　 の部分です。（（注）　　　 は金融機関で証明を受ける場合に使用する欄です。）

● 黒インクのボールペンでご記入ください。鉛筆や、摩擦に伴う温度変化等により消色するインクを用いたペンまたは
ボールペンは、使用しないでください。

● 代理人の方が提出する場合は、ご本人（年金を受ける方）が１２ページにある委任状をご記入ください。

受付登録コード
| 1 | 7 | 1 | 1 |

入力処理コード
| 4 | 3 | 0 | 0 | 0 | 1 |

シール貼付不要

⑧

市区町村
受付年月日

実施機関等
受付年月日

1．ご本人（年金を受ける方）の印字内容を確認のうえ、太枠内をご記入ください。

㉓郵便番号

フリガナ

㉔住所

フリガナ

㉑氏名　　　　　　　　　　　見本　　　　　　　　様

性別

氏名欄

社会保険労務士の提出代行者欄

①基礎年金番号

②生年月日

個人番号（マイナンバー）

電話番号　　　　　ー　　　　ー

※個人番号（マイナンバー）については、13ページをご確認ください。共済組合等の加入期間がある場合は必ず個人番号（マイナンバー）をご記入ください。

2．年金の受取口座をご記入ください。　貯蓄預金口座または貯蓄貯金口座への振込みはできません。

㉕受取機関 ※

1．金融機関（ゆうちょ銀行を除く）
2．ゆうちょ銀行（郵便局）
□ 公金受取口座として登録済の口座を指定

※1または2に○をつけ、希望する年金の受取口座を必ずご記入ください。
※また、指定する口座が公金受取口座として登録済の場合は、左欄に指定してください。
公金受取口座については、最終ページをご参照ください。

フリガナ

口座名義人氏名　（氏）　　　　　　（名）

| | ㉗金融機関コード | ㉘支店コード | （フリガナ） | 銀行金庫信組信連農協漁協 | （フリガナ） | ㉙本店支店出張所本所支所 | 預金種別 1.普通 2.当座 | ㉚口座番号（左詰めで記入） |
|年金送金先 金融機関| | | | | | | | |

ゆうちょ銀行　㉚貯金通帳の口座番号

記号（左詰めで記入）　ー　番号（右詰めで記入）

金融機関またはゆうちょ銀行の証明欄 ※

1ページの氏名フリガナと、口座名義人氏名フリガナが
同じであることをご確認ください。
※通帳等の写し（金融機関名、支店名、口座名義人氏名フリガナ、
口座番号の面）を添付する場合または公金受取口座を指定する
場合、証明は不要です。

1

3. これまでの年金の加入状況についてご確認ください。

(現在の年金加入記録を(2)に印字しています。)

(1)次の年金制度の被保険者または組合員となったことがある場合は、枠内の該当する記号を〇で囲んでください。

ア．国民年金法	カ．私立学校教職員共済法
イ．厚生年金保険法	キ．廃止前の農林漁業団体職員共済組合法
ウ．船員保険法（昭和61年4月以後を除く）	ク．恩給法
エ．国家公務員共済組合法	ケ．地方公務員の退職年金に関する条例
オ．地方公務員等共済組合法	コ．旧市町村職員共済組合法

(2)下記の年金加入記録をご確認のうえ、印字内容が異なっているところは**二重線を引いて訂正**してください。
訂正した場合には「事業所(船舶所有者)の所在地または国民年金加入当時の住所」欄をご記入ください。

事業所名称（支店名等）、船舶所有者名称または共済組合名称等	勤務期間（※）または国民年金の加入期間	年金制度	事業所（船舶所有者）の所在地または国民年金加入当時の住所	備考
		見本		

（※）厚年・船保・共済の（至）年月日については、退職日等の翌日を表示しています。

お客様の受給資格期間※	※受給資格期間とは、年金の受け取りに必要な期間のことです。 ※左欄に＊＊＊が表示されている場合は、重複期間がありますので、年金事務所等でご確認ください。 ※(2)年金制度に「国年」と表示されている場合、左欄の月数には、国民年金の任意加入期間のうち、保険料を納めていない月数が含まれている場合がありますので、年金事務所等でご確認ください。

ご注意ください！ -
複数の年金手帳番号をお持ちの方は、一部の年金記録が基礎年金番号に反映されていない場合があります。

3

326

（3）3ページ（続紙を含む）に印字されている期間以外に年金加入期間（国民年金、厚生年金保険、船員保険、共済組合）がある場合は、その期間を下欄にご記入ください。

	事業所名称（支店名等）、船舶所有者名称または共済組合名称等（※1）	勤務期間または国民年金の加入期間	加入年金制度（※2）	事業所（船舶所有者）の所在地または国民年金加入当時の住所
1		（自） （至）	国年　厚年 船保　共済	
2		（自） （至）	国年　厚年 船保　共済	
3		（自） （至）	国年　厚年 船保　共済	
4		（自） （至）	国年　厚年 船保　共済	
5		（自） （至）	国年　厚年 船保　共済	
6		（自） （至）	国年　厚年 船保　共済	
7		（自） （至）	国年　厚年 船保　共済	

（4）改姓・改名をしているときは、旧姓名および変更した年月日をご記入ください。

旧姓名	（フリガナ） （氏）　　　　　　　（名）	旧姓名	（フリガナ） （氏）　　　　　　　（名）
変更日	昭和・平成・令和　　年　　月　　日	変更日	昭和・平成・令和　　年　　月　　日

見本

※（5）、（6）については3ページ下部にあります「お客様の受給資格期間」が300月以上の方は記入不要です。

（5）20歳から60歳までの期間で年金に加入していない期間がある場合は、その期間を下欄にご記入ください。

	20歳～60歳の加入していない期間	年齢	（3-2）ページの該当番号	学校や勤め先等（自営業、専業主婦等）	住所（市区町村）	婚姻した日配偶者の勤め先	※職員使用欄
1	（自） （至）	歳 ～ 歳					
2	（自） （至）	歳 ～ 歳					
3	（自） （至）	歳 ～ 歳					
4	（自） （至）	歳 ～ 歳					
5	（自） （至）	歳 ～ 歳					

（6）配偶者（であった方も含みます）の氏名、生年月日、基礎年金番号をご記入ください。
　　なお、婚姻履歴が複数ある場合は、任意の用紙にご記入ください。
　　※8ページ5（1）にご記入いただく場合は記入不要です。

カナ氏名	（　　　　　　　　　　　）
漢字氏名	（　　　　　　　　　　　）
生年月日	明治　大正　昭和　平成　（　）年（　）月（　）日
基礎年金番号	（　　　－　　　　　）※基礎年金番号はわかる範囲でご記入ください。

4

４．現在の年金の受給状況等および雇用保険の加入状況についてご記入ください。

（１）現在、左の５ページ（表１）のいずれかの制度の年金を受けていますか。該当する番号を〇で囲んでください。

> **１．受けている（全額支給停止の場合を含む）　２．受けていない　３．請求中**

① 「１.受けている」を〇で囲んだ方
添付書類については、同封の「年金の請求手続きのご案内」の５ページの記号Ａをご覧ください。

公的年金制度名 （表１より記号を選択）	年金の種類	（自）　　年　　月	**48** 年金証書の年金コード(4桁) または記号番号等
	・老齢または退職 ・障害 ・遺族	昭和 平成　　年　　月 令和	
	・老齢または退職 ・障害 ・遺族	昭和 平成　　年　　月 令和	
	・老齢または退職 ・障害 ・遺族	昭和 平成　　年　　月 令和	

② 「３.請求中」を〇で囲んだ方

公的年金制度名 （表１より記号を選択）	年金の種類
	・老齢または退職 ・障害 ・遺族

┆65歳になるまでの老齢厚生年金（特別支給の老齢厚生年金を含む）を請求される方は、次の（２）、（３）をご記入ください。┆

（２）雇用保険に加入したことがありますか。「はい」または「いいえ」を〇で囲んでください。

> **はい　・　いいえ**

① 「はい」を〇で囲んだ方
雇用保険被保険者番号(10桁または11桁)を左詰めでご記入ください。
添付書類については、**年金の請求手続きのご案内**の５ページの記号Ｄをご覧ください。
最後に雇用保険の被保険者でなくなった日から７年以上経過している方は
下の「事由書」の「ウ」を〇で囲み、氏名をご記入ください。

22 雇用保険 被保険者番号											

② 「いいえ」を〇で囲んだ方
下の「事由書」の「ア」または「イ」を〇で囲み、氏名をご記入ください。

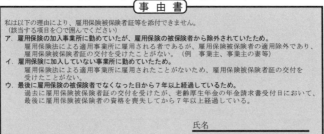

> ### 事　由　書
>
> 私は以下の理由により、雇用保険被保険者証等を添付できません。
> （該当する項目を〇で囲んでください）
> ア．雇用保険の加入事業所に勤めていたが、雇用保険の被保険者から除外されていたため。
> 　　雇用保険法による適用事業所に雇用される者であるが、雇用保険の適用除外であり、
> 　　雇用保険被保険者証の交付を受けたことがない。（例　事業主、事業主の妻等）
> イ．雇用保険に加入していない事業所に勤めていたため。
> 　　雇用保険法による適用事業所でされたことがないため、雇用保険被保険者証の交付を
> 　　受けたことがない。
> ウ．最後に雇用保険の被保険者でなくなった日から７年以上経過しているため。
> 　　過去に雇用保険被保険者証の交付を受けたが、老齢厚生年金の年金請求書受付日において、
> 　　最後に雇用保険被保険者の資格を喪失してから７年以上経過している。
>
> 氏名

（３）60歳から65歳になるまでの間に、雇用保険の基本手当(船員保険の場合は失業保険金)または高年齢雇用継続給付を
受けていますか(または受けたことがありますか)。「はい」または「いいえ」を〇で囲んでください。

> **はい　・　いいえ**　　＊これから受ける予定のある方は、年金事務所等にお問い合わせください。

6

328

5. 配偶者・子についてご記入ください。

配偶者は いますか	**はい ・ いいえ**

「はい」または「いいえ」を〇で囲んでください。
「はい」の場合は(1)をご記入ください。

(1) 配偶者についてご記入ください。 添付書類については、**年金の請求手続きのご案内の3ページの番号2**をご覧ください。

①配偶者の氏名、生年月日、個人番号(または基礎年金番号)、性別についてご記入ください。

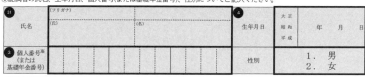

㉛ 氏名	(フリガナ)		④ 生年月日	大正 昭和 平成	年　月　日
	(氏)	(名)			
③ 個人番号※ (または 基礎年金番号)			性別	1．男 2．女	

※個人番号(マイナンバー)については、13ページをご確認ください。
※基礎年金番号(10桁)で届出する場合は左詰めでご記入ください。

②配偶者の住所がご本人(年金を受ける方)の住所と異なる場合は、配偶者の住所をご記入ください。

郵便番号	─	
住所	(フリガナ) 　　　　　　　　　　　市　区 　　　　　　　　　　　町　村	建物名

③配偶者は現在、左の**7ページの表1**に記載されている年金を受けていますか。該当するものを〇で囲んでください。

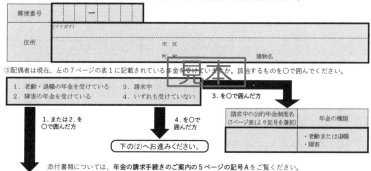

| 1．老齢・退職の年金を受けている | 3．請求中 |
| 2．障害の年金を受けている | 4．いずれも受けていない |

1.または2.を〇で囲んだ方

4.を〇で囲んだ方

下の(2)へお進みください。

3.を〇で囲んだ方

請求中の公約年金制度名 (7ページ表1より記号を選択)	年金の種類
	・老齢または退職 ・障害

添付書類については、**年金の請求手続きのご案内の5ページの記号A**をご覧ください。

公約年金制度名 (7ページ表1 より記号を選択)	年金の種類	(自)　年　月	㊼ 年金証書の年金コード(4桁) または記号番号等
	・老齢または退職 ・障害	昭和 平成 令和　　年　　月	
	・老齢または退職 ・障害	昭和 平成 令和　　年　　月	
	・老齢または退職 ・障害	昭和 平成 令和　　年　　月	

(2) 左の**7ページ「子の年齢要件aまたはb」**に該当する子がいる場合には、氏名、生年月日、個人番号(マイナンバー)および障害の状態についてご記入ください(3人目以降は余白にご記入ください)。

添付書類については、**年金の請求手続きのご案内の3ページの番号2および5ページの記号B**をご覧ください。

㉜ 子の氏名	(フリガナ)		㉜ 生年月日	平成 令和　　年　月　日	㉜ 診
	(氏)	(名)			
個人番号			障害の状態	ある　　ない	
㉝ 子の氏名	(フリガナ)		㉝ 生年月日	平成 令和　　年　月　日	㉝ 診
	(氏)	(名)			
個人番号			障害の状態	ある　　ない	

8

6. 加給年金額に関する生計維持の申し立てについてご記入ください。

8ページで記入した配偶者または子と生計を同じくしていることを申し立てる。

請求者氏名	

- 【生計維持とは】
  以下の2つの要件を満たしているとき、「生計維持されている」といいます。

  ①生計同一関係があること
  例）・住民票上、同一世帯である。
  　　・単身赴任、就学、病気療養等で、住所が住民票上とは異なっているが、生活費を共にしている。

  ②配偶者または子が収入要件を満たしていること
  　年収850万円(所得655.5万円)を将来にわたって有しないことが認められる。

ご本人（年金を受ける方）によって、生計維持されている配偶者または子がいる場合

（1）該当するものを〇で囲んでください（3人目以降の子については、余白を使用してご記入ください）。

配偶者または子の年収は、850万円未満ですか。		機構確認欄
配偶者について	はい ・ いいえ	（　　）印
子（名：　　　　　）について	はい ・ いいえ	（　　）印
子（名：　　　　　）について	はい ・ いいえ	（　　）印

「はい」を〇で囲んだ方は、添付書類について、**年金の請求手続きのご案内の3ページの番号4**をご覧ください。

（2）（1）で配偶者または子の年収について「いいえ」と答えた方は、配偶者または子の年収がこの年金の受給権（年金を受け取る権利）が発生したときから、おおむね5年以内に850万円（所得655.5万円）未満となる見込みがありますか。
該当するものを〇で囲んでください。

はい ・ いいえ	機構確認欄	（　　）印

「はい」を〇で囲んだ方は、添付書類が必要です。**年金の請求手続きのご案内の3ページの番号4**をご覧ください。

令和　　年　　月　　日　提出

10

7．代理人に手続きを委任される場合にご記入ください。

委 任 状

代理人 ＊ご本人（委任する方）がご記入ください。

フリガナ		ご本人との関係	
氏 名			
住 所	〒　－　　　　　　　　　　　　電話（　　　）　　－　　　　建物名		

私は、上記の者を代理人と定め、以下の内容を委任します。

ご本人 ＊ご本人（委任する方）がご記入ください。　　作成日　令和　　年　　月　　日

基礎年金番号			－		
フリガナ		生年月日	大正 昭和　　年　　月　　日		
氏 名	（旧姓　　　） 見本				
住 所	〒　－　　　　　　　　　電話（　　　）　　－　　　建物名				
委任する内容	●委任する事項を次の項目から選んで〇で囲んでください。5.を選んだ場合は委任する内容を具体的にご記入ください。 1．年金および年金生活者支援給付金の請求について 2．年金および年金生活者支援給付金の見込額について 3．年金の加入期間について 4．各種再交付手続きについて 5．その他（具体的にご記入ください） （　　　　　　　　　　　　　　　　　　　　　　　　　　） ●「年金の加入期間」や「見込額」などの交付について Ａ．代理人に交付を希望する　　Ｂ．本人あて郵送を希望する　　Ｃ．交付を希望しない				

※前頁の注意事項をお読みいただき、記入漏れのないようにお願いします。
　なお、委任状の記入内容に不備があったり、本人確認ができない場合はご相談に応じられないことがあります。

機構独自項目

入力処理コード	年金コード	作成原因	⑦ 進達番号
4 3 0 0 0 1	1 1 5 0	⑥ 01	

1. ご本人（年金を受ける方）について、ご記入ください。

(1)印字されている基礎年金番号と異なる記号番号の年金手帳等をお持ちの場合は、その年金手帳の記号番号をすべてご記入ください。添付書類については、**年金の請求手続きのご案内の5ページの記号C**をご覧ください。

厚生年金保険 国民年金 船員保険 の 手帳記号番号				—						—			
				—						—			

(2)個人番号（マイナンバー）の登録の有無について
　　下の表示において、「1」となっている方は、すでに日本年金機構でマイナンバーの登録がされています。

マイナンバーが登録済の方 ：1	
マイナンバーが未登録の方 ：0または空欄	

※ （2）において「0」または空欄となっている方は、1ページに個人番号（マイナンバー）をご記入ください。
　　マイナンバーをご記入いただくことにより、生年月日に関する書類（住民票等）の添付が不要になります。
　　(同封の**年金の請求手続きのご案内の2ページ**をご覧ください。)

(3)次の項目に該当しますか。「はい」または「いいえ」を○で囲んでください。

1	国民年金、厚生年金保険、または共済組合等の障害給付の受給権者で国民年金の任意加入をした方は、その期間について特別一時金を受けたことがありますか。	はい ・ いいえ
2	昭和36年4月1日から昭和47年5月14日までに沖縄に住んでいたことがありますか。	はい ・ いいえ

2. 配偶者についてご記入ください。

配偶者について、基礎年金番号と異なる記号番号の年金手帳等をお持ちの場合は、その年金手帳の記号番号をすべてご記入ください。添付書類については、**年金の請求手続きのご案内の5ページの記号C**をご覧ください。

厚生年金保険 国民年金 船員保険 の 手帳記号番号				—						—			
				—						—			

3．振替加算に関する生計維持の申し立てについてご記入ください。

8ページで記入した配偶者と生計を同じくしていることを申し立てる。

請求者 氏名	

【生計維持とは】
以下の2つの要件を満たしているとき、「生計維持されている」といいます。

①生計同一関係があること
例）・住民票上、同一世帯である。
・単身赴任、就学、病気療養等で、住所が住民票上は異なっているが、生活費を共にしている。

②ご本人(年金を受ける方)が収入要件を満たしていること
年収850万円(所得655.5万円)を将来にわたって有しないことが認められる。

ご本人(年金を受ける方)が配偶者によって生計維持されている場合

該当するものを〇で囲んでください。
（1）ご本人(年金を受ける方)の年収は850万円(所得655.5万円)未満ですか。

はい ・ いいえ　機構確認欄（ ）印

「はい」を〇で囲んだ方は、添付書類について、年金の請求手続きのご案内の3ページの番号5をご覧ください。

（2）（1）で「いいえ」を〇で囲んだ方は、ご本人の年収がこの年金の受給権(年金を受け取る権利)が発生したときから、おおむね5年以内に850万円(所得655.5万円)未満となる見込みがありますか。

はい ・ いいえ　機構確認欄（ ）印

「はい」を〇で囲んだ方は、添付書類が必要です。年金の請求手続きのご案内の3ページの番号5をご覧ください。

年金事務所等の確認事項	
ア．健保等被扶養者(第3号被保険者)	エ．義務教育終了前
イ．加算額または加給年金額対象者	オ．高等学校等在学中
ウ．国民年金保険料免除世帯	カ．源泉徴収票・所得証明等

令和　年　月　日　提出

4．公的年金等の受給者の扶養親族等申告書についてご記入ください。

| 提出年 | 令和　　　　　年 | 提出日 | 令和　　年　　月　　日 提出 | | 1 1 5 0 |

(1) ご本人（年金を受ける方）のカナ氏名、生年月日、住所、基礎年金番号を確認し、氏名をご記入ください。
　　ご本人自身が障害者・寡婦等に該当しない場合は、下記事項を○で囲む必要はありません。

フリガナ		生年月日	
氏　名			
住　所			
郵便番号		電話番号	ー　　　ー
基礎年金番号			

| **う** 本人障害 | 1．普通障害　　2．特別障害 | **え** 寡婦等 | 1．寡婦　　2．ひとり親
（地方税控除（退職所得を除く））
4．寡婦　　5．ひとり親 | **お** 本人所得 | 年間所得の見積額が900万円を超える |

(2) 上記の提出年の扶養親族等の状況についてご記入ください。
　　う か き く については「摘要」欄に記入が必要な場合があります。17ページの各欄の説明をご覧ください。
　　（ご本人に控除対象配偶者や扶養親族がない場合は、下記事項を記入する必要はありません）

	フリガナ　氏名　個人番号（マイナンバー）	続柄	生年月日　種別	**う** 障害	**か** 同居・別居の区分　非居住者	**き く** 所得金額
あ 源泉控除対象配偶者または障害者に該当する同一生計配偶者		1.夫 2.妻	1明 3大 5昭 7平　　年　月　日 2.老人	1.普通障害 2.特別障害	1.同居 2.別居 1.非居住	万円（年間）
	配偶者の区分	収入が年金のみで、以下のいずれかに該当する。 1. 65歳以上の場合、年金額が158万円以下 2. 65歳未満の場合、年金額が108万円以下		機構使用欄	（本人所得と配偶者所得、退職所得の有無に応じ該当するコードを記載）	
			1明 3大 5昭 7平　　年　月　日	1.普通障害 2.特別障害	1.同居 2.別居	
控除対象扶養親族（16歳以上）			1.特定 2.老人		1.非居住	万円（年間）
い			1明 3大 5昭 7平　　年　月　日	1.普通障害 2.特別障害	1.同居 2.別居	
			1.特定 2.老人		1.非居住	万円（年間）
扶養親族（16歳未満）			7 平成 9 令和　　年　月　日	1.普通障害 2.特別障害	1.同居 2.別居 1.非居住	万円（年間）
			7 平成 9 令和	1.普通障害 2.特別障害	1.同居 2.別居 1.非居住	万円（年間）
う か き く 摘要						

＊提出年より前に年金が受けられる場合は、過去の年分の扶養親族等申告書をすべて提出していただくことになります。
　（申告書は年金事務所に用意してあります）
＊「扶養親族（16歳未満）」欄は、地方税法第45条の3の3および第317条の3の3の規定による「公的年金等受給者の扶養親族申告書」の記載欄を兼ねています。
＊控除対象配偶者や扶養親族の個人番号を確認する書類は提出する必要はありません。
（年金の支払者）官署支出官　厚生労働省年金局事業企画課長　法人番号　6000012070001

18

●巻末資料3　老齢給付の年金請求書（65歳到達時）

受付登録コード
8 4 1 9 6

年金請求書（国民年金・厚生年金保険老齢給付）

◎黒インクのボールペンでご記入ください。
◎裏面の注意事項をご確認のうえ、ご記入ください。

65

※基礎年金番号（10桁）で届出する場合は左詰めで記入してください。

請求者の欄			
個人番号（または基礎年金番号）・年金コード			生年月日　昭和5　　年　　月　　日
氏名	（フリガナ）		電話番号　　　　　－　　　－
住所	〒		

54

生計を維持している65歳未満の配偶者又は子（18歳到達年度の末日が到来していない子、または障害の状態（障害基礎年金の1級または2級の状態）にある20歳未満の子）がいる方は、加給年金額対象者の欄にご記入ください。

加給年金額対象者の欄							
配偶者	氏名	（フリガナ）		子	氏名	（フリガナ）	
	生年月日	昭和・平成　　年　　月　　日			生年月日	平成・令和　年　月　日	障害の有無　ある・ない
子	氏名	（フリガナ）		子	氏名	（フリガナ）	
	生年月日	平成・令和　年　月　日	障害の有無　ある・ない		生年月日	平成・令和　年　月　日	障害の有無　ある・ない

上記の加給年金額の対象者は、私が生計を維持していることを申し立てます。

希望する年金の受取方法について下枠内のいずれかをチェックしてください。

受取方法欄		
1	☐	**基礎**年金・**厚生**年金を両方65歳から受け取る
2	☐	**基礎**年金のみ65歳から受け取る（厚生年金は繰下げ予定）
3	☐	**厚生**年金のみ65歳から受け取る（基礎年金は繰下げ予定）

今回受け取らなかった年金は75歳までに別途、請求手続きが必要です。
年金生活者支援給付金の支給要件に該当する方は、別途、請求書の提出が必要です。

年金事務所

受付年月日

●巻末資料4　障害給付の年金請求書　～抜粋～

年金請求書（国民年金・厚生年金保険障害給付）

様式第104号

〔障害基礎年金・障害厚生年金・障害手当金〕

年金コード
13

430002　82

○□のなかに必要事項をご記入ください。
（◆印欄には、なにも記入しないでください。）
○黒インクのボールペンでご記入ください。
鉛筆や、摩擦に伴う温度変化等により消色するインクを
用いたペンまたはボールペンは、使用しないでください。
○フリガナはカタカナでご記入ください。

二次元コード

実施機関等

受付年月日

個人番号（マイナンバー）で届出する場合は、6ページをご確認ください。		課所符号	進達番号	厚年資格
①	請求者の個人番号（マイナンバー）			10・20 21・22
	請求者の基礎年金番号	船保資格	記録不要制度	作成原因
②	配偶者の個人番号（または基礎年金番号）	10・20 21・22	（厚年）（船員）（国年）（国共）（地共）（私学）	02

		船戦加	重	未保	支保	配状

請求者

③生年月日　昭・平・令　　年　　月　　日

④氏名　（フリガナ）（氏）（名）

⑤性別　1.男　2.女

住所の郵便番号　（フリガナ）

⑥住所　　　　　　　　　　市区町村

社会保険労務士の提出代行者欄

電話番号　　－　　－

＊日中に連絡が取れる電話番号（携帯も可）をご記入ください。

※公金受取口座については、6ページをご確認ください。

⑦　年金受取機関　※

1. 金融機関（ゆうちょ銀行を除く）
2. ゆうちょ銀行（郵便局）
□ 公金受取口座として登録済の口座を指定

※1または2に○をつけ、希望する年金の
受取口座を下欄に必ずご記入ください。
※また、指定した口座が公金受取口座として
登録済の場合は、左欄に記してください。

口座名義人氏名　（フリガナ）（氏）（名）

年金送金先

金融機関

金融機関コード　支店コード　（フリガナ）

銀行・金庫・信組・農協・信漁連・漁協

（フリガナ）

本店・支店・出張所・本所・支所

預金種別　1.普通　2.当座

口座番号（左詰めで記入）

ゆうちょ銀行

貯金通帳の口座番号

記号（左詰めで記入）　番号（右詰めで記入）

金融機関またはゆうちょ銀行の証明欄　※貯蓄預金口座または貯蓄貯金口座への振込みはできません。
請求者の氏名フリガナと口座名義人氏名フリガナが同じであることをご確認ください。

※通帳等の写し（金融機関名、支店名、口座名義人氏名フリガナ、口座番号の面）を添付する
場合または公金受取口座を指定する場合、証明は不要です。

⑧配偶者	氏名	（フリガナ）（氏）（名）	生年月日	昭平	年　月　日

連絡欄

⑨子	氏名	（フリガナ）（氏）（名）	生年月日	平令	年　月　日
	個人番号		障害の状態にある・ない	◆診	
	氏名	（フリガナ）（氏）（名）	生年月日	平令	年　月　日
	個人番号		障害の状態にある・ない	◆診	

X線フィルムの送付
有・無　　枚

X線フィルムの返送
年　月　日

1

336

⑩ あなたの配偶者は、公的年金制度等（表1参照）から老齢・退職または障害の年金を受けていますか。○で囲んでください。

1. 老齢・退職の年金を受けている	2. 障害の年金を受けている	3. いずれも受けていない	4. 請求中	制度名（共済組合名等）	年金の種類

受けていると答えた方は下欄に必要事項をご記入ください（年月日は支給を受けることになった年月日をご記入ください）。

公的年金制度名（表1より記号を選択）	年金の種類	年 月 日	年金証書の年金コードまたは記号番号等
		・ ・	
		・ ・	

年金コードまたは共済組合コード・年金種別
1
2
3

「年金の種類」とは、老齢または退職、障害をいいます。

⑪ あなたは、現在、公的年金制度等（表1参照）から年金を受けていますか。○で囲んでください。

1. 受けている	2. 受けていない	3. 請求中	制度名（共済組合名等）	年金の種類

受けていると答えた方は下欄に必要事項をご記入ください（年月日は支給を受けることになった年月日をご記入ください）。

公的年金制度名（表1より記号を選択）	年金の種類	年 月 日	年金証書の年金コードまたは記号番号等
		・ ・	
		・ ・	

年金コードまたは共済組合コード・年金種別
1
2
3
他 年 金 種 別

「年金の種類」とは、老齢または退職、障害、遺族をいいます。

⑫ 次の年金制度の被保険者または組合員等となったことがあるときは、その番号を○で囲んでください。

1. 国民年金法　2. 厚生年金保険法　3. 船員保険法（昭和61年4月以後を除く）
4. 廃止前の農林漁業団体職員共済組合法　5. 国家公務員共済組合法　6. 地方公務員等共済組合法
7. 私立学校教職員共済法　8. 旧市町村職員共済組合法　9. 地方公務員の退職年金に関する条例　10. 恩給法

⑬ 履 歴（公的年金制度加入経過）
※できるだけ詳しく、正確にご記入ください。

	(1) 事業所（船舶所有者）の名称および船員であったときはその船舶名	(2) 事業所（船舶所有者）の所在地または国民年金加入時の住所	(3) 勤務期間または国民年金の加入期間	(4) 加入していた年金制度の種類	(5) 備 考
最初			・ ・ から / ・ ・ まで	1.国民年金 2.厚生年金保険 3.厚生年金(船員)保険 4.共済組合等	
2			・ ・ から / ・ ・ まで	1.国民年金 2.厚生年金保険 3.厚生年金(船員)保険 4.共済組合等	
3			・ ・ から / ・ ・ まで	1.国民年金 2.厚生年金保険 3.厚生年金(船員)保険 4.共済組合等	
4			・ ・ から / ・ ・ まで	1.国民年金 2.厚生年金保険 3.厚生年金(船員)保険 4.共済組合等	
5			・ ・ から / ・ ・ まで	1.国民年金 2.厚生年金保険 3.厚生年金(船員)保険 4.共済組合等	
6			・ ・ から / ・ ・ まで	1.国民年金 2.厚生年金保険 3.厚生年金(船員)保険 4.共済組合等	
7			・ ・ から / ・ ・ まで	1.国民年金 2.厚生年金保険 3.厚生年金(船員)保険 4.共済組合等	
8			・ ・ から / ・ ・ まで	1.国民年金 2.厚生年金保険 3.厚生年金(船員)保険 4.共済組合等	
9			・ ・ から / ・ ・ まで	1.国民年金 2.厚生年金保険 3.厚生年金(船員)保険 4.共済組合等	
10			・ ・ から / ・ ・ まで	1.国民年金 2.厚生年金保険 3.厚生年金(船員)保険 4.共済組合等	

3

⑭ 必ずご記入ください。	障害の原因である傷病についてご記入ください。					

(1) この請求は、左の頁にある「障害給付の請求事由」の1から3までのいずれに該当しますか。該当する番号を○で囲んでください。	1. 障害認定日による請求　　2. 事後重症による請求　3. 初めて障害等級の1級または2級に該当したことによる請求
「2」を○で囲んだときは右欄の該当する理由の番号を○で囲んでください。	1. 初診日から1年6月目の状態で請求した結果、不支給となった。 2. 初診日から1年6月目の症状は軽かったが、その後悪化して症状が重くなった。 3. その他（理由　　　　　　　　　　　　　　　　　）

(2) 過去に障害給付を受けたことがありますか。	1. は　い 2. いいえ	「1.はい」を○で囲んだときは、その障害給付の名称と年金証書の基礎年金番号・年金コード等をご記入ください。	名　　称	
			基礎年金番号・年金コード等	

(3)		1.			2.			3.		
傷　病　名										
傷病の発生した日	昭和 平成 令和	年	月	日	昭和 平成 令和	年	月	昭和 平成 令和	年	月
初　診　日	昭和 平成 令和	年	月	日	昭和 平成 令和	年	月	昭和 平成 令和	年	月
初診日において加入していた年金制度	1.国年　2.厚年　3.共済				1.国年　2.厚年　3.共済			1.国年　2.厚年　3.共済		
現在傷病は治っていますか。※	1. は　い　・　2. いいえ				1. は　い　・　2. いいえ			1. は　い　・　2. いいえ		
治っているときは、治った日　※	昭和 平成 令和	年	月	日	昭和 平成 令和	年	月	昭和 平成 令和	年	月

傷病の原因は業務上ですか。	1. は　い　・　2. いいえ
この傷病について右に示す制度から保険給付が受けられるときは、その番号を○で囲んでください。請求中のときも同様です。	1.　労働基準法　　　　　　　　　　2.　労働者災害補償保険法 3.　船員保険法　　　　　　　　　　4.　国家公務員災害補償法 5.　地方公務員災害補償法 6.　公立学校の学校医、学校歯科医及び学校薬剤師の公務災害補償に関する法律
受けられるときは、その給付の種類の番号を○で囲み、支給の発生した日をご記入ください。	1.障害補償給付（障害給付）　　　　2.　傷病補償給付（傷病年金） 昭和 平成　　　　年　　　月　　　日 令和
障害の原因は第三者の行為によりますか。	1. は　い　・　2. いいえ
障害の原因が第三者の行為により発生したものであるときは、その方の氏名および住所をご記入ください。	氏　名
	住　所

※「治った日」には、その症状が固定し治療の効果が期待できない状態に至った日も含みます。

生 計 維 持 申 立

⑮ 生計同一関係	右の者は、請求者と生計を同じくしていることを申し立てる。		
	令和　年　月　日 請求者 　住所 　氏名		

		氏　名	続　柄
配偶者 および子			

⑯ 収入関係	1.請求者によって生計維持していた方についてご記入ください。		※確認欄	※年金事務所の確認事項
	(1) 配偶者について年収は、850万円未満ですか。	はい・いいえ	（　）印	ア．　健保等被扶養者（第三号被保険者）
	(2)子(名:　　　　　　)について年収は、850万円未満ですか。	はい・いいえ	（　）印	イ．　国民年金保険料免除世帯
	(3)子(名:　　　　　　)について年収は、850万円未満ですか。	はい・いいえ	（　）印	ウ．　義務教育終了前
	(4)子(名:　　　　　　)について年収は、850万円未満ですか。	はい・いいえ	（　）印	エ．　高等学校在学中
	2. 上記1で「いいえ」と答えた方のうち、その方の収入はこの年金の受給権発生時においては、850万円未満ですか。	はい・いいえ		オ．　源泉徴収票・課税証明書等

令和　　　年　　　月　　　日　提出

5

338

機構独自項目

⑰ 請 求 者	過去に加入していた年金制度の年金手帳の記号番号で、基礎年金番号と異なる記号番号があるときは、その記号番号をご記入ください。

	厚 生 年 金 保 険											国 民 年 金									
	船 員 保 険																				

⑱ 配 偶 者	②欄を記入していない方は、あなたの配偶者について、つぎの1および2にお答えください。(記入した方は、回答の必要はありません。) 1. 過去に厚生年金保険、国民年金または船員保険に加入したことがありますか。〇で囲んでください。 「ある」と答えた方は、加入していた制度の年金手帳の記号番号をご記入ください。	ある　　　ない

	厚 生 年 金 保 険											国 民 年 金									
	船 員 保 険																				

2. あなたと配偶者の住所が異なるときは、下欄に配偶者の住所および性別をご記入ください。

住所の郵便番号	住所	(フリガナ)	性別 男 女 1 2

⑲	個人で保険料を納める第四種被保険者、船員保険の年金任意継続被保険者となったことがありますか。	1. は い ・ 2. いいえ
	「はい」と答えた方は、保険料を納めた年金事務所(社会保険事務所)の名称をご記入ください。	
	その保険料を納めた期間をご記入ください。	昭和 平成 令和　年　月　日　から　昭和 平成 令和　年　月　日
	第四種被保険者(船員年金任意継続被保険者)の整理記号番号をご記入ください。	(記号)　　　　(番号)
⑳	国民年金に任意加入した期間について特別一時金を受けたことがありますか。	1. は い ・ 2. いいえ

上・外 1・2	初 診 年 月 日		障 害 認 定 日		(外)傷病名コード	(上)傷病名コード	診断書
上・外	元号　　年　　月　　日	元号	年　　月　　日				

(外)等級	(上)等級	有	有 年	三	差 引
			元号		

基 礎	受 給 権 発 生 年 月 日	停 止 事 由	停 止 期 間	条 文
	元号　　年　　月		元号　　年　　月　元号　　年　　月	
	失 権 事 由　　　失 権 年 月 日			
	元号　　年　　月			

厚 生	受 給 権 発 生 年 月 日	停 止 事 由	停 止 期 間	条 文
	元号　　年　　月		元号　　年　　月　元号　　年　　月	
	失 権 事 由　　　失 権 年 月 日			
	元号　　年　　月			

㉚	共済コード	共 済 記 録 1		2	
	元号　年　月　日 元号　年　月　日 審所 計算		㉛	元号　年　月　日 元号　年　月　日 審所 計算	
	3			4	
	元号　年　月　日 元号　年　月　日 審所 計算			元号　年　月　日 元号　年　月　日 審所 計算	
	5			6	
	元号　年　月　日 元号　年　月　日 審所 計算			元号　年　月　日 元号　年　月　日 審所 計算	

時効区分

〔委任状は省略しています。〕

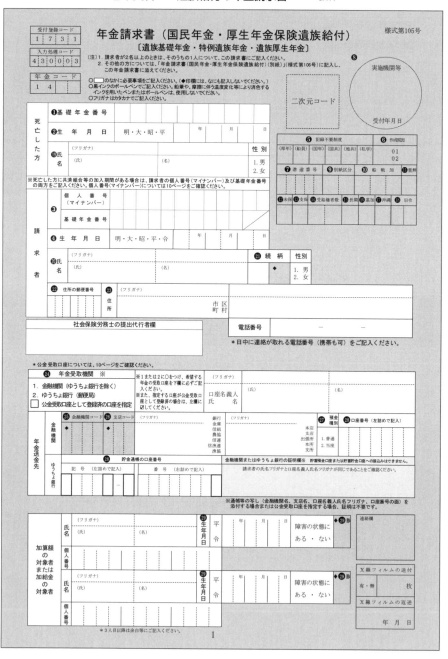

⑦ 　あなたは、現在、公的年金制度等（表1参照）から年金を受けていますか。○で囲んでください。

1．受けている	2．受けていない	3．請求中	制度名（共済組合名等）	年金の種類

受けていると答えた方は下欄に必要事項をご記入ください（年月日は支給を受けることになった年月日をご記入ください）。

公的年金制度名 （表1より記号を選択）	年金の種類	年　月　日	年金証書の年金コードまたは記号番号等
		・　・	
		・　・	
		・　・	

「年金の種類」とは、老齢または退職、障害、遺族をいいます。

㉜ 年金コードまたは共済組合コード・年金種別
1
2
3
㉟ 他　年　金　種　別

---

④ 　履　歴（**死亡した方**の公的年金制度加入経過）

※できるだけ詳しく、正確にご記入ください。

	(1)事業所（船舶所有者）の名称および船員 であったときはその船舶名	(2)事業所（船舶所有者）の所在地 または国民年金加入時の住所	(3)勤務期間または国 民年金の加入期間	(4)加入していた年 金制度の種類	(5)備　考
最初			・　・ から ・　・ まで	1.国民年金 2.厚生年金保険 3.厚生年金(船員)保険 4.共済組合等	
2			・　・ から ・　・ まで	1.国民年金 2.厚生年金保険 3.厚生年金(船員)保険 4.共済組合等	
3			・　・ から ・　・ まで	1.国民年金 2.厚生年金保険 3.厚生年金(船員)保険 4.共済組合等	
4			・　・ から ・　・ まで	1.国民年金 2.厚生年金保険 3.厚生年金(船員)保険 4.共済組合等	
5			・　・ から ・　・ まで	1.国民年金 2.厚生年金保険 3.厚生年金(船員)保険 4.共済組合等	
6			・　・ から ・　・ まで	1.国民年金 2.厚生年金保険 3.厚生年金(船員)保険 4.共済組合等	
7			・　・ から ・　・ まで	1.国民年金 2.厚生年金保険 3.厚生年金(船員)保険 4.共済組合等	
8			・　・ から ・　・ まで	1.国民年金 2.厚生年金保険 3.厚生年金(船員)保険 4.共済組合等	
9			・　・ から ・　・ まで	1.国民年金 2.厚生年金保険 3.厚生年金(船員)保険 4.共済組合等	
10			・　・ から ・　・ まで	1.国民年金 2.厚生年金保険 3.厚生年金(船員)保険 4.共済組合等	
11			・　・ から ・　・ まで	1.国民年金 2.厚生年金保険 3.厚生年金(船員)保険 4.共済組合等	
12			・　・ から ・　・ まで	1.国民年金 2.厚生年金保険 3.厚生年金(船員)保険 4.共済組合等	
13			・　・ から ・　・ まで	1.国民年金 2.厚生年金保険 3.厚生年金(船員)保険 4.共済組合等	

3

341

(1)死亡した方の生年月日、住所		年　　月　　日	住　所	

(2)死亡年月日　　　　　年　　月　　日　｜　(3)死亡の原因である傷病または負傷の名称　｜　(4)傷傷または負傷の発生した日　　年　　月　　日

(5)傷病または負傷の初診日　　年　　月　　日　｜　(6)死亡の原因である傷病または負傷の発生原因　｜　(7)死亡の原因は第三者の行為によりますか。　1. は　い　・　2. いいえ

(8)死亡の原因が第三者の行為により発生したものであるときは、その者の氏名および住所	氏　名	
	住　所	

(9)請求する方は、死亡した方の相続人になれますか。　　　　　　　　1. は　い　・　2. いいえ

(10)死亡した方は次の年金制度の被保険者、組合員または加入者となったことがありますか。あるときは番号を〇で囲んでください。

1. 国民年金法　　　　　　　　　　　2. 厚生年金保険法　　　　　　　　3. 船員保険法（昭和61年4月以後を除く）
4. 廃止前の農林漁業団体職員共済組合法　5. 国家公務員共済組合法　　　　6. 地方公務員等共済組合法
7. 私立学校教職員共済法　　　　　　8. 旧市町村職員共済組合法　　　9. 地方公務員の退職年金に関する条例　　10. 恩給法

(11)死亡した方は、(10)欄に示す年金制度から年金を受けていましたか。	1. は　い 2. いいえ	受けていたときは、その制度名と年金証書の基礎年金番号および年金コード等をご記入ください。	制　度　名	年金証書の基礎年金番号および年金コード等

(12)死亡の原因は業務上ですか。	(13)労災保険から給付が受けられますか。	(14)労働基準法による遺族補償が受けられますか。
1. は　い　・　2. いいえ	1. は　い　・　2. いいえ	1. は　い　・　2. いいえ

(15)遺族厚生年金を請求する方は、下の欄の質問にお答えください。いずれかを〇で囲んでください。

ア　死亡した方は、死亡の当時、厚生年金保険の被保険者でしたか。	1. は　い　・　2. いいえ
イ　死亡した方が厚生年金保険（船員保険）の被保険者もしくは共済組合の組合員の資格を喪失した後に死亡したときであって、厚生年金保険（船員保険）の被保険者または共済組合の組合員であった間に発した傷病または負傷が原因で、その初診日から5年以内に死亡したものですか。	1. は　い　・　2. いいえ
ウ　死亡した方は、死亡の当時、障害厚生年金（2級以上）または旧厚生年金保険（旧船員保険）の障害年金（2級相当以上）もしくは共済組合の障害年金（2級相当以上）を受けていましたか。	1. は　い　・　2. いいえ
エ　死亡した方は平成29年7月までに老齢厚生年金または旧厚生年金保険（旧船員保険）の老齢年金・通算老齢年金もしくは共済組合の退職給付の年金の受給権者でしたか。	1. は　い　・　2. いいえ
オ　死亡した方は保険料納付済期間、保険料免除期間および合算対象期間（死亡した方が大正15年4月1日以前生まれの場合は通算対象期間）を合算した期間が25年以上ありましたか。	1. は　い　・　2. いいえ

①アからウのいずれか、またはエもしくはオに「はい」と答えた方
⇒(16)にお進みください。

②アからウのいずれかに「はい」と答えた方で、エまたはオについても「はい」と答えた方
⇒下の□のうち、希望する欄に☑を付けてください。

□　年金額が高い方の計算方法での決定を希望する。

□　指定する計算方法での決定を希望する。 ⇒右欄のアからウのいずれか、またはエもしくはオを〇で囲んでください。	ア・イ・ウ または エ・オ

(16)死亡した方が共済組合等に加入したことがあるときは、下の欄の質問にお答えください。

ア　死亡の原因は、公務上の事由によりますか。	1. は　い　・　2. いいえ
イ　請求者は同一事由によって、追加費用対象期間を有することによる遺族給付を共済組合から受けられますか。	1. は　い　・　2. いいえ

5

生 計 維 持 申 立

	右の者は、死亡者と生計を同じくしていたこと、および配偶者と子が生計を同じくしていたことを申し立てる。			氏　　　名	続　柄
㉖ 生計同一関係	令和　年　月　日 　請求者　住所 　　　　氏　名	請求者			

	1.　この年金を請求する方は次にお答えください。		◆確認欄	◆年金事務所の確認事項	
㉗ 収入関係	(1) 請求者（名：　　　）について年収は、850万円未満ですか。	はい・いいえ	（　）印	ア．	健保等被扶養者（第三号被保険者）
	(2) 請求者（名：　　　）について年収は、850万円未満ですか。	はい・いいえ	（　）印	イ．	加算額または加給年金額対象者
	(3) 請求者（名：　　　）について年収は、850万円未満ですか。	はい・いいえ	（　）印	ウ．	国民年金保険料免除世帯
	2.　上記1で「いいえ」と答えた方のうち、その方の収入がこの年金の受給権発生当時以降おおむね5年以内に850万円未満となる見込みがありますか。	はい・いいえ		エ．	義務教育終了前
				オ．	高等学校在学中
				カ．	源泉徴収票・非課税証明等

令和　　年　　月　　日　提出

7

機構独自項目

死亡した方	過去に加入していた年金制度の年金手帳の記号番号で、基礎年金番号と異なる記号番号があるときは、その記号番号をご記入ください。		
	厚 生 年 金 保 険	| | | | | | | |	国 民 年 金 | | | | | | | |
	船 員 保 険	| | | | | | | |	

請 求 者	請求者の③欄を記入していない方は、次のことにお答えください。（記入した方は回答の必要はありません。） 過去に厚生年金保険、国民年金または船員保険に加入したことがありますか。○で囲んでください。　　　　　　　　ある　　ない 「ある」と答えた方は、加入していた制度の年金手帳の記号番号をご記入ください。		
	厚 生 年 金 保 険	| | | | | | | |	国 民 年 金 | | | | | | | |
	船 員 保 険	| | | | | | | |	

<table>
<tr><td rowspan="30">⑦

必ずご記入ください。</td><td colspan="3">(1) 死亡した方が次の年金または恩給のいずれかを受けることができたときは、その番号を○で囲んでください。</td></tr>
<tr><td colspan="3">　1. 地方公務員の恩給　　　　2. 恩給法(改正前の執行官法附則第13条において、その例による場合を含む。)による普通恩給
　3. 日本製鉄八幡共済組合の老齢年金または養老年金　　　　4. 旧外地関係または旧陸海軍関係共済組合の退職年金給付</td></tr>
<tr><td colspan="3">(2) 死亡した方が昭和61年3月までの期間において国民年金に任意加入しなかった期間または任意加入したが、保険料を納付しなかった期間が、次に該当するときはその番号を○で囲んでください。</td></tr>
<tr><td colspan="3">　1. 死亡した方の配偶者が5ページ⑦の(10)欄(国民年金法を除く)に示す制度の被保険者、組合員または加入者であった期間
　2. 死亡した方の配偶者が5ページ⑦の(10)欄(国民年金法を除く)および(1)欄に示す制度の老齢年金または退職年金を受けることができた期間
　3. 死亡した方または配偶者が5ページ⑦の(10)欄(国民年金法を除く)に示す制度の老齢年金または退職年金の受給資格期間を満たしていた期間
　4. 死亡した方または配偶者が5ページ⑦の(10)欄(国民年金法を除く)および(1)欄に示す制度から障害年金を受けることができた期間
　5. 死亡した方または配偶者が戦傷病者戦没者遺族等援護法の障害年金を受けることができた期間
　6. 死亡した方が5ページ⑦の(10)欄(国民年金法を除く)および(1)欄に示す制度から遺族に対する年金を受けることができた期間
　7. 死亡した方が戦傷病者戦没者遺族等援護法の遺族年金または未帰還者留守家族手当もしくは特別手当を受けることができた期間
　8. 死亡した方または配偶者が都道府県議会、市町村議会の議員および特別区の議会の議員ならびに国会議員であった期間
　9. 死亡した方が都道府県知事の承認を受けて国民年金の被保険者とされなかった期間</td></tr>
<tr><td colspan="3">(3) 死亡した方が国民年金に任意加入しなかった期間または任意加入したが、保険料を納付しなかった期間が、上に示す期間以外で次に該当するときはその番号を○で囲んでください。</td></tr>
<tr><td colspan="3">　1. 死亡した方が日本国内に住所を有しなかった期間
　2. 死亡した方が日本国内に住所を有していた期間であって日本国籍を有さなかったため国民年金の被保険者とされなかった期間
　3. 死亡した方が学校教育法に規定する高等学校の生徒または大学の学生であった期間
　4. 死亡した方が昭和61年4月以後の期間において下に示す制度の老齢または退職を事由とする年金給付を受けることができた期間
　　　ただし、エからサに示す制度の退職を事由とする年金給付であって年齢を理由として停止されている期間は除く。
　　　ア 厚生年金保険法　　　　　イ 船員保険法(昭和61年4月以後を除く)　　　ウ 恩給法
　　　エ 国家公務員共済組合法　　オ 地方公務員等共済組合法(ケを除く)　　　カ 私立学校教職員共済法
　　　キ 廃止前の農林漁業団体職員共済組合法　　ク 国会議員互助年金法　　　　ケ 地方議会議員共済法
　　　コ 地方公務員の退職年金に関する条例　　サ 改正前の執行官法附則第13条</td></tr>
<tr><td colspan="2">(4) 死亡した方は国民年金に任意加入した期間について特別一時金を受けたことがありますか。</td><td>1. は い ・ 2. いいえ</td></tr>
<tr><td colspan="2">(5) 昭和36年4月1日から昭和47年5月14日までの間に沖縄に住んでいたことがありますか。</td><td>1. は い ・ 2. いいえ</td></tr>
<tr><td colspan="2">(6) 旧陸海軍の旧共済組合の組合員であったことがありますか。</td><td>1. は い ・ 2. いいえ</td></tr>
</table>

④ 死亡した方が退職後、個人で保険料を納める第四種被保険者、船員保険の年金任意継続被保険者となったことがありますか。	1. は い ・ 2. いいえ	
「はい」と答えたときは、その保険料を納めた年金事務所（社会保険事務所）の名称をご記入ください。		
その保険料を納めた期間をご記入ください。	昭和 平成　　年　月　日　から	昭和 平成　　年　月　日
第四種被保険者（船員年金任意継続被保険者）の整理記号番号をご記入ください。	(記号)	(番号)

〔委任状は省略しています。〕

●巻末資料6　年金受給権者　受取機関変更届
（兼　年金生活者支援給付金　受取機関変更届）

年金受給権者　受取機関変更届
（兼 年金生活者支援給付金　受取機関変更届）

◎黒インクのボールペンでご記入ください。
◎裏面の注意事項をご確認のうえ、ご記入ください。
◎ ◆ 印欄はご記入いただく必要はありません。

令和　　年　　月　　日 提出

1. 電話相談

(1)年金相談に関する一般的な問合せ	「ねんきんダイヤル」： **0570-05-1165**（ナビダイヤル） 050から始まる電話からは：03-6700-1165（一般電話） ○受付時間（祝日（第2土曜日を除く）・12/29～1/3は除く） 　月～金曜日：8：30～17：15（月曜は19：00まで） 　※月曜が祝日の場合、開所日初日は19：00まで 　第2土曜日：9：30～16：00
(2)「ねんきん定期便」「ねんきんネット」に関する問合せ	「ねんきん定期便・ねんきんネット専用ダイヤル」： **0570-058-555**（ナビダイヤル） 050から始まる電話からは：03-6700-1144（一般電話） ○受付時間（祝日（第2土曜日を除く）・12/29～1/3は除く） 　月～金曜日：8：30～17：15（月曜は19：00まで） 　※月曜が祝日の場合、開所日初日は19：00まで 　第2土曜日：9：30～16：00
(3)年金の加入に関する一般的な問合せ	「ねんきん加入者ダイヤル」： ・国民年金加入者向け　**0570-003-004**（ナビダイヤル） 　050から始まる電話からは：03-6630-2525（一般電話） ・事業所、厚生年金加入者向け　**0570-007-123**（ナビダイヤル） 　050から始まる電話からは：03-6837-2913（一般電話） ○受付時間（祝日（第2土曜日を除く）・12/29～1/3は除く） 　月～金曜日：8：30～19：00　第2土曜日：9：30～16：00

2. 最寄りの年金事務所・街角の年金相談センターでの年金相談

詳細は日本年金機構ホームページで　http://www.nenkin.go.jp/

3. 共済組合等

組　合　名　等	電　話　番　号
国家公務員共済組合	
財務省主計局給与共済課	☎（03）3581-4111
国家公務員共済組合連合会年金部	☎（03）3265-8141
衆議院事務局管理部厚生課（衆議院共済）	☎（03）3581-5111
参議院事務局庶務部厚生課（参議院共済）	☎（03）3581-3111
内閣府大臣官房厚生管理官付（内閣共済）	☎（03）5253-2111
総務省大臣官房会計課厚生企画管理室（総務省共済）	☎（03）5253-5111
法務省大臣官房厚生管理官付（法務省共済）	☎（03）3580-4111

組　合　名　等	電　話　番　号
外務省大臣官房会計課福利厚生室（外務省共済）	☎ （03）3580-3311
財務省大臣官房厚生管理官付（財務省共済）	☎ （03）3581-4111
文部科学省大臣官房人事課福利厚生室（文部科学省共済）	☎ （03）5253-4111
厚生労働省大臣官房会計課福利厚生室（厚生労働省共済）	☎ （03）5253-1111
厚生労働省健康局国立病院部職員厚生課（厚生労働省第二共済）	☎ （03）5253-1111
農林水産省大臣官房厚生課（農林水産省共済）	☎ （03）3502-8111
経済産業省大臣官房情報システム厚生課厚生企画室（経済産業省共済）	☎ （03）3501-1511
国土交通省大臣官房福利厚生課（国土交通省共済）	☎ （03）5253-8111
最高裁判所事務総局経理局厚生管理官付（裁判所共済）	☎ （03）3264-8111
会計検査院事務総長官房厚生管理官付（会計検査院共済）	☎ （03）3581-3251
法務省矯正局総務課（刑務共済）	☎ （03）3580-4111
防衛省人事教育局厚生課（防衛省共済）	☎ （03）3268-3111
林野庁国有林野部管理課福利厚生室（林野庁共済）	☎ （03）6744-2334
日本郵政共済組合コールセンター	☎ （0120）97-8484

組　合　名　等	電　話　番　号
地方公務員共済組合	
総務省自治行政局公務員部福利課	☎ （03）5253-5111
地方職員共済組合	☎ （03）3261-9821
公立学校共済組合	☎ （03）5259-1122
警察共済組合	☎ （03）5213-8300
東京都職員共済組合	☎ （0570）03-4165
各指定都市職員共済組合（10共済組合）	☎ （市庁）
各都道府県市町村職員共済組合（76共済組合）	☎ （自治会館等）
地方職員共済組合（団体共済部）	☎ （03）3261-9521
私立学校教職員共済	
文部科学省高等教育局私学部私学行政課私学共済室	☎ （03）5253-4111
日本私立学校振興・共済事業団	☎ （03）3813-5321

4. 厚生年金基金

企業年金連合会	☎ （0570）02-2666

5. 国民年金基金

国民年金基金連合会	☎ （03）5411-0211

6. 恩　給

総務省政策統括官（恩給相談窓口）	☎ （03）5273-1400

（2024年4月1日現在）

●巻末資料 8 　国民年金保険料の推移

保険料を納付する月分	保険料月額	
	35歳未満	35歳以上
昭和 36 年 4 月分〜 昭和 41 年 12 月分	100円	150円
昭和 42 年 1 月分〜 昭和 43 年 12 月分	200円	250円
昭和 44 年 1 月分〜 昭和 45 年 6 月分	250円	300円
昭和 45 年 7 月分〜 昭和 47 年 6 月分	450円	
昭和 47 年 7 月分〜 昭和 48 年 12 月分	550円	
昭和 49 年 1 月分〜 昭和 49 年 12 月分	900円	
昭和 50 年 1 月分〜 昭和 51 年 3 月分	1,100円	
昭和 51 年 4 月分〜 昭和 52 年 3 月分	1,400円	
昭和 52 年 4 月分〜 昭和 53 年 3 月分	2,200円	
昭和 53 年 4 月分〜 昭和 54 年 3 月分	2,730円	
昭和 54 年 4 月分〜 昭和 55 年 3 月分	3,300円	
昭和 55 年 4 月分〜 昭和 56 年 3 月分	3,770円	
昭和 56 年 4 月分〜 昭和 57 年 3 月分	4,500円	
昭和 57 年 4 月分〜 昭和 58 年 3 月分	5,220円	
昭和 58 年 4 月分〜 昭和 59 年 3 月分	5,830円	
昭和 59 年 4 月分〜 昭和 60 年 3 月分	6,220円	
昭和 60 年 4 月分〜 昭和 61 年 3 月分	6,740円	
昭和 61 年 4 月分〜 昭和 62 年 3 月分	7,100円	
昭和 62 年 4 月分〜 昭和 63 年 3 月分	7,400円	
昭和 63 年 4 月分〜 平成 元 年 3 月分	7,700円	
平成 元 年 4 月分〜 平成 2 年 3 月分	8,000円	
平成 2 年 4 月分〜 平成 3 年 3 月分	8,400円	
平成 3 年 4 月分〜 平成 4 年 3 月分	9,000円	
平成 4 年 4 月分〜 平成 5 年 3 月分	9,700円	
平成 5 年 4 月分〜 平成 6 年 3 月分	10,500円	
平成 6 年 4 月分〜 平成 7 年 3 月分	11,100円	
平成 7 年 4 月分〜 平成 8 年 3 月分	11,700円	
平成 8 年 4 月分〜 平成 9 年 3 月分	12,300円	
平成 9 年 4 月分〜 平成 10 年 3 月分	12,800円	
平成 10 年 4 月分〜 平成 11 年 3 月分	13,300円	
平成 11 年 4 月分〜 平成 17 年 3 月分	13,300円（特例）	
平成 17 年 4 月分〜 平成 18 年 3 月分	13,580円	
平成 18 年 4 月分〜 平成 19 年 3 月分	13,860円	
平成 19 年 4 月分〜 平成 20 年 3 月分	14,100円	
平成 20 年 4 月分〜 平成 21 年 3 月分	14,410円	
平成 21 年 4 月分〜 平成 22 年 3 月分	14,660円	
平成 22 年 4 月分〜 平成 23 年 3 月分	15,100円	
平成 23 年 4 月分〜 平成 24 年 3 月分	15,020円	
平成 24 年 4 月分〜 平成 25 年 3 月分	14,980円	
平成 25 年 4 月分〜 平成 26 年 3 月分	15,040円	
平成 26 年 4 月分〜 平成 27 年 3 月分	15,250円	
平成 27 年 4 月分〜 平成 28 年 3 月分	15,590円	
平成 28 年 4 月分〜 平成 29 年 3 月分	16,260円	
平成 29 年 4 月分〜 平成 30 年 3 月分	16,490円	
平成 30 年 4 月分〜 平成 31 年 3 月分	16,340円	
平成 31 年 4 月分〜 令和 2 年 3 月分	16,410円	
令和 2 年 4 月分〜 令和 3 年 3 月分	16,540円	
令和 3 年 4 月分〜 令和 4 年 3 月分	16,610円	
令和 4 年 4 月分〜 令和 5 年 3 月分	16,590円	
令和 5 年 4 月分〜 令和 6 年 3 月分	16,520円	
令和 6 年 4 月分〜 令和 7 年 3 月分	16,980円	

●巻末資料9　厚生年金保険の標準報酬月額の推移

（単位：円）

期間\等級	昭29.5〜昭35.4	35.5〜40.4	40.5〜44.10	44.11〜46.10	46.11〜48.10	48.11〜51.7	51.8〜55.9	55.10〜60.9	60.10〜平元.11	平元.12〜6.10	6.11〜12.9	12.10〜28.9	28.10〜令2.8	令2.9〜
1	3.000	3.000	7.000	10.000	10.000	20.000	30.000	45.000	68.000	80.000	92.000	98.000	88.000	88.000
2	4.000	4.000	8.000	12.000	12.000	22.000	33.000	48.000	72.000	86.000	98.000	104.000	98.000	98.000
3	5.000	5.000	9.000	14.000	14.000	24.000	36.000	52.000	76.000	92.000	104.000	110.000	104.000	104.000
4	6.000	6.000	10.000	16.000	16.000	26.000	39.000	56.000	80.000	98.000	110.000	118.000	110.000	110.000
5	7.000	7.000	12.000	18.000	18.000	28.000	42.000	60.000	86.000	104.000	118.000	126.000	118.000	118.000
6	8.000	8.000	14.000	20.000	20.000	30.000	45.000	64.000	92.000	110.000	126.000	134.000	126.000	126.000
7	9.000	9.000	16.000	22.000	22.000	33.000	48.000	68.000	98.000	118.000	134.000	142.000	134.000	134.000
8	10.000	10.000	18.000	24.000	24.000	36.000	52.000	72.000	104.000	126.000	142.000	150.000	142.000	142.000
9	12.000	12.000	20.000	26.000	26.000	39.000	56.000	76.000	110.000	134.000	150.000	160.000	150.000	150.000
10	14.000	14.000	22.000	28.000	28.000	42.000	60.000	80.000	118.000	142.000	160.000	170.000	160.000	160.000
11	16.000	16.000	24.000	30.000	30.000	45.000	64.000	86.000	126.000	150.000	170.000	180.000	170.000	170.000
12	18.000	18.000	26.000	33.000	33.000	48.000	68.000	92.000	134.000	160.000	180.000	190.000	180.000	180.000
13		20.000	28.000	36.000	36.000	52.000	72.000	98.000	142.000	170.000	190.000	200.000	190.000	190.000
14		22.000	30.000	39.000	39.000	56.000	76.000	104.000	150.000	180.000	200.000	220.000	200.000	200.000
15		24.000	33.000	42.000	42.000	60.000	80.000	110.000	160.000	190.000	220.000	240.000	220.000	220.000
16		26.000	36.000	45.000	45.000	64.000	86.000	118.000	170.000	200.000	240.000	260.000	240.000	240.000
17		28.000	39.000	48.000	48.000	68.000	92.000	126.000	180.000	220.000	260.000	280.000	260.000	260.000
18		30.000	42.000	52.000	52.000	72.000	98.000	134.000	190.000	240.000	280.000	300.000	280.000	280.000
19		33.000	45.000	56.000	56.000	76.000	104.000	142.000	200.000	260.000	300.000	320.000	300.000	300.000
20		36.000	48.000	60.000	60.000	80.000	110.000	150.000	220.000	280.000	320.000	340.000	320.000	320.000
21			52.000	64.000	64.000	86.000	118.000	160.000	240.000	300.000	340.000	360.000	340.000	340.000
22			56.000	68.000	68.000	92.000	126.000	170.000	260.000	320.000	360.000	380.000	360.000	360.000
23			60.000	72.000	72.000	98.000	134.000	180.000	280.000	340.000	380.000	410.000	380.000	380.000
24				76.000	76.000	104.000	142.000	190.000	300.000	360.000	410.000	440.000	410.000	410.000
25				80.000	80.000	110.000	150.000	200.000	320.000	380.000	440.000	470.000	440.000	440.000
26				86.000	86.000	118.000	160.000	220.000	340.000	410.000	470.000	500.000	470.000	470.000
27				92.000	92.000	126.000	170.000	240.000	360.000	440.000	500.000	530.000	500.000	500.000
28				100.000	98.000	134.000	180.000	260.000	380.000	470.000	530.000	560.000	530.000	530.000
29					104.000	142.000	190.000	280.000	410.000	500.000	560.000	590.000	560.000	560.000
30					110.000	150.000	200.000	300.000	440.000	530.000	590.000	620.000	590.000	590.000
31					118.000	160.000	220.000	320.000	470.000				620.000	620.000
32					126.000	170.000	240.000	340.000						650.000
33					134.000	180.000	260.000	360.000						
34						190.000	280.000	380.000						
35						200.000	300.000	410.000						
36							320.000							

●巻末資料10　在職老齢年金の受給月額早見表（令和6年度）

基本月額 / 総報酬月額相当額	50,000	70,000	100,000	120,000	150,000	180,000	200,000
98,000	50,000	70,000	100,000	120,000	150,000	180,000	200,000
100,000	50,000	70,000	100,000	120,000	150,000	180,000	200,000
110,000	50,000	70,000	100,000	120,000	150,000	180,000	200,000
120,000	50,000	70,000	100,000	120,000	150,000	180,000	200,000
130,000	50,000	70,000	100,000	120,000	150,000	180,000	200,000
140,000	50,000	70,000	100,000	120,000	150,000	180,000	200,000
150,000	50,000	70,000	100,000	120,000	150,000	180,000	200,000
160,000	50,000	70,000	100,000	120,000	150,000	180,000	200,000
170,000	50,000	70,000	100,000	120,000	150,000	180,000	200,000
180,000	50,000	70,000	100,000	120,000	150,000	180,000	200,000
190,000	50,000	70,000	100,000	120,000	150,000	180,000	200,000
200,000	50,000	70,000	100,000	120,000	150,000	180,000	200,000
210,000	50,000	70,000	100,000	120,000	150,000	180,000	200,000
220,000	50,000	70,000	100,000	120,000	150,000	180,000	200,000
230,000	50,000	70,000	100,000	120,000	150,000	180,000	200,000
240,000	50,000	70,000	100,000	120,000	150,000	180,000	200,000
250,000	50,000	70,000	100,000	120,000	150,000	180,000	200,000
260,000	50,000	70,000	100,000	120,000	150,000	180,000	200,000
270,000	50,000	70,000	100,000	120,000	150,000	180,000	200,000
280,000	50,000	70,000	100,000	120,000	150,000	180,000	200,000
290,000	50,000	70,000	100,000	120,000	150,000	180,000	200,000
300,000	50,000	70,000	100,000	120,000	150,000	180,000	200,000
320,000	50,000	70,000	100,000	120,000	150,000	180,000	190,000
340,000	50,000	70,000	100,000	120,000	150,000	170,000	180,000
360,000	50,000	70,000	100,000	120,000	145,000	160,000	170,000
380,000	50,000	70,000	100,000	120,000	135,000	150,000	160,000
400,000	50,000	70,000	100,000	110,000	125,000	140,000	150,000
420,000	50,000	70,000	90,000	100,000	115,000	130,000	140,000
440,000	50,000	65,000	80,000	90,000	105,000	120,000	130,000
460,000	45,000	55,000	70,000	80,000	95,000	110,000	120,000
480,000	35,000	45,000	60,000	70,000	85,000	100,000	110,000
500,000	25,000	35,000	50,000	60,000	75,000	90,000	100,000
520,000	15,000	25,000	40,000	50,000	65,000	80,000	90,000
540,000	5,000	15,000	30,000	40,000	55,000	70,000	80,000
560,000	0	5,000	20,000	30,000	45,000	60,000	70,000
580,000	0	0	10,000	20,000	35,000	50,000	60,000
600,000	0	0	0	10,000	25,000	40,000	50,000
620,000	0	0	0	0	15,000	30,000	40,000
640,000	0	0	0	0	5,000	20,000	30,000
660,000	0	0	0	0	0	10,000	20,000

（注）基本月額＝老齢厚生年金額から経過的加算と加給年金を除いた額÷12

●巻末資料11　年齢早見表

生　年		年　齢			生　年		年　齢	
和暦	西暦	令和6年	昭和36年	昭和61年	和暦	西暦	令和6年	昭和61年
		歳	歳	歳			歳	歳
大 5	1916	108	45	70	昭41	1966	58	20
6	1917	107	44	69	42	1967	57	
7	1918	106	43	68	43	1968	56	
8	1919	105	42	67	44	1969	55	
9	1920	104	41	66	45	1970	54	
10	1921	103	40	65	46	1971	53	
11	1922	102	39	64	47	1972	52	
12	1923	101	38	63	48	1973	51	
13	1924	100	37	62	49	1974	50	
14	1925	99	36	61	50	1975	49	
昭 1	1926	98	35	60	51	1976	48	
2	1927	97	34	59	52	1977	47	
3	1928	96	33	58	53	1978	46	
4	1929	95	32	57	54	1979	45	
5	1930	94	31	56	55	1980	44	
6	1931	93	30	55	56	1981	43	
7	1932	92	29	54	57	1982	42	
8	1933	91	28	53	58	1983	41	
9	1934	90	27	52	59	1984	40	
10	1935	89	26	51	60	1985	39	
11	1936	88	25	50	61	1986	38	
12	1937	87	24	49	62	1987	37	
13	1938	86	23	48	63	1988	36	
14	1939	85	22	47	平 1	1989	35	
15	1940	84	21	46	2	1990	34	
16	1941	83	20	45	3	1991	33	
17	1942	82		44	4	1992	32	
18	1943	81		43	5	1993	31	
19	1944	80		42	6	1994	30	
20	1945	79		41	7	1995	29	
21	1946	78		40	8	1996	28	
22	1947	77		39	9	1997	27	
23	1948	76		38	10	1998	26	
24	1949	75		37	11	1999	25	
25	1950	74		36	12	2000	24	
26	1951	73		35	13	2001	23	
27	1952	72		34	14	2002	22	
28	1953	71		33	15	2003	21	
29	1954	70		32	16	2004	20	
30	1955	69		31	17	2005	19	
31	1956	68		30	18	2006	18	
32	1957	67		29	19	2007	17	
33	1958	66		28	20	2008	16	
34	1959	65		27	21	2009	15	
35	1960	64		26	22	2010	14	
36	1961	63		25	23	2011	13	
37	1962	62		24	24	2012	12	
38	1963	61		23	25	2013	11	
39	1964	60		22	26	2014	10	
40	1965	59		21	27	2015	9	
					28	2016	8	
					29	2017	7	
					30	2018	6	
					令 1	2019	5	
					2	2020	4	
					3	2021	3	
					4	2022	2	
					5	2023	1	
					6	2024	0	

(注)　年齢は誕生日以降の満年齢

生 年 月 日	老齢基礎年金 受給資格期間*1 A 資格期間	B 被用者年金加入期間*2	C 中高齢厚年加入期間*3	D 加入可能年数	E 振替加算額（年額）	F 60歳台前半老厚 男子*4 定額部分	F 男子*4 報酬比例部分
大正15. 4. 2～昭和2. 4. 1	21年	20年	15年	25年	234,100円	60歳	60歳
昭和 2. 4. 2～ 〃 3. 4. 1	22年	〃	〃	26年	227,779	〃	〃
〃 3. 4. 2～ 〃 4. 4. 1	23年	〃	〃	27年	221,693	〃	〃
〃 4. 4. 2～ 〃 5. 4. 1	24年	〃	〃	28年	215,372	〃	〃
〃 5. 4. 2～ 〃 6. 4. 1	25年	〃	〃	29年	209,051	〃	〃
〃 6. 4. 2～ 〃 7. 4. 1	〃	〃	〃	30年	202,965	〃	〃
〃 7. 4. 2～ 〃 8. 4. 1	〃	〃	〃	31年	196,644	〃	〃
〃 8. 4. 2～ 〃 9. 4. 1	〃	〃	〃	32年	190,323	〃	〃
〃 9. 4. 2～ 〃10. 4. 1	〃	〃	〃	33年	184,237	〃	〃
〃10. 4. 2～ 〃11. 4. 1	〃	〃	〃	34年	177,916	〃	〃
〃11. 4. 2～ 〃12. 4. 1	〃	〃	〃	35年	171,595	〃	〃
〃12. 4. 2～ 〃13. 4. 1	〃	〃	〃	36年	165,509	〃	〃
〃13. 4. 2～ 〃14. 4. 1	〃	〃	〃	37年	159,188	〃	〃
〃14. 4. 2～ 〃15. 4. 1	〃	〃	〃	38年	152,867	〃	〃
〃15. 4. 2～ 〃16. 4. 1	〃	〃	〃	39年	146,781	〃	〃
〃16. 4. 2～ 〃17. 4. 1	〃	〃	〃	40年	140,460	61歳	〃
〃17. 4. 2～ 〃18. 4. 1	〃	〃	〃	〃	134,139	〃	〃
〃18. 4. 2～ 〃19. 4. 1	〃	〃	〃	〃	128,053	62歳	〃
〃19. 4. 2～ 〃20. 4. 1	〃	〃	〃	〃	121,732	〃	〃
〃20. 4. 2～ 〃21. 4. 1	〃	〃	〃	〃	115,411	63歳	〃
〃21. 4. 2～ 〃22. 4. 1	〃	〃	〃	〃	109,325	〃	〃
〃22. 4. 2～ 〃23. 4. 1	〃	〃	16年	〃	103,004	64歳	〃
〃23. 4. 2～ 〃24. 4. 1	〃	〃	17年	〃	96,683	〃	〃
〃24. 4. 2～ 〃25. 4. 1	〃	〃	18年	〃	90,597	—	〃
〃25. 4. 2～ 〃26. 4. 1	〃	〃	19年	〃	84,276	—	〃
〃26. 4. 2～ 〃27. 4. 1	〃	〃	—	〃	77,955	—	〃
〃27. 4. 2～ 〃28. 4. 1	〃	21年	—	〃	71,869	—	〃
〃28. 4. 2～ 〃29. 4. 1	〃	22年	—	〃	65,548	—	61歳
〃29. 4. 2～ 〃30. 4. 1	〃	23年	—	〃	59,227	—	〃
〃30. 4. 2～ 〃31. 4. 1	〃	24年	—	〃	53,141	—	62歳
〃31. 4. 2～ 〃32. 4. 1	〃	25年	—	〃	46,960	—	〃
〃32. 4. 2～ 〃33. 4. 1	〃	〃	—	〃	40,620	—	63歳
〃33. 4. 2～ 〃34. 4. 1	〃	〃	—	〃	34,516	—	〃
〃34. 4. 2～ 〃35. 4. 1	〃	〃	—	〃	28,176	—	64歳
〃35. 4. 2～ 〃36. 4. 1	〃	〃	—	〃	21,836	—	〃
〃36. 4. 2～ 〃37. 4. 1	〃	〃	—	〃	15,732	—	—
〃37. 4. 2～ 〃38. 4. 1	〃	〃	—	〃	〃	—	—
〃38. 4. 2～ 〃39. 4. 1	〃	〃	—	〃	〃	—	—
〃39. 4. 2～ 〃40. 4. 1	〃	〃	—	〃	〃	—	—
〃40. 4. 2～ 〃41. 4. 1	〃	〃	—	〃	〃	—	—
昭和41. 4. 2以降	〃	〃	—	〃		—	—

＊1　老齢基礎年金の受給資格期間は10年となったが、遺族年金の死亡者の要件（長期要件）では 25年の期間が必要であり、経過措置が適用される。

＊2　厚生年金保険の被保険者期間（一元化前の共済組合等の加入期間を含む）

＊3　第1号厚年の被保険者期間に限る。

＊4　第2号～第4号厚年の女子を含む。

（令和6年度）

			老 齢 厚 生 年 金					遺族厚生年金
F	G	H	I				J	K
支給開始年齢 女子	定額単価*5 の乗率	定額部分の限度月数	報酬比例部分の乗率 (1,000分の)				配偶者の加給年金額 (含む特別加算)(年額)	経 過 的 寡婦加算額 (年額)
定額部分 / 報酬比例部分			平成15/3以前		平成15/4以降			
			新乗率	旧乗率	新乗率	旧乗率		
55歳 / 55歳	1.875	420月	9.500	10.00	7.308	7.692	234,800円	610,300円
〃 / 〃	1.817	〃	9.367	9.86	7.205	7.585	234,800	579,004
〃 / 〃	1.761	〃	9.234	9.72	7.103	7.477	234,800	550,026
〃 / 〃	1.707	432月	9.101	9.58	7.001	7.369	234,800	523,118
〃 / 〃	1.654	〃	8.968	9.44	6.898	7.262	234,800	498,066
56歳 / 56歳	1.603	〃	8.845	9.31	6.804	7.162	234,800	474,683
〃 / 〃	1.553	〃	8.712	9.17	6.702	7.054	234,800	452,810
〃 / 〃	1.505	〃	8.588	9.04	6.606	6.954	234,800	432,303
57歳 / 57歳	1.458	444月	8.465	8.91	6.512	6.854	269,500	413,039
〃 / 〃	1.413	〃	8.351	8.79	6.424	6.762	269,500	394,909
58歳 / 58歳	1.369	〃	8.227	8.66	6.328	6.662	269,500	377,814
〃 / 〃	1.327	〃	8.113	8.54	6.241	6.569	269,500	361,669
59歳 / 59歳	1.286	〃	7.990	8.41	6.146	6.469	269,500	346,397
〃 / 〃	1.246	〃	7.876	8.29	6.058	6.377	269,500	331,929
60歳 / 60歳	1.208	〃	7.771	8.18	5.978	6.292	304,100	318,203
〃 / 〃	1.170	〃	7.657	8.06	5.890	6.200	338,800	305,162
〃 / 〃	1.134	〃	7.543	7.94	5.802	6.108	373,400	284,820
〃 / 〃	1.099	〃	7.439	7.83	5.722	6.023	408,100	264,477
〃 / 〃	1.065	456月	7.334	7.72	5.642	5.938	〃	244,135
〃 / 〃	1.032	468月	7.230	7.61	5.562	5.854	〃	223,792
61歳 / 〃	1.000	480月	7.125	7.50	5.481	5.769	〃	203,450
〃 / 〃	〃	〃	〃	〃	〃	〃	〃	183,107
62歳 / 〃	〃	〃	〃	〃	〃	〃	〃	162,765
〃 / 〃	〃	〃	〃	〃	〃	〃	〃	142,422
63歳 / 〃	〃	〃	〃	〃	〃	〃	〃	122,080
〃 / 〃	〃	〃	〃	〃	〃	〃	〃	101,737
64歳 / 〃	〃	〃	〃	〃	〃	〃	〃	81,395
〃 / 〃	〃	〃	〃	〃	〃	〃	〃	61,052
— / 〃	〃	〃	〃	〃	〃	〃	〃	40,710
— / 〃	〃	〃	〃	〃	〃	〃	〃	20,367
— / 〃	〃	〃	〃	〃	〃	〃	〃	—
— / 〃	〃	〃	〃	〃	〃	〃	〃	—
— / 61歳	〃	〃	〃	〃	〃	〃	〃	—
— / 〃	〃	〃	〃	〃	〃	〃	〃	—
— / 62歳	〃	〃	〃	〃	〃	〃	〃	—
— / 〃	〃	〃	〃	〃	〃	〃	〃	—
— / 63歳	〃	〃	〃	〃	〃	〃	〃	—
— / 〃	〃	〃	〃	〃	〃	〃	〃	—
— / 64歳	〃	〃	〃	〃	〃	〃	〃	—
— / 〃	〃	〃	〃	〃	〃	〃	〃	—
— / —	〃	〃	〃	〃	〃	〃	〃	—

＊5　昭和31年4月1日以前生まれの者は1,696円、昭和31年4月2日以後生まれの者は1,701円である。

●巻末資料13 直近の主な年金改正項目

法　　律	改 正 法 の 主 な 内 容	施 行 日
年 金 機 能 強 化 法 平成24年8月10日成立 平成24年8月22日公布	1．年金の受給資格期間を25年から10年に短縮	平成29年8月1日
	2．基礎年金国庫負担2分の1恒久化	平成26年4月1日
	3．短時間労働者に対する厚生年金・健康保険の適用拡大	平成28年10月1日
	4．産前産後休業期間中の厚生年金・健康保険料免除等	平成26年4月1日
	5．遺族基礎年金の父子家庭への支給	平成26年4月1日
	6．その他 (1)　70歳に達した後の繰下げ支給の取扱いの見直し (2)　国民年金任意加入被保険者の未納期間を合算対象期間に算入 (3)　障害年金の年金額改定請求の待機期間を一部緩和 (4)　特別支給の老齢厚生年金の障害特例の改善 (5)　未支給年金の請求範囲の拡大 (6)　免除期間の国民年金保険料の取扱いの改善 (7)　国民年金保険料の免除にかかる遡及期間の見直し (8)　付加保険料の納付期間の延長 (9)　所在不明高齢者に係る届出義務化	平成26年4月1日
被用者年金 一元化法 平成24年8月10日成立 平成24年8月22日公布	1．被保険者資格を厚生年金に統一	平成27年10月1日
	2．厚生年金保険と共済年金の制度的差異の解消	
	3．共済年金の保険料（掛金）率も最終的には厚生年金保険料率に統一（上限18.3%）	
	4．事務組織の活用、全体の財政状況の開示	
	5．共済年金の職域加算部分の廃止（廃止後は別の法律で定める）	
	6．追加費用削減のため恩給期間に係る給付の27%引下げ(一定の配慮措置を講じる)	平成25年8月1日
国民年金法等の 一部改正法 平成24年11月16日成立 平成24年11月26日公布	1．平成24年度・25年度の基礎年金国庫負担を年金特例公債により確保	平成24年11月26日
	2．年金額の特例水準（2.5%）を3年間で解消（平成25年10月▲1%、平成26年4月▲1%、平成27年4月▲0.5%）	平成25年10月1日
年金生活者 支援給付金法 平成24年11月16日成立 平成24年11月26日公布	一定の老齢基礎年金等の受給者への福祉的な給付金の支給 （老齢年金生活者支援給付金　基準額 5,000円 　障害年金生活者支援給付金　5,000円（1級 6,250円） 　遺族年金生活者支援給付金　5,000円）	税制抜本改革の施行時期に合わせて令和元年10月1日
健 全 化 法 平成25年6月19日成立 平成25年6月26日公布	1．厚生年金基金制度の見直し	平成26年4月1日
	2．第3号被保険者の記録不整合問題への対応	平成25年7月1日
	・不整合記録に基づく年金額を正しい年金額に訂正	平成30年4月1日
	・不整合期間の合算対象期間としての取扱い	平成25年7月1日
	・過去10年間の不整合期間の特例追納（3年間の時限措置）	平成27年4月1日
	3．障害・遺族年金の支給要件の特例措置および国民年金保険料の若年者納付猶予制度の期限を10年間延長	平成25年6月26日

法律	内容	施行日
年金事業運営改善法 平成26年6月4日成立 平成26年6月11日公布	1．保険料納付猶予の対象者を30歳未満の者から50歳未満の者に拡大	平成28年7月1日
	2．過去5年間の後納制度の創設	平成27年10月1日
	3．全額保険料免除の受託制度の創設	平成27年7月1日
	4．滞納保険料等に係る延滞金の利息の軽減	平成27年1月1日
	5．事務処理誤り等に関する特例保険料の納付等の制度の創設	平成28年4月1日
	6．年金記録の訂正手続の創設	平成27年3月1日
	7．年金個人情報の目的外利用・提供の範囲の明確化	平成26年10月1日
確定拠出年金改正法 平成28年5月24日成立 平成28年6月3日公布	1．企業年金の普及拡大 ⑴　設立手続き等を大幅に緩和した「簡易型DC制度」の創設	平成30年5月1日
	⑵　個人型DCへの「小規模事業主掛金納付制度（中小事業主掛金納付制度）」の創設	
	⑶　DCの拠出規制単位を月単位から年単位へ	平成30年1月1日
	2．ライフコース多様化への対応 ⑴　個人型DCの加入対象者を国民年金第3号被保険者、公務員等、一定の企業年金加入者へ拡大	平成29年1月1日
	⑵　DCからDB等へ年金資産の持ち運び（ポータビリティ）を拡充	平成30年5月1日
	3．DCの運用の改善 ⑴　継続投資教育の努力義務化や運用商品数の抑制等	
	⑵　あらかじめ定められた指定運用方法に関する規定の整備、指定運用方法として分散投資効果が期待できる商品設定を促す措置を講じる	平成30年5月1日
	4．その他 ⑴　企業年金の手続簡素化、国民年金基金連合会の広報業務の追加等	平成29年1月1日
	⑵　企業年金連合会への投資教育の委託	平成28年7月1日
	⑶　国民年金基金の加入対象者を在外邦人の任意加入被保険者へ拡大	平成29年1月1日
持続可能性向上法 平成28年12月14日成立 平成28年12月26日公布	1．短時間労働者への被用者保険の適用拡大の促進	平成29年4月1日
	2．国民年金第1号被保険者の産前産後期間の保険料免除	平成31年4月1日
	3．年金額の改定ルールの見直し ⑴　マクロ経済スライドについて、年金の名目額が前年度を下回らない措置を維持しつつ、賃金・物価上昇の範囲内で前年度までの未調整分を含めて調整	平成30年4月1日
	⑵　賃金変動が物価変動を下回る場合に賃金変動に合わせて年金額を改定する考え方を徹底	令和3年4月1日
健康保険法等の一部改正法 令和元年5月15日成立 令和元年5月22日公布	被用者保険の被扶養者等の要件について、一定の例外を設けつつ、原則として国内に居住していること等を追加	令和2年4月1日

年金制度改正法 令和 2 年 5 月29日成立 令和 2 年 6 月 5 日公布	1．被用者保険の適用拡大 ⑴　短時間労働者への適用拡大	令和 4 年10月 1 日・ 令和 6 年10月 1 日
	⑵　被用者保険非適用業種の見直し	令和 4 年10月 1 日
	2．在職中の年金受給の見直し ⑴　65歳未満の在職老齢年金の支給停止基準の見直し	令和 4 年 4 月 1 日
	⑵　65歳以上の在職時改定の導入	
	3．受給開始時期の選択肢の拡大と見直し ⑴　繰下げ受給の上限年齢の引上げ	令和 4 年 4 月 1 日
	⑵　70歳以降の請求時の繰下げ制度の見直し	令和 5 年 4 月 1 日
	⑶　繰上げ受給の減額率の緩和	令和 4 年 4 月 1 日
	4．DC の加入要件の見直し等 ⑴　DC の加入可能年齢の引上げ	令和 4 年 5 月 1 日
	⑵　DC の受給開始の上限を75歳に引上げ	令和 4 年 4 月 1 日
	⑶　DB の支給開始時期を70歳まで拡大	令和 2 年 6 月 5 日
	⑷　中小企業向け（簡易型 DC・iDeCo ＋）対象範囲の拡大	令和 2 年10月 1 日
	⑸　企業型 DC 加入者の iDeCo 加入の要件緩和	令和 4 年10月 1 日
	⑹　企業型 DC のマッチング拠出と iDeCo 加入の選択	令和 4 年10月 1 日
	5．その他 ⑴　国民年金手帳から基礎年金番号通知書への切替	令和 4 年 4 月 1 日
	⑵　未婚のひとり親等の申請全額免除基準への追加	令和 3 年 4 月 1 日
	⑶　国民年金保険料納付猶予制度の期間延長	令和 2 年 6 月 5 日
	⑷　脱退一時金の支給上限年数の引上げ	令和 3 年 4 月 1 日
	⑸　年金生活者支援給付金の請求書送付対象者の拡大等	令和 2 年 6 月 5 日・ 令和 3 年 8 月 1 日
	⑹　児童扶養手当と障害年金の併給調整の見直し	令和 3 年 3 月 1 日

「年金制度改正法」の概要

　公的年金制度、企業年金制度等を見直すための「年金制度の機能強化のための国民年金法等の一部を改正する法律」（以下、「年金制度改正法」という）が成立（令和2年法律第40号　令和2年6月5日公布）し、順次施行されることとなりました。

　本改正は、令和元年の財政検証結果を踏まえ、より多くの人がこれまでよりも長い期間にわたり多様な形で働くようになることが見込まれる中で、今後の社会・経済の変化を年金制度に反映し、長期化する高齢期の経済基盤の充実を図ることを目的としています。

　年金制度改正法の概要を収録しましたので、ご活用ください。

※改正前後の変更内容を示すための概要であり、 改正後 は施行時点での数値で記しています。

Ⅰ　被用者保険の適用拡大

Ⅱ　在職中の年金受給の見直し

Ⅲ　受給開始時期の選択肢の拡大

Ⅳ　企業年金・個人年金の見直し

Ⅴ　その他の改正事項

Ⅰ 被用者保険の適用拡大

1．短時間労働者に対する厚生年金保険等の適用拡大　令和4年10月・令和6年10月施行

　多様な就労を年金制度に反映するため、被用者保険のさらなる適用拡大が実施されることとなった。

　1週間の所定労働時間または1月の所定労働日数が通常の労働者の3/4未満の短時間労働者に対する厚生年金保険・健康保険の適用拡大基準のうち、被保険者数「501人以上」の企業規模要件が令和4年10月から「101人以上」に、令和6年10月から「51人以上」となり、適用が拡大される。

　また、適用拡大基準のうち、令和4年10月から「1年以上」の勤務期間要件が撤廃され、フルタイム労働者と同様の「2ヵ月超」の要件が適用される。この「2ヵ月超」の要件については、雇用契約期間が2ヵ月以内であっても、実態としてその期間を超えて勤務する見込みがあると判断できる場合は、最初の雇用期間を含めて当初から被用者保険の適用対象となる。

要件	平成28年10月〜	令和4年10月〜	令和6年10月〜
企業規模	501人以上*	101人以上	51人以上
勤務期間	1年以上	撤廃（2ヵ月超）	
労働時間	週20時間以上		
賃金	月額賃金8.8万円以上		
適用除外	学生		

＊　平成29年4月から被保険者数500人以下の企業も労使合意に基づき企業単位で適用が可能となり、国・地方公共団体の事業所は規模にかかわらず適用されることとなった。

2．非適用業種の見直し　令和4年10月施行

　現行制度では、法定16業種以外の個人事業所は非適用業種とされているが、弁護士・税理士・社会保険労務士等の法律・会計事務を取り扱う士業については、他の業種と比べても法人割合が著しく低いこと、社会保険の事務能力等の面からの支障はないと考えられることなどから、適用業種に追加されることとなった。

　具体的には、下表の「士業」は、令和4年10月から適用業種に追加され、これらの士業は個人事業所であっても従業員数が5人以上であれば被用者保険の適用事業

所となる。

適用業種となる士業（10業種）
弁護士　税理士　司法書士　社会保険労務士　行政書士　弁理士　土地家屋調査士 公認会計士　公証人　海事代理士

3．共済組合の短期給付の適用拡大　　令和 4 年10月施行

　現行では、国・地方公共団体の非常勤職員である短時間労働者は健康保険（協会けんぽ）の適用対象とされているが、改正後は共済組合員としてフルタイム労働者と同様に共済組合の短期給付等が適用され、医療保険給付の差異が解消される。

Ⅱ　在職中の年金受給の見直し

1．在職老齢年金の支給停止基準額の見直し（65歳未満）　令和 4 年 4 月施行

　現行の65歳未満の在職老齢年金制度が就労に一定程度の影響を与えていること、令和12年度まで65歳未満の支給開始年齢の引き上げが行われる女性の就労を支援すること、制度をわかりやすくするといった観点から65歳未満の在職老齢年金の支給停止基準を緩和し、支給停止とならない範囲を拡大することとした。

　現行制度では、65歳未満の在職老齢年金の支給停止基準額（総報酬月額と基本月額の合計額）は28万円とされている一方、65歳以上の在職老齢年金の支給停止基準額は47万円とされていて、60歳台前半に比べて緩やかな調整となっている。

　改正後は、65歳未満の在職老齢年金の支給停止基準額「28万円」が、65歳以上の在職老齢年金の支給停止額と同様に「47万円」となる。

　※　支給停止基準額の「28万円」「47万円」は、令和 2 年度の法案成立時の額であり、支給停止基準額は物価と賃金に応じて毎年度見直される。

■支給停止額（月額）

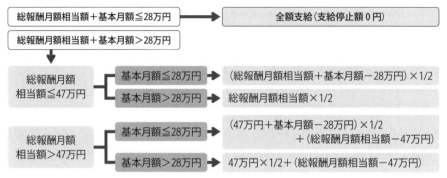

- ・支給停止額が年金額を上回る場合は全部停止（加給年金額も支給停止）
- ・支給停止額が年金額を下回る場合は一部停止（加給年金額は支給）

■在職老齢年金早見表（働きながら受ける年金の月額）

		基 本 月 額							
		8万円	10万円	12万円	14万円	16万円	18万円	20万円	22万円
総報酬月額相当額	10万円	8万円	10万円	12万円	14万円	16万円	18万円	19万円	20万円
	15万円	8万円	10万円	12万円	13.5万円	14.5万円	15.5万円	16.5万円	17.5万円
	20万円	8万円	9万円	10万円	11万円	12万円	13万円	14万円	15万円
	25万円	5.5万円	6.5万円	7.5万円	8.5万円	9.5万円	10.5万円	11.5万円	12.5万円
	30万円	3万円	4万円	5万円	6万円	7万円	8万円	9万円	10万円
	34万円	1万円	2万円	3万円	4万円	5万円	6万円	7万円	8万円
	36万円	－	1万円	2万円	3万円	4万円	5万円	6万円	7万円
	38万円	－	－	1万円	2万円	3万円	4万円	5万円	6万円
	41万円	－	－	－	0.5万円	1.5万円	2.5万円	3.5万円	4.5万円
	44万円	－	－	－	－	－	1万円	2万円	3万円

（資料）拙著「ねんきんライフプラン2021年度版」

改正後

■支給停止額（月額）

| 総報酬月額相当額＋基本月額≦47万円 | → | 全額支給（支給停止額 0 円） |

| 総報酬月額相当額＋基本月額＞47万円 |

↓

（総報酬月額相当額＋基本月額－47万円）×1/2

・支給停止額が年金額を上回る場合は全部停止（加給年金額も支給停止）
・支給停止額が年金額を下回る場合は一部停止（加給年金額は支給）

■在職老齢年金早見表（働きながら受ける年金の月額）

		基 本 月 額							
		8万円	10万円	12万円	14万円	16万円	18万円	20万円	22万円
総報酬月額相当額	10万円	8万円	10万円	12万円	14万円	16万円	18万円	20万円	22万円
	15万円	8万円	10万円	12万円	14万円	16万円	18万円	20万円	22万円
	20万円	8万円	10万円	12万円	14万円	16万円	18万円	20万円	22万円
	25万円	8万円	10万円	12万円	14万円	16万円	18万円	20万円	22万円
	30万円	8万円	10万円	12万円	14万円	16万円	17.5万円	18.5万円	19.5万円
	34万円	8万円	10万円	12万円	13.5万円	14.5万円	15.5万円	16.5万円	17.5万円
	36万円	8万円	10万円	11.5万円	12.5万円	13.5万円	14.5万円	15.5万円	16.5万円
	38万円	8万円	9.5万円	10.5万円	11.5万円	12.5万円	13.5万円	14.5万円	15.5万円
	41万円	7万円	8万円	9万円	10万円	11万円	12万円	13万円	14万円
	44万円	5.5万円	6.5万円	7.5万円	8.5万円	9.5万円	10.5万円	11.5万円	12.5万円

（資料）拙著「ねんきんライフプラン2021年度版」一部改変

2．在職定時改定の導入（65歳以上）　令和 4 年 4 月施行

　高齢期の就労が拡大する中、就労の継続の効果を早期に年金額に反映させることで、在職受給者の経済基盤の充実を図ることとし、在職時においても年金額を改定することとした。

　現行制度では、65歳以上で厚生年金保険に加入する老齢厚生年金の受給者は、「資格喪失時」または「70歳到達時」に65歳以降の厚生年金加入期間分が反映され、年金額が改定されることになっている。

　改正後は、65歳以降、厚生年金保険に加入して働き続けた場合は、在職中であっても毎年定時に年金額の改定が行われるようになる（在職定時改定）。具体的には、毎年 9 月 1 日を基準に直近 1 年間の標準報酬月額を反映して年金額が再計算され、10月分から改定（増額）された年金が支給される。ただし、65歳到達後、 1 年以内

の場合は、65歳到達時点からの期間で計算する。

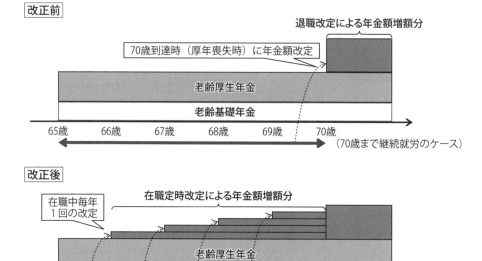

改正前

退職改定による年金額増額分

70歳到達時（厚年喪失時）に年金額改定

老齢厚生年金

老齢基礎年金

65歳　66歳　67歳　68歳　69歳　70歳

（70歳まで継続就労のケース）

改正後

在職中毎年
1回の改定

在職定時改定による年金額増額分

老齢厚生年金

老齢基礎年金

65歳　66歳　67歳　68歳　69歳　70歳

（70歳まで継続就労のケース）

（資料）厚生労働省「年金制度の機能強化のための国民年金法等の一部を改正する法律の概要」一部改変

Ⅲ　受給開始時期の選択肢の拡大

1．繰下げ受給の上限年齢の引上げ　令和4年4月施行

　老齢年金の支給開始年齢は原則65歳とされているが、受給開始時期については、個人が原則として60歳から70歳の間で選ぶことができる。65歳より早く受給を開始した場合（繰上げ受給）は、年金月額は減額（最大30％減額）され、65歳より後に受給を開始した場合（繰下げ受給）には、年金月額は増額（最大42％増額）される。

　今回の改正で、この受給開始時期の上限が70歳から75歳に引き上げられ、受給開始時期の選択肢が拡大される。繰下げ増額率は変わらず、1月あたり0.7％であり、75歳から受給を開始した場合には、84％の増額となる。また、75歳以降に繰下げ請求をした場合、75歳で繰下げ申出があったものとみなされ、75歳になった月の翌月分からの年金が支給される。

なお、今回の改正が適用されるのは、令和 4 年 4 月 1 日以降に70歳になる者（昭和27年 4 月 2 日以後生まれ）である。

請求時の年齢	65歳	66歳	67歳	68歳	69歳	70歳	71歳	72歳	73歳	74歳	75歳
受給率	100%	108.4%	116.8%	125.2%	133.6%	142%	150.4%	158.8%	167.2%	175.6%	184%

2 ．70歳以降の請求時の繰下げ制度の見直し　令和 5 年 4 月施行

繰下げ受給の上限年齢が70歳から75歳に引き上げられることに伴い、70歳以降に請求し、繰下げ受給をしない場合の措置について見直しが行われることとなった。

現行制度では、70歳以降に年金請求を行い、かつ請求時点で繰下げ受給を選択しない場合は、増額されない本来の年金が一括支給されるが、請求時点から遡って 5 年を超える期間の年金は時効により消滅する。

改正後は、70歳以降80歳未満の間に請求し、かつ請求時点における繰下げ受給を選択しない場合、年金額の算定にあたっては、 5 年前に繰下げ申出があったものとして、増額された年金が一括支給される。

【例：72歳まで繰下げ待機をしていたものが65歳から本来受給を選択したケース】

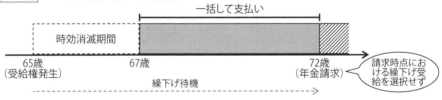

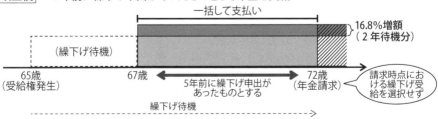

３．繰上げ受給の減額率の緩和　令和４年４月施行

　現行制度では、繰上げ受給の減額率は、１月あたり0.5%とされているが、平均余命の延びに伴い、減額率が緩和されることとなった。改正後は、１月あたり0.4%の減額率となり、60歳到達月に請求した場合には、24%の減額となる。

　なお、今回の改正が適用されるのは、令和４年４月１日以降に60歳になる者（昭和37年４月２日以後生まれ）である。

請求時の年齢		60歳	61歳	62歳	63歳	64歳	65歳
受給率	改正前	70%	76%	82%	88%	94%	100%
	改正後	76%	80.8%	85.6%	90.4%	95.2%	

Ⅳ　企業年金・個人年金の見直し

１．確定拠出年金（ＤＣ）の加入可能年齢の引上げ　令和４年５月施行

⑴　企業型ＤＣの加入可能年齢

　企業が従業員のために実施する退職給付制度である企業型ＤＣについては、現行は厚生年金被保険者のうち65歳未満のものを加入者とすることができる（60歳以降は60歳前と同一事業所で継続して使用される者に限られる）が、企業の高齢者雇用の状況に応じたより柔軟な制度運営を可能とするとともに、確定給付企業年金（ＤＢ）との整合性を図るため、厚生年金被保険者（70歳未満）であれば加入者とすることができるようになる。

⑵　個人型ＤＣ（iDeCo）の加入可能年齢

　老後のための資産形成を支援する iDeCo については、現行は国民年金被保険者（第１・２・３号)の資格を有していることに加えて60歳 未満という要件があるが、高齢期の就労が拡大していることを踏まえ、60歳未満でなくても国民年金被保険者であれば加入が可能になる。具体的には、国民年金第２号被保険者または任意加入被保険者は最長で65歳になるまで加入できるようになる。

２．受給開始時期等の選択肢の拡大　令和４年４月・令和２年６月施行

⑴　確定拠出年金（企業型ＤＣ・個人型ＤＣ（iDeCo））（令和４年４月施行）

　ＤＣについては、現行は60歳から70歳の間で各個人において受給開始時期を選択できるが、公的年金の受給開始時期の選択肢の拡大にあわせて、その上限年齢が75歳に引き上げられる。

⑵　確定給付企業年金（ＤＢ）（令和２年６月（公布日）施行）

　ＤＢについては、一般的な定年年齢を踏まえ、現行は60歳から65歳の間で労使合意に基づく規約において支給開始時期を設定できるが、企業の高齢者雇用の状況に応じたより柔軟な制度運営を可能とするため、支給開始時期の設定可能な範囲が60歳から70歳までの間に拡大される。

【加入可能年齢と受給（支給）開始時期】

	改正前	改正後	施行時期
企業型 DC 加入可能年齢[*1]	65歳未満	70歳未満	令和４年５月
個人型 DC（iDeCo）加入可能年齢	60歳未満	65歳未満[*2]	
DC の受給開始時期（選択）	60歳〜70歳	60歳〜75歳	令和４年４月
DB の支給開始時期（設定）[*3]	60歳〜65歳	60歳〜70歳	令和２年６月５日

＊１　企業によって加入できる年齢等が異なる。　＊２　国民年金の被保険者であること。
＊３　規約による。

３．確定拠出年金の制度面・手続面の改善　令和２年10月・令和４年10月施行等

⑴　中小企業向け制度（簡易型ＤＣ・iDeCo プラス）の対象範囲の拡大（令和２年10月施行）

　中小企業における企業年金の実施率は低下傾向にあることから、中小企業向けに設立手続を簡素化した「簡易型ＤＣ」や企業年金の実施が困難な中小企業が iDeCo に加入する従業員の掛金に追加で事業主掛金を拠出することができる「中小事業主掛金納付制度（iDeCo プラス）」について、各制度の実施可能な従業員規模が現行の100人以下から300人以下に拡大される。

⑵ 企業型ＤＣ加入者の個人型ＤＣ（iDeCo）加入の要件緩和（令和４年10月施行）

　企業型ＤＣ加入者のうち iDeCo（月額2.0万円以内）に加入できるのは、現行では iDeCo への加入を認める労使合意に基づく規約の定めがあって、事業主掛金の上限を月額5.5万円から3.5万円に引き下げた企業の従業員に限られている。ほとんど活用されていない現状にあることから、掛金の合算管理の仕組みを構築することで、規約の定めや事業主掛金の上限の引下げがなくても、全体の拠出限度額から事業主掛金を控除した残余の範囲内で、iDeCo（月額2.0万円 以内）に加入できるようになる。

⑶ その他の改善

　企業型ＤＣの規約変更（令和２年10月施行）、企業型ＤＣにおけるマッチング拠出と iDeCo 加入の選択（令和４年10月施行）、ＤＣの脱退一時金の受給要件（令和４年５月施行）、制度間の年金資産の移換（令和４年５月施行）、ＤＣの運営管理機関の登録（令和２年６月施行）などについて、手続の改善が図られる。

Ⅴ　その他の改正事項

１．国民年金手帳から基礎年金番号通知書への切替　令和４年４月施行

　多くの年金手続において、年金手帳の添付が必要とされていたが、近年は行政手続きの簡素化や利便性向上の観点から「基礎年金番号を明らかにする書類」でも可能とされている。また、マイナンバーの記載により基礎年金番号を明らかにする書類の提出も不要とされることもある。こういった手続環境の変化から年金手帳という形式および役割が見直されることとなった。

　改正後は、年金手帳は廃止され、代替として新たに国民年金の被保険者となった者に対して資格取得のお知らせとして「基礎年金番号通知書」(仮称)が送付される。

　なお、年金手帳の再交付申請も廃止されるが、改正前に送付された年金手帳は引き続き、基礎年金番号を明らかにすることができる書類として利用できる。

２．未婚のひとり親等の申請全額免除基準への追加　令和３年４月施行

　国民年金保険料の申請全額免除基準は個人住民税非課税基準に準拠しており、平成31年度税制改正において、令和３年度分の個人住民税から、児童扶養手当受給者である未婚のひとり親で前年の合計所得が一定額以下の者が、個人住民税の非課税措置の対象に加えられることとなった。これに伴い、国民年金保険料の申請全額免除基準に、地方税法上の「未婚のひとり親」が追加される。また、すでに個人住民税非課税措置の対象であった地方税法に定める「寡夫」も対象に加えられることになる。

〈国民年金保険料申請全額免除の基準〉※下線が改正対象
①所得が扶養親族等の有無・数に応じて政令で定める額以下であるとき。
②被保険者又は被保険者の属する世帯の他の世帯員が生活保護法による生活扶助以外の扶助等を受けるとき。
③地方税法に定める障害者・寡婦であって、所得が政令で定める額以下であるとき。
　→（改正）地方税法に定める障害者、寡婦その他の市町村民税が課されない者として政令で定める者
④その他保険料を納付することが著しく困難であると認められるとき。（失業、天災等）

３．国民年金保険料納付猶予制度の期間延長　令和２年６月施行

　50歳未満の者を対象とした保険料納付猶予制度は、令和７年６月までの時限措置とされているが、５年間延長され、令和12年６月までの措置となる。

４．脱退一時金制度の見直し　令和３年４月施行

　脱退一時金制度は、短期滞在の外国人の場合には保険料納付が老齢給付に結び付きにくいことから社会保障協定が締結されるまでの当分の間の措置として平成６年改正により創設された。

　この計算式に用いられる被保険者期間の月数に応じた月数（支給上限年数）を３年としていたが、出入国管理法の改正（平成31年４月施行）により、期間更新に限度のある在留資格における期間上限が５年になった（特定技能１号）こと等を踏まえ、脱退一時金の支給上限年数も５年に引き上げられる。

5．年金生活者支援給付金の請求書送付対象者の拡大等　令和2年6月・令和3年8月施行

⑴　所得・世帯情報取得対象者の拡大（令和2年6月施行）

　年金生活者支援給付金は、日本年金機構が市町村からの所得・世帯情報をもとに支給要件に該当する者に対して、簡易な請求書（はがき型）を送付していた。しかし、その所得・世帯情報の調査は、年金生活者支援給付金法第37条によれば、既存の支給対象者（受給資格者）のみに限定されている。このため、例えば、所得が前年より低下したこと等により、新たに支給対象となりうる者に対しては、同条の規定による情報取得ができないことから、簡易な請求書（はがき型）を送付することができず、自ら要件に該当することを確認することが難しい者は、請求漏れとなる可能性がある。そこで、所得・世帯情報の取得の対象者の範囲を支給要件に該当する可能性のある者にも拡大し、請求書が送付されることとなる。

⑵　所得情報の切替時期の変更（令和3年8月施行）

　⑴の見直しに伴い、令和3年8月より、所得情報の切替時期（支給サイクル）が「8月～翌年7月」から「10月～翌年9月」に変更される。この改正により、令和2年度の支給サイクルは、「令和2年8月分から令和3年9月分まで（14ヵ月分）」となり、令和3年度以降は「10月分から翌年9月分まで（12ヵ月分）」となる。

　なお、同一の所得情報を活用する20歳前障害基礎年金、特別障害給付金についても同様に、所得情報の切替時期が変更される。

6．児童扶養手当と障害年金の併給調整の見直し　令和3年3月施行

　現行制度では、ひとり親の障害年金受給者は、障害年金の額が児童扶養手当の額を上回ると児童扶養手当を受給できないため、児童扶養手当と障害年金の併給調整の方法が見直された。具体的には児童扶養手当の額と障害年金の子の加算部分の額との差額が受給できるようになる。

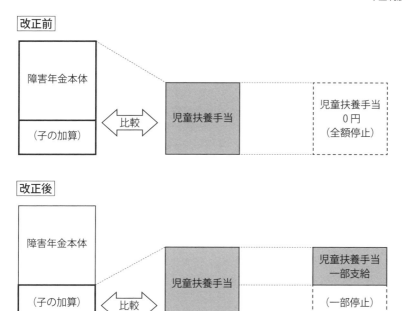

７．厚生年金保険法における日本年金機構の調査権限の整備　令和２年６月施行

　厚生年金保険法第100条に基づく、事業所に対する立入検査・文書等の提出命令については、適用事業所のみが対象とされている。日本年金機構では、未適用事業所であるものの、適用事業所である可能性が高い事業所については、任意の指導等によって適用対策を進めているが、法的権限に基づく立入検査等が行えない。そこで、未適用事業所である事業所に対しても、立入検査・文書等の提出命令ができるように日本年金機構の調査権限の規定が整備される。

８．年金担保貸付事業の廃止　令和４年４月施行

　老後の生活を支える年金の受給権保護の観点から、閣議決定により年金担保貸付事業が廃止されることに伴い、必要な法制上の措置が講じられ、新規貸付の申込受付は令和３年度末に終了する。

●著者プロフィール

鈴江 一恵（すずえ かずえ）

　和歌山県出身。鈴江一恵事務所所長、四国社労士学院代表。

　社会保険労務士、CFP®、1級ファイナンシャル・プランニング技能士等として主に年金・保険をテーマに講演、相談、執筆活動など多方面で活躍。特に金融機関の年金研修をはじめ、一般企業・消費者向セミナーなど年金を柱としたライフプランニングの講演には幅広い層に定評があり、年金相談も多数回担当。

　また、1991年から社会保険労務士試験の受験指導に従事し、1994年に「四国社労士学院」を開講、FP資格等の受験対策講座の講師も担う。MBA保持者でもあり、大学等においても講義を担当。

　著作として、『ねんきんライフプラン』（経済法令研究会）、『そうぞくライフプラン』（経済法令研究会）、『社労士合格ノート』（共著、東京法経学院出版）。また、月刊誌『ファイナンシャルアドバイザー』（近代セールス社）、『不動産法律セミナー』（東京法経学院）、『社労士V』（日本法令）、会報誌『FPジャーナル』（日本FP協会）ほか、「ご退職前後の手続き」（日本銀行金融広報中央委員会WEBサイト知るぽると）など執筆多数。

　所属学会：社会政策学会、日本年金学会

年金相談の実務 2024年度版

2010年11月10日　初　　版第1刷発行	
2024年7月31日　2024年度版第1刷発行	

著　者　　鈴　江　一　恵
発行者　　髙　橋　春　久
発行所　　㈱経済法令研究会

〒162-8421　東京都新宿区市谷本村町3-21
電話 代表 03(3267)4811　制作 03(3267)4823
https://www.khk.co.jp/

〈検印省略〉

営業所／東京03(3267)4812　大阪06(6261)2911　名古屋052(332)3511　福岡092(411)0805

カバーデザイン／㈱ヴァイス　本文レイアウト／清水裕久
制作／長谷川理紗　印刷・製本／日本ハイコム㈱

© Kazue Suzue 2024　Printed in Japan　　　　　　ISBN978-4-7668-3517-5

ねんきんライフプラン

2024年度版

●鈴江一恵 著　●B5判・32頁　●定価：506円（税込）

「ねんきん」を知ってライフプランニングをはじめよう！

◆ 年金受給に必要なポイントを24項目厳選

◆ 令和6年度の年金額など知りたい年金の最新情報を満載！

◆ セカンドライフがイメージできる「ライフプランシート」付き

　本書は年金の受け方を中心に雇用保険や医療保険まで、ライフプランに欠かせない情報をわかりやすく説明しています。これらの情報をもとに「ライフプランシート」にて、個々人のライフプランが作成できるようになっており、「お客様との橋渡しツール」として最適です。

ねんきんライフプラン 2024年度版　サンプルページ紹介

「年金をどのくらいもらえるのか？」など
知りたい情報を図解でわかりやすく解説！

ライフプランニングのための
「ライフプランシート」
の作り方を掲載！
（書きこみできるライフプランシート付き）

経済法令研究会 https://www.khk.co.jp/
〒162-8421 東京都新宿区市谷本村町3-21
TEL 03(3267)4810　FAX 03(3267)4998

●経済法令ブログ
https://khk-blog.jp/

●X（旧Twitter）
（経済法令研究会出版事業部）
@khk_syuppan